中国人民大学科学研究基金
（中央高校基本科研业务费专项资金资助）项目（18XNLG09）
"农村社会学与乡村振兴的理论和实践研究"成果

"十四五"时期国家重点出版物出版专项规划项目
农村社会与乡村振兴研究丛书

终结贫困

乡村脱贫的中国经验

陆益龙 / 著

End Poverty:
China's Experience of
Rural Poverty
Alleviation

中国人民大学出版社
·北京·

目 录

第1章 乡村贫困与反贫困

1 　一、贫困与乡村贫困

9 　二、反贫困理论

17 　三、乡村扶贫脱贫实践和方法

23 　四、精准扶贫与全面脱贫

30 　五、乡村脱贫研究的意义

第2章 中国乡村的脱贫成就

37 　一、绝对贫困的全面消除

44 　二、贫困地区脆弱性的降低

52 　三、乡村可持续发展基础的增强

第3章 中国乡村脱贫的经验

58 　一、坚持初心使命的制度本质

65 　二、社会动员机制产生合力

72 　三、基层治理体系增强执行力

78 　四、顶层设计协同实践创新

第4章 个体贫困、连片贫困与精准扶贫

86 　一、农村扶贫：问题与理论

91 　二、农村的个体贫困与连片贫困及其生成机制

96 　三、农村精准扶贫的有效推进方式

99 　四、小结

第 5 章　乡村精准扶贫的长效机制

101　一、乡村贫困问题与反贫困的理论

106　二、精准扶贫乃乡村振兴之前提及构成

110　三、乡村振兴需精准扶贫的长效机制

115　四、小结和讨论

第 6 章　乡村扶贫脱贫的精准整合机制

117　一、乡村贫困问题的多样性

123　二、精准扶贫方略的四要件

125　三、乡村扶贫脱贫的整合机制

128　四、乡村扶贫脱贫的延展

第 7 章　精准有效的社会扶贫机制

131　一、社会扶贫及其意义

134　二、社会扶贫资源的筹集机制

137　三、社会扶贫资源的传送机制

140　四、社会扶贫脱贫的实施机制

第 8 章　乡村相对贫困的治理机制

143　一、脱贫之后的相对贫困

150　二、乡村相对贫困的生成机理

158　三、相对贫困对乡村振兴的影响

164　四、有效治理乡村相对贫困的路径

第 9 章　脆弱性区域的返贫风险防范

172　一、自然及社会脆弱性区域

178　二、脆弱性区域的社会支持

183　三、向脆弱性群体赋能

188　四、可持续生计资本提升之路

第 10 章　易地扶贫搬迁：怒江模式

193　一、怒江的易地扶贫搬迁

199　二、易地扶贫搬迁的怒江经验

204　三、巩固脱贫成果的怒江路径

第11章 脱贫成果的巩固机制

210 一、脱贫与返贫问题
215 二、脱贫攻坚措施的维续机制
219 三、扶贫措施退出的评估机制
222 四、巩固脱贫的过渡机制
225 五、常态化反贫困机制

第12章 后脱贫时代的乡村发展

228 一、后脱贫时代的到来
232 二、后脱贫时代乡村发展的新形势
237 三、后脱贫时代乡村高质量发展之路
240 四、后脱贫时代乡村融合发展之路
243 五、结语

245 主要参考文献

252 后　记

第 1 章 乡村贫困与反贫困

2020年底,随着脱贫攻坚战取得全面胜利,中国乡村贫困人口全部脱贫。精准扶贫与全面脱贫的辉煌成就,让乡村贫困问题成为历史,乡村反贫困的目标、形式和内容皆已发生转变。虽然贫困问题在中国乡村已成为过去,但对这一问题的学理探讨并不过时。

一、贫困与乡村贫困

贫困现象存在于社会之中,也因其特殊而受到人们关注和关心。对"贫困"这一概念,有不同的定义。世界银行的界定是,"当某些人、某些家庭或某些群体没有足够的资源去获取他们那个社会公认的,一般都能享受到的饮食、生活条件、舒适和参加某些活动的机会,就是处于贫困状态"[1]。也有学者提出,"贫困是指经济收入低于当时、当地生活必需品购买力的一种失调状态"[2]。

不论给贫困概念下什么样的定义,都改变不了贫困是社会中一种特殊状态的事实。之所以说贫困是一种社会特殊状态,是因为一方面指处于贫困状态之中的是社会的一部分,可能是一些区域、一些群体、一些家庭、一些个人,而不会是整个社会。即便在一个贫穷的国家,贫困虽

---

[1] World Bank. World Development Report. Washington D.C.: World Bank, 1981.
[2] 屈锡华,左齐. 贫困与反贫困:定义、度量与目标. 社会学研究,1997(3):106-117.

较为普遍，但并不是所有成员都处在贫困状态。另一方面，贫困状态的特殊性是指这一状态会给人们带来危机、困难和约束。陷入贫困状态中的人们，生存、温饱和行动会受到明显冲击和困扰。

贫困现象是一种客观存在，但人们对贫困问题的认识与理解则有不同的侧重。在关于贫困问题的学理研究中，不同学科会有不同的理解和侧重。例如，在经济学的视角里，贫困问题就是指收入低、购买力低、资源缺乏、财富少等，亦即缺衣少食的贫穷状态。而在社会学看来，贫困问题属于社会不平等问题，其中既包括社会生活危困窘迫的绝对贫困状态，也包括某一阶层群体与其他阶层群体相比较而呈现出的不平衡状态。在公共管理学中，贫困似乎就是根据贫困线划定的[①]，也就是根据什么样的收入水平或消费水平来确定谁是穷人。

现实生活中，贫困状态其实并非都表现为购买力低下问题，用购买力、消费水平来理解和衡量贫困，显然是基于市场社会的经验。在市场社会，贫穷可能集中体现在没有购买力上，因为只要有足够的钱，就能从市场上获得所需的生存和生活资料。就货币的购买功能而言，有足够的钱可能就不会出现贫困状态。但是，在非市场社会里，没有足够的钱也不一定就是贫困状态，因为人们不通过市场也能获得生存和生活资料。贫困的现实表现就是生计与生活中出现的危机和困难，生产所得难以维系基本的生活。在这个意义上，陷入贫困状态中的人也就构成社会中的弱势群体，他们的禀赋与弱势状态密切关联。贫困人群会因各式各样的脆弱性因素而处于贫困的境地，如：对于一个地区来说，可能因为自然条件恶劣，对人们的生存和生产造成严重困难；对于一个家庭来说，可能因为劳动力缺乏，导致家庭生产能力低下而陷入贫困；对于个人来说，则可能因为疾病而陷入贫困的状态。

关于贫困问题的讨论，通常有绝对贫困与相对贫困的划分。广义的绝对贫困是指社会中所存在的、绝对的贫穷状态，即个人或群体处于生

---

① 杨立雄，胡姝．中国农村贫困线研究．北京：中国经济出版社，2013：16．

活的困难和失衡状态;狭义的绝对贫困则是指由绝对贫困线确立的贫困人群。在一定时期,国际组织、不同国家的政府会根据一定标准来测算绝对贫困线,低于绝对贫困线的就属于绝对贫困人口。例如,世界银行曾提出一个绝对贫困线的水平,那就是每人日均的消费水平1美元,或一年消费水平370美元,低于这个水平的就是绝对贫困人口。[1] 2010年,中国将农村贫困线划定为家庭年人均收入2 300元,在此之下的就属于农村绝对贫困人口,也就是后来的建档立卡贫困户。

同样,对于相对贫困的理解,也有两层含义。一层含义是指与绝对贫困相对的一种贫困形式,反映的是相对社会总体的平均水平而言的贫困状态。也就是说,相对贫困人群可能并不处于衣食不保的绝对贫穷状态之中,但相对于社会经济发展及总体平均生活水平来说,则处于相对贫穷的状态。另一层含义是对贫困的一种界定,认为社会中的贫困问题就是由资源分配不均导致的相对剥夺的一般形式。[2]

关注并应对贫困问题,是社会性的重要体现,也是人类利他主义特征的一种现实表现。社会得以构成,有赖于个体对承担自己之外社会责任的默许,社会中的扶贫帮困机制就是基于这一特性而建立起来的。在任何社会,应对贫困问题都不只是贫困人群自己的事,社会必须为贫困人群提供种种支持和帮扶。当然,不同的社会,不同的时期,人们对待贫困的态度、帮扶贫困的方式存在着较大差异。这种差异会在社会救助、社会保障和扶贫体系与政策中得以体现出来。现代社会,较多国家对贫困人群的救济和帮助是以法律形式确立下来的,同时社会中的慈善体系也会参与对穷人的救助。一些福利国家制定了非常完善的社会保障和社会福利制度,对绝对贫困人群发挥兜底保障功能,能够为处在绝对贫困状态中的人群提供生存与生活安全保障,让穷人能享受到较为理想的社会福利。但是,有些市场国家的救助体系则倡导"救急不救贫"的

---

[1] World Bank. World Development Report:Poverty. New York:Oxford University Press,1990.
[2] Townsend P. The Concept of Poverty. London:Heinemann,1970.

理念，也就是向贫困人群提供紧急援助，帮助他们摆脱紧迫的困境，而不注重如何让贫困人群实现脱贫。如果向贫困人群提供长期的救助，就可能产生福利依赖问题，贫困者将不会积极主动地寻求改变，而是依赖和等待社会救助。

相对贫困状态，是与发展相联系的一种不均衡性特征的表现，如富国与穷国之分、发达地区与贫困地区之分、中心与边缘之分。发展的不均衡、不平等问题是一个复杂的社会问题。不同社会主体之间的发展差距总会在一定程度上形成，在此过程中相对剥夺的因素可能起到一定作用，但不是全部成因。相对贫困问题与绝对贫困问题不同。应对和解决绝对贫困问题，属于社会道义问题。任何社会都要尽可能减少乃至消除绝对贫困人口，帮助贫穷的人解决生存与生活困难问题。相对贫困问题实质上属于社会公平问题，也就是一个社会在资源、财富、机会分配上是否公平的问题。相对贫困的发生状况反映的是社会分层与不平等程度。国际上通行的衡量社会公平状况的指标就是基尼系数，也叫洛伦茨系数，这一系数显示的就是一个国家或地区的收入不平等状况。基尼系数越小，表明收入分配公平度越高；基尼系数越大，则说明收入差距越大。收入分配的不平等程度也意味着相应的相对剥夺程度，或相对贫困的一般状态。

处于相对剥夺程度较重境地的人群，通常也会陷入相对贫困状态，虽然这些人可能没有面临绝对贫困问题，但却要应对公平问题，也就是"不患寡而患不均"。而且解决相对贫困问题，其难度和重要性不比解决绝对贫困问题小。减少相对贫困有助于促进社会公平，社会公平程度的提升会促进社会的稳定。而要缓解相对贫困，不光是要扶贫，更重要的是要加强均衡发展。

贫困问题并不一定受区域的限制，乡村社会有贫困问题的存在，城市社会也有贫困问题的发生。在中国，乡村贫困之所以更为突出，或者说，扶贫脱贫主要针对乡村，是与中国的国情分不开的。

中国的乡村贫困具有这样一些特征：首先，乡村贫困有历史的原因。乡村贫困有着历史根源，在有剥削与被剥削、压迫与被压迫制度的历史中，乡村一直是剥削和压迫的主要对象，也处于社会的底层，因而既有实实在在的绝对贫困，也有受剥削和压迫而导致的相对贫困。所以，在人类学视野中，传统"农民"的含义就包括"被其他阶级统治和剥削"的意思。1949年新中国成立后，国家致力于解决历史遗留下来的乡村贫困问题，通过土地革命等一系列制度变革，来提高农民的地位，增加农民的资源分配。导致乡村贫困问题的生产关系方面的因素虽大大削弱，但由于乡村贫困问题长期累积，完全消除或解决也非常困难。即便在改革开放后，农村得以快速的发展，但其贫困问题仍广泛存在。直到2020年底，经过精准扶贫方略的实施，乡村脱贫攻坚战取得全面胜利，现行标准下乡村贫困人口全部脱贫。

其次，乡村贫困具有现代性困境特征。从发展社会学的角度看，乡村贫困问题可以视为吉登斯所说的"现代性的后果"[1]。就结构和根源而言，乡村社会的贫困问题与现代化进程中的结构分化密不可分，属于结构性问题。现代化的发展催生了现代部门，由此也导致其与传统部门的分化和不平等。以传统农业为主的乡村在这种结构分化和断裂中沦为相对劣势部门，乡村社会的相对剥夺不可避免地产生，乡村贫困也因此而凸显。相对现代城市和工商业部门，传统农业则面临着收入增长的困境，以从事传统农业为主的广大小农户要提高经济收入水平，实际上必须摆脱结构性的困境，通过生计和产业结构的调整，才能得到新的发展机会；如果不能在结构上实现变革，那么陷入贫困就在所难免。如今，大量乡村劳动力在向外流动，本质性的驱动力就是农民必须突破结构性制约，寻求与现代性结构相适应的途径和方法。在中国，之所以穷人主要集中于乡村，是因为在工业化、现代化进程中，乡村发展相对滞后，乡村受城镇化、工业化大潮的冲击，越来越边缘化。

再次，乡村贫困有着明显的区域差异。某种意义上，中国乡村贫困

---

[1] 吉登斯. 现代性的后果. 田禾, 译. 南京：译林出版社, 2000.

也是区域发展不均衡的一种体现。乡村贫困尤其是绝对贫困人口大多分布于中西部地区的偏远山区，尽管东南及沿海地区的乡村也有贫困问题，但连片贫困地区则更多地集中在中西部，由此反映出区域发展的不均衡会使乡村发展不充分问题更加凸显。例如，脱贫攻坚阶段深度贫困地区的"三区三州"（其中"三区"指的是西藏自治区、青川甘滇四省的藏区和南疆的四地区，"三州"是指四川的凉山彝族自治州、云南怒江傈僳族自治州和甘肃临夏回族自治州），这些地区的地理位置、自然条件、社会构成均较为特殊，诸多因素影响着区域的发展，使得贫困发生率较高，贫困程度较深，扶贫脱贫难度大。

　　最后，乡村贫困还具有分布广而散的特征。分散性原本就是乡村社会的结构特征之一，在幅员辽阔的乡村地区，居民分散地聚居于一个个村落之中，与城市相比，乡村居民人口密度和居住生活的集中度较低。尤其在城镇化不断推进与扩张的大背景下，越来越多的人口向城镇流动，常住于村落的人口在逐渐减少，呈现出较为空落的景象。特别是偏僻的山区村落，居住的人口更少。从现实经验来看，那些仍常住于或留守于村落的人，多是难以外出打工的人群，因而获得收入增长的机会也相应减少，发生贫困的风险则在加剧。因此，大多数乡村贫困人口会分散在广阔的农村地区，尤其是偏远地区。乡村贫困的分散性不仅给贫困识别增加了难度，而且给扶贫脱贫工作增加了成本，同时也影响到乡村建设与乡村振兴的效率。如在西部地区的教育扶贫实践中，为改善偏远山区的教育条件，政府及社会力量加大投资建设起农村中小学校，配备越来越好的师资力量，还有支教志愿者的广泛参与，然而现实情况是很多小学已出现生少师多的现象，使得一些学校不得不停办或合并。同样，面对分散的、个别的乡村贫困户和个人，扶贫政策及帮扶措施的制定与实施常常会面临两难困境：一方面扶贫路上不能让一个人掉队，所有贫困者都需要得到有效的帮扶；另一方面，对那些生活在偏僻山区且较为分散的贫困对象，实施并持续帮扶措施，通常会遇到来自多方面的障碍和困难。

乡村贫困虽具有上述一般特征，但在现实社会中，具体的贫困问题则有着各式各样的形态，尽管贫困人群都会表现出一种共性——他们的基本生活陷入了危困之中，生活秩序出现了失调现象。

在对乡村贫困的个案调查中，一些贫困户的案例材料会让我们从具体的社会情境中更深入地理解乡村贫困问题的核心元素。

[案例1-1：家庭负担系数大[①]]

湖南省湘西土家族苗族自治州追高来村村民王某，2014年被识别为建档立卡贫困户。

王某1973年生人，中专肄业，因每年要交1 000元学费，家里贫穷负担不起，故读了3年后肄业，之后外出打工。结婚后先后生了4个女孩，为生男孩，之后又生了一个儿子，总共有5个孩子。大女儿在读大专，一年学费1.2万元，生活费每月要1 000元；二女儿在读初中，一年学费9 200元，每月生活费800元；三女儿和四女儿都在读小学，免学杂费，每人每学期能享受到1 000元补助；小儿子还很小。王某家因超生被罚了不少款。

王某自己家有承包耕地水田1亩，旱地4亩。通过租种别人的土地，2017年王某家种植优质水稻12亩，种植烟叶50亩、玉米10亩，养猪30头。水稻每亩收1 000斤，烟叶毛收入11万~15万元，出栏20多头猪，收入4万元左右。需要支付土地租金1万元，请工支出2万元，还有其他一些生产资料成本。

2018年，王某家验收摘帽脱贫。

从案例1-1的经验事实来看，农户王某家的贫困被认为是"因学致贫"，即因为负担子女们上学读书而导致的家庭经济困难，并由此成为建档立卡的绝对贫困户。"因学致贫"的现象在乡村社会虽较为普遍，但也有一定特殊性。对于家庭收入来源一般的农户来说，如果有子女在

[①] 刘小泯. 乡村精英带动扶贫：湖南追高来村实践//精准扶贫精准脱贫百村调研·案例卷：村庄脱贫十八例. 北京：社会科学文献出版社，2020：177.

接受义务教育以外的教育,特别是高等职业教育或一般大学教育,就会面临着要为孩子支付相对高昂的学费和生活费用的困难。教育支出之所以对农村家庭来说相对高昂,是因为农民的收入来源本来就很有限。在案例中,王某要为两个孩子支付学费和生活费,而家庭劳动力只有夫妻二人,因此被确定为建档立卡贫困户,实际上反映出农村家庭的需要和生命周期与现代体制之间的张力。在传统乡村社会,普通家庭的子女一般很难接受到专门的学校教育,而且对于乡村来说,学校教育既不是必要的也不是普遍的。因此,农户不需要为子女的学校教育承受相应负担。而如今,学校教育既是每个农户要承担的法定义务,又是大多数乡村家庭基于大势所趋而作出的选择。对于农户来说,支付不断增长的教育费用既给家庭增加致贫的风险,但同时又是阻止贫困代际传递的一种路径。

[案例1-2:贫弱的家庭]

在皖东T村①,贫困现象其实很少,Ycq家是整个行政村仅有的几户建档立卡贫困户之一,也是精准扶贫中确定的村干部一对一扶贫对象之一。

Ycq自幼丧父,母亲改嫁后,他由祖母抚养长大。在其成年时,祖母去世,自己仍留在村里,生产队为他安排看管排灌站和电工的工作,得到固定的微薄的工资。由于家境贫穷,又没有父母帮助张罗,Ycq在结婚成家方面就有了巨大困难。在皖东T村一带,婚姻市场一直处于女方市场状态。农村男青年要想娶妻,一般要有良好的家庭经济状况,贫弱家庭中的男子在婚姻市场的竞争力较低,甚至会丧失竞争力。迫于现实,Ycq经人介绍后,娶了一位智力有问题的残疾女子,终于成了家。婚后养育了一儿一女。目前,儿女皆成人,在外打工。小女儿已定亲,大儿子则因家境而遇到找对象的困难。

---

① 笔者在安徽省的田野调查点之一。

村排灌站停运后，Ycq被安排到村垃圾管理员这个公益岗位，妻子不能劳动，享受国家残疾救助，儿子和女儿在外打工，每人年收入在5万元左右。

在精准扶贫政策实施之初，Ycq家就被识别为建档立卡贫困户，也一直享受农村最低生活保障的待遇，而且在其他村民眼里，他家也被公认为"困难户"。

案例1-2的经验事实显示，乡村贫困在微观的、日常生活的层面上，其实并不一定是单向度的、绝对的，用人均收入或消费支出水平来衡量或许并不一定精准。该案例中的农户如果仅从收入维度来衡量，其人均收入水平会明显超过正式的绝对贫困线。而在基层扶贫实践中，这样的农户被纳入建档立卡贫困户之列，一方面反映出基层政策执行者能够弹性地、灵活地推行并落实国家扶贫政策，另一方面该农户之所以被识别为绝对贫困户，是因为实际情况符合当地社会的一般认知与评价标准。由此表明，乡村贫困具有社会情境性，亦即贫困与否是按照乡村社会的实际情境来评判和界定的。例如，Ycq家是村民公认的困难户，困难不仅体现在户主获得收入方面，而且体现在子女的婚姻方面。

当然，乡村贫困的具体形态并不只是这两个案例所呈现出的，而是有多种多样的现实状态。用个案事实来展示乡村贫困，是要说明真实意义上的贫困是在实际生活中显现出来的，与生活状况密切相关，理解乡村贫困需要结合乡村社会生活的具体情境，而不宜局限于判定贫困的经济收入标准。

二、反贫困理论

关注贫困问题、研究应对贫困的途径和策略，是社会学、经济学、公共管理以及"三农"问题研究的重要领域。无论哪个学科的贫困研究，所要探讨的问题其实都是一个社会该如何应对和解决贫困问题。但是，针对共性的问题，人们的理解和阐释则有不同的方式和视角。

在发展研究领域，关于应对贫困问题的研究属于"减贫"（poverty alleviation）范畴。减贫研究通常以发展中国家作为研究对象，主要探讨发展中国家存在的贫困问题、影响以及缓解贫困的有效方法和国际援助的需要。此类关于贫困问题的研究和表述方式常见于世界银行、联合国等相关国际组织的研究报告之中。国际视野中的减贫事业，主要针对的是相对贫穷的国家，也就是欠发达国家。对于这些国家来说，发展的一项重要内容就在于减贫。所谓减贫，就是贫穷国家需要实现发展以缓和或缓解贫困，减少绝对贫困人口，缓和贫困问题的影响范围和影响程度。在人类减贫事业发展进程中，国际组织和国际合作发挥着一定的促进作用。国际减贫项目就是一些国际组织为推动国际减贫合作而设立的项目，如小额贷款项目、妇女支持项目等。通过国际减贫项目的实施，一方面可以向发展中国家的典型贫困地区提供资金和资源的援助与支持，另一方面在项目的执行过程中，实际上也传达了国际平等发展的价值和理念，类似于人类命运共同体理念，凸显了国际合作在促进人类平等发展进程中的意义。

在中国语境下，针对贫困问题的表述主要包括"扶贫""扶贫开发""脱贫""脱贫攻坚"等。

扶贫帮困是中国社会应对贫困问题的传统观念和主流方式。在这一观念里，社会对贫困问题的态度更加注重微观的实践、具体的行动以及人际关系。扶贫就是针对具体贫困家庭和个人而采取一定的扶持手段与措施，以帮助贫困者能够摆脱生活中的困境或失调状态。此外，扶贫也更加注重对贫困人群的帮扶实践或行动。

改革开放后，中国在应对贫困问题或反贫困方面，注重国家层面的扶贫开发计划。"扶贫开发"的反贫困理念包含两个要素：一是扶贫，即向绝对贫困人口提供救助和帮扶，这些帮扶措施是有计划、有组织地推行实施的，而且帮扶资金、资源和力量主要来自国家；二是开发，主要是国家通过促进贫困地区的发展，以减少、预防贫困的发生，降低地区贫困发生率。作为国家层面的反贫困政策，扶贫开发主要针对农村贫困地区的绝对贫困问题而采取政府支持与干预措施，首先对划定的贫困县、贫困村和贫困户重点给予扶贫资金支持和帮困，缓解特别困难地区和人群的绝对贫困问题。此外，国家还通过组织、实施扶贫开发项目，扶持并促进农村贫困地区加快发展，帮助其摆脱贫穷落后的状态。

"脱贫"是中国反贫困的重要目标，特别是中国特色社会主义进入新时代后，随着宏观经济持续快速增长，中国成为世界第二大经济体，中共中央提出了"两个一百年"的奋斗目标。第一个"一百年目标"是到建党一百周年时实现全面建成小康社会。要实现这个目标，基本的前提条件就是要让农村贫困人口全部脱贫。所谓脱贫，即指摆脱贫困状态。就具体经验而言，脱贫主要有三个层次：一是由官方确认的贫困县（州）通过实施系列扶贫政策措施后，达到政府规定的脱贫摘帽指标；二是被正式划定为贫困村的符合脱贫摘帽要求；三是让建档立卡贫困户和贫困人口达到"两不愁三保障"的脱贫标准。

为实现全面脱贫目标，国家推进了"脱贫攻坚"战略。脱贫攻坚的理念实际上包含将反贫困视为一种人类与贫困问题之间的斗争。这一斗争是分阶段的，脱贫攻坚类似于反贫困"战役"的攻营拔寨阶段，也是关系到全面脱贫的决胜阶段。在这一阶段，所面对的贫困问题最为特殊，扶贫脱贫的任务也最为艰巨，需要"啃硬骨头"，即要让最困难、最偏僻的、贫困程度最深的农村地区贫困人口全部脱贫。为打赢脱贫攻坚战，国家不仅实施了精准扶贫方略，而且在此过程中动员起多方面的力量，形成了反贫困的合力，对有效解决农村绝对贫困问题起到了显著的作用。

在扶贫脱贫理念的引领下，中国扎实地推进了扶贫开发和脱贫攻坚的行动，形成并积累了丰富的反贫困实践经验，创造了世界减贫史上的奇迹，为人类减贫事业做出了彪炳史册的贡献。

就反贫困的理论而言，中国的扶贫脱贫理念是基于国情、社会现实和实践需要而提出的，可以说是中国式反贫困理论或扶贫脱贫理论。与一般意义上的减贫理论不同，中国式反贫困理论的突出特点体现在两个方面：一方面是对减贫效果的强调和重视，扶贫脱贫理论关注对贫困对象的帮扶结果，聚焦于帮扶政策和扶贫措施能否实现让贫困人群摆脱贫困状态的目标，也就是重点探讨如何扶贫、如何实现脱贫问题；另一方面是注重对减贫实际行动的考察和研究，扶贫脱贫理论的重要来源就是现实世界的减贫行动或实践，理论所总结和反映的主要是具体的扶贫经验和脱贫事实。而在一般减贫理论中，关于什么是贫困问题，往往存在较大的分歧和争议；对减贫的关注和讨论似乎也仅停留在一些理念倡导和口号之上，而对真正解决不同国家、不同地区、不同社会中的实际贫困问题的讨论，则往往纳入相对抽象的领域。

经历扶贫开发和脱贫攻坚等反贫困的历史过程，中国在 2020 年底实现了让农村贫困人口全部脱贫的战略目标，此一过程积淀并形成了人类减贫的中国经验。中国式扶贫脱贫理论来源于实践经验，而且在扶贫脱贫的过程中，又对中国的反贫困实践起着理论指导作用，体现出了从实践到理论、再从理论回归实践的认识逻辑以及理论发展的基本规律。

就反贫困理论的发展而言，扶贫脱贫的中国经验为理论的进一步丰富与发展提供了重要素材，也奠定了事实基础。扶贫脱贫的中国经验既是人类反贫困实践的一种理想类型，即具有自己特色和典型特征的减贫实践和脱贫过程，也是由丰富多彩的、基层的、具体的扶贫脱贫实践构成的。扶贫脱贫的中国经验不仅是一个抽象的概念总结，而且是许许多多鲜活的、生动的扶贫帮困和脱贫攻坚行动或故事组成的。这些具体的扶贫脱贫故事，既显现出基层的、微观的扶贫脱贫实践的个性特征，同时也包含了中国扶贫脱贫工作与事业的共性特征。

对丰富多彩的扶贫脱贫的中国经验，仍需要加以进一步地总结和提炼，以推动反贫困理论的向前发展，增进人类对贫困问题与反贫困的认识。

从改革开放以来中国反贫困 40 多年的历史经验来看，反贫困行动的根本驱动力源自社会主义共同富裕的基本原则。一般减贫理论倾向于将贫困问题界定为某种绝对的贫穷和危机状态，如难以获得维持生存所需的物质资料。然而，现实生活中，贫困是一种复杂的社会问题，既有绝对贫困的表征，也能反映横向比较意义上的相对剥夺状态。因此，真正解决贫困问题，就必须践行共同富裕的价值理念，在追求共同发展的过程中，根除贫困问题。不解决社会经济发展中的不平等问题，逐步缩小社会差别，就难以达到良好的扶贫脱贫效果。因此，共同富裕的价值原则实际上为扶贫脱贫提供了原动力。

此外，从扶贫脱贫的中国经验中，还可总结提炼出动员性贫困治理策略的可行性与有效性。中国的扶贫脱贫经验显示，在党委与政府的领导之下，形成了自上而下与横向联合互动的社会动员体系。这一动员体系动员起了全社会的力量共同参与到扶贫脱贫的行动之中，共同治理贫困问题特别是乡村绝对贫困问题。动员性贫困治理策略是在中国特色社会主义制度背景下形成和运用的，通过全面的动员，促成了反贫困的合力，对中国减贫奇迹的创造起到了关键性的作用。在这一动员体系中，不仅仅是基层群众被广泛动员起来，而且自上而下的党员干部也被广泛动员起来，积极地投身到扶贫脱贫工作之中，领导和带动贫困人群努力奋斗，力争脱贫。正如一些地方宣传口号所反映的，"苦干、实干、亲自干"，亿万党员干部特别是基层扶贫干部，与基层群众特别是贫困人群一起，共商共建，共同应对贫困问题。

西方反贫困理论主要是基于工业化国家城市社会的贫困现象以及一些国际组织报告的发展中国家贫困问题而构建起来的，这些理论通常注重对贫困一般性问题的探讨，如对贫困概念的界定、对贫困线的划定、对绝对贫困与相对贫困的划分等。例如，在对贫困概念的界定方面，"贫困轮"（poverty wheel）理论提出了三维十二聚类的界定法[1]，试图提供一个标准化、可操作的贫困定义，为人们理解贫困提供一种参

---

[1] Spicker P. Definitions of Poverty: Twelve Clusters of Meaning//Poverty: An International Glossary. London: Zed Books, 2007: 229-243.

考框架（见图1-1）。

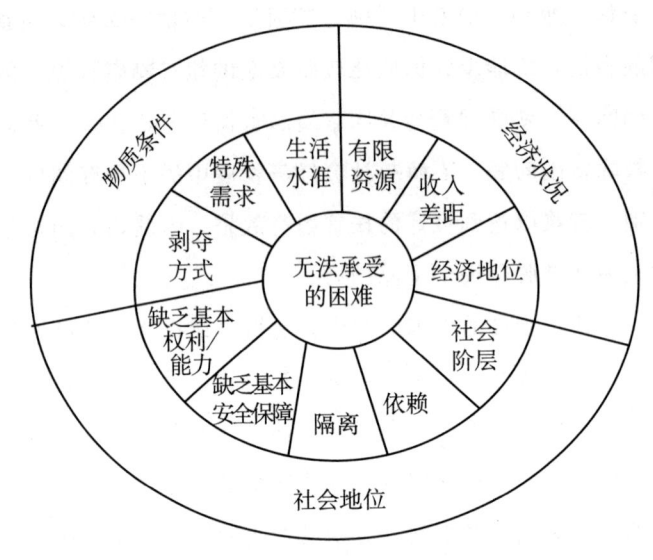

图1-1 "贫困轮"示意图

"贫困轮"理论将贫困比拟为一种由"无法承受的困难"状态为轴心的、由"物质条件""经济状况"和"社会地位"三个主要轮毂构成的车轮。在物质条件维度，贫困与三个要素相关，包括特殊需求、生活水准和剥夺方式，亦即贫困者的物质需求难以得到满足，处于资源较为匮乏的状态，以及面临多种不同方式的剥夺。在经济状况维度，贫困是通过有限的资源分配、较高的收入差距或贫富差距、较低的经济地位三个要素体现出来的。在社会地位维度，贫困主要表现为：缺乏基本安全保障，包括权益和生活保障不充分；缺乏基本权利/能力，即被社会认可接受的资格，如文凭、证书、资历等；较为明显的、严重的社会隔离，即在社会中被区隔出来；有高度的依赖性，亦即在生存和生活中对救助和福利有较强的依赖；处在社会的底层，也就是社会中的贫困阶层。"贫困轮"表明了贫困问题是复杂的，由多方面因素的影响而致。因此，理解贫困问题和反贫困策略，也需要从多个角度、不同方面切入。

"贫困轮"理论关注到了贫困问题的复合性，并抓住了贫困的主要维度和重要因素，对认识和把握贫困的核心含义有一定参考价值。然而，这一理论的经验基础仍以发达工业化国家的贫困问题为主，而且其背后的价值预设是西方式的，对我们理解和看待中国乡村贫困问题来说，可能还有较大的局限。例如，这些方面中的"隔离"等，就具有典型的西方社会特色和话语特征，因为在西方城镇化社会，阶级阶层之间、种族民族之间的居住隔离和社会隔离较为突出，这种社会隔离是社会不平等的一种体现，同时又造成和加剧社会不平等。中国的乡村特困地区，主要是自然脆弱性的一种体现，而并非人为的隔离，因而从"隔离"的角度来理解中国乡村贫困，可能并不合适。

贫困问题也是发展经济学关注和研究的重要问题。在发展经济学中，反贫困研究更加侧重于对贫困的测量与计量，虽然贫困线为划定贫困人口提供了可测量的标准，但这种界定主要从宏观层面来把握和衡量贫困人口的总体规模，从普遍意义上来认识绝对贫困问题。为了进一步细化对贫困现象的计量，一些发展经济学的研究者提出了对贫困者亦即贫困家庭和个人的动态测量，这种测量属于对贫困的微观分析与测量。在对贫困问题的动态、微观测量中，研究者引入了时间变量，也就是根据贫困对象陷入贫困和贫困持续的时间长短来将贫困问题区分为不同类型。如有学者将贫困分为慢性贫困（chronic poverty）与暂时性贫困（transient poverty）。[①] 所谓"慢性贫困"，是指贫困者在一段时间内长期地、持续地陷入或处于贫困状态之中，类似于慢性病，是一种长期的、机能性的失调状态；所谓"暂时性贫困"，是指贫困者在某个时间段内陷入贫困状态，如遇到暂时的变故、偶发事件，使贫困者暂时陷入某种困境与危难之中。

也有学者引入贫困维续的时间变量，对贫困作出类似的分类，将贫困划分为持久性贫困（persistent poverty）和暂时性贫困（transient poverty）。[②]

[①] Morduch J. Poverty and Vulnerability. American Economic Review，1994，84（2）：221-225.

[②] Ravallion M. Expected Poverty under Risk-Induced Welfare Variability. Economic Journal，1988，98（393）：1171-1182.

持久性贫困相当于慢性贫困，会持续很久，是贫困者要一直与其"共存"的一种状态；暂时性贫困是由某种原因导致某一时间内陷入贫困状态。

对贫困做慢性贫困与暂时性贫困的类型划分，引入了时间维度，为人们认识和测量贫困提供了一种方式与途径。然而，不可否认的是，在这种分类与测量方法之中，实际上有一个基本预设，那就是把贫困设定或比拟为一种"社会病"。既然如此，对于反贫困来说，针对慢性贫困也就只能持续"医治"，而无法根除。或者说，脱贫只是针对暂时性贫困而言的，社会不可能摆脱慢性贫困。中国的乡村脱贫经验表明，真正需要帮扶的贫困对象恰恰是那些长期处于贫困状态中的农村贫困人口，尤其是那些特困人群。而通过精准扶贫和脱贫攻坚等反贫困措施，是能够让农村贫困人口包括特困人群全部脱贫的。

关于反贫困策略，学界还有一种观点，将扶贫帮困分为"输血式扶贫"与"造血式扶贫"两大类。所谓"输血式扶贫"，是指直接向贫困地区和贫困人口输入资金、物资和社会救济等援助，亦即为贫困人群提供直接的、紧急的救助；所谓"造血式扶贫"，是指为贫困地区和贫困人口提供的救助要具有可持续性，且能帮助贫困对象恢复和提升自己的生存与发展动能。区分两类扶贫方式，目的是倡导扶贫脱贫工作从输血式扶贫向造血式扶贫转变，因为输血式扶贫只会"救急"，对满足和解决贫困人群的急需和暂时性困难有帮助，但难以达到让贫困人群自主发展、真正脱贫的效果。只有通过造血式扶贫，让贫困者形成自身的"造血功能"，这样才不至于形成对社会救助的依赖，也不至于轻易返贫，从而实现真脱贫的效果。

输血式扶贫与造血式扶贫的反贫困策略划分方法，较为形象地探讨了不同扶贫方式及其脱贫功能，这种理想类型的划分及分析，为人们理解和选择反贫困策略提供一种直觉经验的参考。不过，现实社会中的贫困本身就是多样的、具体的，而不是一个标准化对象，而且贫困与反贫困是一个动态的交互过程，因此，扶贫脱贫其实是一种实践过程，而不是抽象的理想类型。在实际的扶贫脱贫工作中，也许并不存在纯粹的输血式扶贫，也不存在纯粹的造血式扶贫，而可能是两者兼而有之，有效的扶贫脱贫策略也就需要兼有两者的功能，而不是从一种类型转向另一种类型。

三、乡村扶贫脱贫实践和方法

新中国成立后，党和政府面临的一个突出社会问题就是贫困问题。不仅贫困人口在城市大量存在，乡村的贫困问题更为普遍。为有效应对大量存在的乡村贫困问题，国家实施的反贫困政策便是由政府集中、统一地向贫困家庭提供救济，也就是政府救济式扶贫。

在应对农村贫困问题上，政府救济的扶贫帮困方式一直发挥着重要作用，这一扶贫政策和方法为农村特困户和个人发挥兜底保障的功能。例如，在农村一直延续的"五保"制度，对那些无劳动能力，无生活来源，无法定赡养、抚养、扶养义务人或虽有法定赡养、抚养、扶养义务人但无赡养、抚养、扶养能力的老年、残疾和未满16周岁的村民，实行"保吃、保穿、保医、保住、保葬（保教）"的救济措施。2006年，国务院颁布《农村五保供养工作条例》，使农村"五保"这一政府救济制度得以法制化。

政府救济式乡村扶贫实践主要是基于国家社会救助与社会保障政策，由政府主导并实施的扶贫。在这种扶贫实践中，扶贫的主体是政府，也就是政府各级民政部门，协调财政部门，为乡村贫困对象提供基本生活保障。政府救济的对象是特殊困难人群，这一人群通常缺乏满足基本生活需要的能力，对救济和扶持有较强的依赖性。由政府主导的救济式扶贫具有兜底性、保障性和可持续性等优势，能够在社会中为特别困难人群提供兜底性的救助和扶持，也为脆弱人群提供了一条可靠的安全保障线，而且这种救济和保障受到法律和制度的保护与维续，加之政府财政的支持，因而能够持续地推进。政府救济式扶贫也有一定的局限性，主要体现在扶贫帮困的范围受贫困标准的刚性约束，使得政府救济的贫困对象规模及范围相对较小，多是那些处于特殊困难状态之中的个人。那些不符合政策设定的救济标准的贫困家庭和个人，往往难以被纳入政府救济之列。这样，政府救济式扶贫实际上只能帮扶贫困人群的一部分，而对特困个人之外其他形态的贫困问题则鞭长莫及。

农村实行家庭联产承包责任制改革后，贫困问题或者说农民的温饱问题在很大程度上得以缓解，越来越多的农村地区和贫困人口通过自主经营及农业生产效率的提高，解决了温饱问题。但是，农村贫困人口的基数大，1978年农村贫困人口为2.5亿，到1985年贫困人口减少到1.25亿，减贫效果非常显著，但减贫任务依然艰巨。为进一步推进农村反贫困工作，1986年成立了国务院贫困地区经济开发领导小组。这一机构的成立，标志着中国反贫困领域开始推进改革，即改变政府救济式扶贫为主的扶贫模式，推进以扶贫开发为重点的扶贫模式。1993年，该机构更名为国务院扶贫开发领导小组。国务院扶贫开发领导小组下设办公室（简称"扶贫办"），具体承担日常工作。由此，各级政府也设立了"扶贫办"，其职能就是领导、组织和协调各地的扶贫开发工作，亦即乡村反贫困工作。

从救济式扶贫到扶贫开发，反映了中国乡村反贫困的重大变化。国家及各级政府扶贫办的设立，意味着在反贫困过程中，政府仍是主导和主体力量。政府不仅是推动反贫困具体工作的力量，而且是扶贫开发的资源提供者。

与救济式扶贫不同，扶贫开发或开发式扶贫的一个突出特征就是更加注重经济开发，也就是加大对贫困地区的经济开发力度，通过提高开发水平来促进扶贫脱贫。开发式扶贫主要是基于中国乡村贫困的基本情况而设计并推行的，因为处于贫困状态中的农村人口大多生活在经济发展较为落后的地区，在这些贫困地区，发展条件相对不利，因而需要通过扶持才能促进开发。

如果说救济式扶贫有效地解决了个体特别贫困的问题，那么，开发式扶贫则对区域性贫困问题的缓解起到了重要的作用。随着扶贫开发的推进和实施，老区、山区和连片贫困地区等的经济发展获得了国家及区域外的大力扶持，总体发展水平得以明显提高，越来越多的群众从经济社会发展中得到更多机会，贫困人口的规模在逐年缩小，因而对扶贫脱贫起到良好效果。扶贫开发的意义在于，不仅着眼于解决农村贫困问题，也不仅局限于对农村贫困户和个人的帮扶，而且着力于解决区域发展不均衡问题，通过加强贫困地区的经济开发和社会发展，促进区域间发展的均衡，从根本上解决贫困地区的贫困问题。

在扶贫开发过程中，为解决连片贫困或深度贫困地区的贫困问题，一些地方采取了整村推进的模式，以提高扶贫脱贫效率。

所谓整村推进，是指扶贫开发项目的一种推进和实施方式。在扶贫开发的大背景下，针对连片贫困地区的反贫困实践主要是以扶贫开发项目的形式推进的，其中有些扶贫开发项目以贫困村为对象，通过对整个贫困村的帮扶和支持，促进贫困村的发展，以缓解和解决贫困村的贫困问题。

从扶贫开发的具体实践来看，整村推进方式在云南省的扶贫开发中运用较为广泛。例如，云南省的怒江傈僳族自治州深度贫困地区，就有较多的贫困村因地处偏僻山区、发展条件恶劣而给扶贫开发工作带来较大挑战。要让扶贫开发实践在这些特困地区见效，一般性扶贫开发项目通常会受到项目制的诸多方面制约，从而出现形式化问题，扶贫帮困效果不够显著，深度贫困地区的经济社会发展的滞后性依然明显。整村推进的扶贫开发模式使项目的对象和目标更加明确，发展规划和行动方案更加具体且有针对性，亦即针对帮扶村庄的具体情况和实际问题，制定出具体扶贫开发方案。

整村推进的扶贫开发方式可以说是一种实践创新，是基层扶贫工作者在长期扶贫实践中根据实际需要而探索出的一条扶贫脱贫之路，也是一种新的农村扶贫方法。这一新的扶贫方法所显现出的优势主要包括两个方面：一方面有利于调动扶贫对象参与反贫困的积极性和主动性。在整村推进过程中，贫困村作为明确的帮扶对象，通过扶贫开发项目的执行和实施,脱贫与发展意识逐渐增强,脱贫的积极性和主动性也随之提高;另一方面,整村推进也有利于提高扶贫开发的效率。随着扶贫开发对象落实到具体的贫困村,就能够根据不同贫困村的实际情况与具体问题,有计划、有针对性地推进扶贫开发措施,使得扶贫开发措施和行动更加科学合理,能够达到更有效的扶贫脱贫效果。

脱贫攻坚是在新时代推进的乡村反贫困战略。这一战略的制定,首先从整体上确立了一个阶段的减贫或反贫困的具体目标,也就是在2020年底实现贫困线下的农村绝对贫困人口全部脱贫,达成全面建成小康社会的目标。明确的战略目标既为扶贫脱贫实践作出了宏观性的、整体性的规划和部署,同时也为具体扶贫行动提供了重要动力。因为战略目标代表着国家的意志,具有自上而下的政治引领和政策引导的功能,对地方及基层的扶贫行动有着推动与督导的作用。围绕战略目标,地方各级都需要作出积极的行动响应,由此形成举国动员的局面与全面参与扶贫脱贫的社会合力。

在脱贫攻坚战略实施过程中,国家通过整合、协调和动员各方面资源与力量,运用精准扶贫的策略和方法,对贫困地区、贫困县、贫困村以及建档立卡贫困户采取精准帮扶、精准脱贫的措施,向贫困地区派遣扶贫脱贫工作队和驻村扶贫干部,落实有针对性的、有效的帮扶政策,并调动基层群众的积极性和主动性,为实现脱贫共同奋斗。

乡村深度贫困和特困人群多处于自然条件及生存环境较为恶劣的地方,属于"一方水土养不起一方人"的情况,这些区域内的贫困问题的根源就在于居住生活地的脆弱性。正因为他们居住生活在这种特殊和困难的环境之中,使得他们的生产生活处于脆弱的状态。自然条件与生存环境的不利影响主要包括:村落散布于偏僻山区,交通极不便利,使得农民与外界的交流机会大大降低,从村落外部世界获得资源和支持受到严重限制。生存区域的土地资源较为有限,而产业则以小农为主,有限耕地制约着农户的生产和收入增长。特困地区环境脆弱性还体现在灾害风险较高,生活在那些偏僻地区的农民,相对来说更容易受到自然灾害的影响，如旱涝灾害以及地质灾害等。

为了更加有效地帮助那些生活在恶劣自然环境之中的贫困人口脱贫，提高扶贫脱贫效率，保证如期实现全部脱贫目标，在扶贫脱贫或反贫困实践中，特别是在脱贫攻坚阶段，对深度贫困地区和特困的贫困村，政府采取统筹规划和动员组织，较为广泛地实施了易地扶贫搬迁的政策措施。

在扶贫脱贫实践中，易地扶贫搬迁的基本理念就是"拔穷根"，也就是说，那些连片贫困地区和特困村庄发生贫困的根源就在于生活地的恶劣条件，采取强制性移民搬迁的手段，让贫困人口搬迁到新的环境之中，即可彻底地消除贫困根源，也能彻底解决贫困户的贫困问题。易地扶贫搬迁的方法犹如给贫困地区的"贫困病"动一个大的"切除手术"，使贫困人口发生根本性改变。从具体经验来看，易地扶贫搬迁首先要经过政府充分地论证和规划，为搬迁的贫困村和贫困户选择更好的安置地点，并为搬迁居民提供搬迁补偿和安置服务。易地扶贫安置社区较多地建设在交通更加便利的集镇或城镇附近，移民安置社区建设会得到政府、企业和社会多方面的支持。搬迁至新社区的贫困户，不仅居住环境得到改善，而且生计方式发生根本转变，生活条件得到显著改善，从而顺利实现脱贫。

对口帮扶也是乡村扶贫的方法之一。对口帮扶的扶贫方法调动起社会力量参与到扶贫实践之中，参与扶贫的单位和个人在确定帮扶对象之后，会根据贫困地区、贫困县、贫困村以及贫困户的具体情况，采取有针对性的帮扶措施，更加有效地解决帮扶对象的实际问题，以提高脱贫的效率。

对口帮扶方法包括区域之间的结对帮扶，东部地区经济相对发达的一些县市要与西部地区的贫困县市结对，并确定对口支援与帮扶关系。区域间对口支持和扶贫的具体措施，通常是通过两地政府间的协调来有计划、有组织地推进。区域对口帮扶既有区域间财政资金的支持，也有物资资源、人才以及区域间协作机制的支持。

除区域对口帮扶外，国家机关和大中型企事业单位等也有一定的扶贫任务，单位扶贫一般采取对口帮扶的方式，在选择并确立中西部贫困地区的帮扶对象之后，会向帮扶对象派驻负责对口帮扶工作的挂职扶贫干部。不同单位根据各自的特点和优势，向贫困对象提供相应的支持和扶贫资源，以帮助贫困对象实现脱贫。

在中西部地区，对口帮扶还采取城乡之间的结对帮扶，一些城市家庭或个人还可与贫困户建立起结对帮扶关系，特别是党员干部会积极参与结对帮扶工作，为贫困户的脱贫提供帮助和支持。个体间的结对帮扶不仅促进了扶贫脱贫，而且对促进社会团结起到积极作用。从事帮扶的家庭和个人与接受帮扶的贫困户之间，在彼此互动与交往过程中，会建立起深厚的情谊，对和谐社会建设发挥着重要作用。

乡村贫困的一个突出特点就是产业结构单一，且产业发展较为落后。在贫穷的乡村地区，产业结构依赖于农业，而农业的发展水平较为低下。要让乡村贫困地区实现脱贫目标，产业扶贫常常能起到较好的效果。通过对贫困地区注入产业发展的力量，助推产业结构的转变和新兴产业的发展，为乡村贫困人口创造更多的发展机会，即可改变乡村贫困地区的贫穷落后面貌。

在具体扶贫脱贫实践中，产业扶贫一般采取政府引导、市场介入的方式。政府通过相应扶贫政策措施，引导和鼓励市场主体或企业加大在贫困地区的投资力度，加快贫困地区产业发展。与此同时，政府也利用企业的市场优势，帮助农户推广农产品销售，为提升贫困地区的经济效益提供服务。产业扶贫的重点是加大对乡村贫困地区的投资，根据贫困地区的特点，发挥贫困地区的资源优势，促进产业结构的调整与升级，大力发展新兴产业和现代农业，提高经济效益，解决农民增收难问题。在西部特困地区，一些村庄建起了扶贫车间，这是产业扶贫的模式之一。扶贫车间给乡村增添了新产业，也为农民的非农业就业和增收提供了新途径。农业提质升级也是产业扶贫的一种模式。通过"资本下乡"的渠道，现代农业企业增加对贫困地区的投资，发展现代农业和高效农业，在推动农业高质量发展的同时，为农民增加收入创造了新机会。

教育扶贫也是乡村扶贫的方法之一。教育扶贫可以从两个方面有效解决贫困问题：一是针对教育致贫问题，教育扶贫可缓解贫困户的教育负担，避免一些乡村家庭因学致贫。从乡村贫困的实际情况来看，一些贫困户是因为要为子女承担较高的学费和生活费而产生经济压力和负担，并由此导致贫困的。教育扶贫采取对贫困户子女教育的"双免一补"政策，通过向农村义务教育阶段的贫困家庭学生免费提供教科书、免除杂费，并给寄宿生补助一定生活费，从而大大减轻贫困户的教育负担。二是教育扶贫可阻断贫困的代际传递机制。教育扶贫注重提高贫困户子女的受教育水平，增加家庭的人力资本，通过教育途径改变贫困家庭子女的命运，从而阻断贫困的代际再生产。

从教育扶贫的实际情况来看，农村贫困地区的教育条件得以明显改善，教育资源的配置和质量也明显提高，这在较大程度上提高了贫困地区农村家庭子女的入学率，降低了辍学率。此外，一系列教育扶持政策的出台，对农村贫困家庭子女教育提供了有效保障，从而激励了越来越多的贫困家庭选择让子女继续接受教育，并通过教育阶梯实现阶层的上升流动。

中国乡村反贫困之所以创造了人类减贫史的奇迹，实现平均每年减贫千万以上，正是因为依靠种种反贫困的制度创新和方法创新。上述的乡村反贫困实践和方法只是其中的部分经验，在乡村扶贫脱贫过程中，其实还有很多经验和方法有待总结。

四、精准扶贫与全面脱贫

中国的精准扶贫是自 2013 年以来提出的新的乡村反贫困战略。相对于以往的扶贫开发，精准扶贫旨在全面消除乡村绝对贫困，实现乡村贫困人口全部脱贫的目标。

精准扶贫的特点在于扶贫措施和行动的精准。为更加有效地推进乡村脱贫，乡村反贫困采取"六个精准，五个一批"策略。"六个精准"是指扶持对象精准、项目安排精准、资金使用精准、措施到户精准、因村派人精准、脱贫成效精准。"五个一批"是指发展生产脱贫一批、易地搬迁脱贫一批、生态补偿脱贫一批、发展教育脱贫一批、社会保障兜底一批。

从精准扶贫的实施经验来看，乡村反贫困的精准性在具体实践中得以落实。在确定扶持对象的精准性方面，精准扶贫从宏观层面划定了农村绝对贫困线标准，即家庭年人均收入低于2 300元的农户，就属于建档立卡贫困户。绝对贫困线的划定为瞄准扶持对象提供了政策和操作基础，也能较为准确、客观地反映乡村贫困问题的实际状况。尽管贫困线以家庭经济收入水平为标准，但这一收入水平也能集中体现乡村贫困问题的诸多特征。乡村贫困问题不等同于低收入，但贫困一定能在经济收入上反映出来，或在较大程度上受经济收入的影响。

建档立卡可以说是精准扶贫实施过程中创建起的具有中国特色的扶贫瞄准机制。建档立卡为扶贫脱贫行动提供了准确的、完整的、系统的、公开的贫困问题信息，参与扶贫的主体可以从建档立卡贫困户信息系统中了解到扶持对象的基本情况，包括家庭情况、贫困状况、主要致贫原因、主要收入来源等。建档立卡贫困户信息系统不仅大大提高了扶持对象确立的准确性，也为扶贫脱贫效果评估的准确性奠定了物质基础。在信息系统中，既准确记录了扶持对象的贫困状况，也可动态反映贫困户的扶贫脱贫过程及基本情况。根据这些扶贫脱贫基本信息，即可准确地评估和把握扶贫脱贫成效。

精准扶贫在扶持对象精准把握方面，可以说形成了较为成功的经验，建档立卡为扶贫脱贫实践提供了具有可操作性的信息基础。在具体的扶贫脱贫经验中，对于如何划定贫困户或扶持对象，国家的贫困线虽提供了一个基本标准，但在实际操作过程中，则需要考量多方面的因素，综合各方面的情况来确定。因此，对划定扶持对象的精准性也需要加以综合理解，而不宜片面地、教条地理解为所有的建档立卡贫困户的家庭年人均收入绝对低于 2 300 元，因为家庭年收入本身就具有变动性、不确定性，衡量或测量农村贫困户收入水平通常是综合其实际经济生活状况来进行估算的，而且一般是由村基层组织在综合评定和经过公示基础上向上申报的。大多数建档立卡贫困户属于当地群众认同的"相对困难家庭"，在这个意义上，建档立卡所确立的扶持对象整体上能够让乡村的贫困问题得到准确把握，也能将需要帮扶的家庭准确地纳入扶持对象之中。

扶持对象的精准把握为精准地实施扶贫脱贫行动奠定了基础，尤其是为扶贫脱贫项目的精准安排提供了明确的目标。在精准扶贫实践中，不仅仅要帮扶那些建档立卡的绝对贫困户或特殊困难户，而且要解决区域性整体贫困问题，如贫困县、贫困村脱贫摘帽问题。在明确扶持对象之后，对扶持对象的实际状况以及致贫因素也可加以精准分析和把握，基于精准的贫困信息，扶贫主体也就可以精准地安排扶贫脱贫项目。

项目的精准安排主要体现在三个方面：一是精准地安排项目来源；二是精准地安排项目规模；三是精准地安排项目内容。

项目扶贫是扶贫开发的主要途径和方式，通过向贫困地区和贫困人群实施相应的扶贫脱贫项目，可以有效地帮助扶持对象解决贫困问题，实现脱贫。在扶贫开发阶段，较多的扶贫脱贫项目属于由扶贫机构确立并施行的"大水漫灌式"项目，而不是精准安排的扶贫脱贫项目，因而扶贫脱贫效果并不理想。精准安排扶贫脱贫项目，是在掌握具体扶持对象的实际情况之后，根据具体扶贫脱贫需要，具体地安排项目来源或责任单位。譬如，针对某一贫困县，负责扶贫脱贫工作的协调领导机构可根据该贫困县的贫困问题特征和实际需要，安排对口支援的扶贫单位，并统筹协调安排相应的扶贫脱贫项目。项目来源的精准安排，既明确了扶贫脱贫项目的责任单位，实际上也使具体的扶贫脱贫措施得以落实，由确定的对口扶贫单位负责实施的项目在实践中更为可靠、更加切实可行。

项目安排精准还包括项目规模的精准。要达到精准脱贫效果，扶贫脱贫项目的规模必须足够大，项目扶持的力度才能满足扶贫脱贫的要求。"撒胡椒面式"地安排扶贫脱贫项目和扶贫脱贫资金，只强调扶贫帮困的形式，而对于是否真正帮助贫困人群实现脱贫的问题，则难以顾及。在精准扶贫过程中，精准地安排项目就会根据扶持对象的贫困程度和需求范围，准确地安排扶贫脱贫项目的规模。一方面，可以合理地安排有效扶贫脱贫资源，确保扶贫脱贫资源的使用效率；另一方面，精准地安排扶贫脱贫项目的规模，有利于避免过度扶贫导致的福利依赖，保证扶贫脱贫的社会公正性。

精准地安排扶贫脱贫项目内容是项目安排精准的重要方面。项目内容是指每个扶贫脱贫项目中的具体帮扶措施和手段，也就是给扶持对象提供的具体帮助内容，以及扶持贫困对象实现脱贫的具体措施。尽管贫困问题具有一些共性特征，但不同地区、不同贫困户的致贫因素是有差异的，实现脱贫的关键措施也会不同。因此，扶贫脱贫项目要达到精准脱贫，也需要因地制宜、因户制宜，采取有针对性的帮扶措施，可以更加有效地帮助贫困人群实现脱贫。

在资金使用精准方面，精准扶贫在精准识别基础之上，通过实施精准帮扶和精准管理，提高扶贫资金的精准识别与精准使用率。扶贫资金主要有中央财政专项扶贫资金、地方财政专项扶贫资金、国家和地方以工代赈资金、各种捐款、国际扶贫开发资金等。实施精准帮扶，可将扶贫资金精准地用于具体扶贫脱贫措施之上，精准地用在扶持对象身上，是保证资金使用精准的有效方式。为提高资金使用的精准性，还需要推行精准管理，通过对项目实施、资金使用去向和用途的监督与管理，保证资金使用能实现扶贫脱贫目标。

资金使用精准还体现在贫困地区和贫困户在获得扶贫资金支持方面，已有较为明确的、具体的渠道和途径。通过较为确定的、正式的程序，扶持对象获得资金不仅得到保障，而且效率大大提高。因为按照正规的、合理的扶贫资金支配、拨付、使用和监管程序来管理，实际上为扶贫资金与扶持对象之间建立起有效的连接方式与渠道。通过这一方式和渠道，资金在扶贫脱贫实践中的使用效率会明显提高。

措施到户精准是指帮助贫困地区和贫困户脱贫的各项措施都能够落实到位。在精准扶贫的实践中，无论扶持对象是贫困地区，还是贫困户或个人，扶贫协调组织和扶贫主体都会精心设计好扶贫脱贫行动计划，安排好具体的扶贫脱贫措施，参与扶贫脱贫的实施者会与扶持对象协同一道，将具体的扶贫脱贫措施落实到位。

精准扶贫与脱贫攻坚的重要特点就在于精准施策，因为特困地区和特殊困难户都有各自的特殊之处，要保证扶贫脱贫措施发挥更好的效果，就要做到因地制宜、因户制宜、因人制宜，采取切实可行的帮扶措施，有效帮助扶持对象顺利脱贫。因此，精准扶贫工作在落实脱贫目标方面，要抓住精准施策这一关键点，并在具体的帮扶过程中，尽可能将有效的扶贫脱贫措施付诸实施。

因村派人精准是指向重点扶持对象贫困村精准地派驻扶贫脱贫干部和工作人员。在精准扶贫实施过程中，国家集中了精锐力量投向脱贫攻坚主战场，累计选派 25.5 万个驻村工作队、300 多万名第一书记和驻村干部，同时还动员 200 万左右的乡镇干部和数百万村干部，共同参与到贫困地区和贫困村脱贫攻坚的伟大实践之中。向贫困村精准派驻扶贫干部以及工作队，一方面是精准把握扶持对象基本情况的有效途径。驻村扶贫工作人员进驻之后会在定点帮扶村开展一段时间的专门扶贫工作，在此期间可以更全面、更深入地了解贫困村的贫困问题，这对精准地实施扶贫脱贫措施会有较大的促进作用。另一方面，精准地派遣驻村扶贫工作人员，也进一步落实了扶贫的力量，为"真扶贫"奠定基础。扶贫脱贫需要有人去协调落实，也需要有人去带领贫困对象开展脱贫行动。驻村扶贫干部和工作队保障了扶贫脱贫行动的精准实施，让扶贫脱贫政策措施得以落到实处。大批的驻村扶贫干部和工作队不仅在驻村期间亲自参与具体的帮扶行动，而且负责执行和落实各项扶贫脱贫政策措施，发挥着完成扶贫脱贫政策"最后一公里"任务的功能，确保了扶贫脱贫政策能见成效、能发挥真正脱贫作用。

　　脱贫成效精准是精准扶贫的重要方面。精准扶贫方略有着具体、明确的目标，那就是要在2020年底实现乡村贫困人口全部摆脱绝对贫困状态，达到全面建成小康社会的目标。因此，扶贫工作必须取得确定的脱贫成效。正是通过精准扶贫的措施，乡村的脱贫攻坚取得了全面胜利，让9 899万农村贫困人口得以全部脱贫，832个贫困县全部摘帽，12.8万个贫困村全部出列，从而历史性地解决了区域性整体贫困问题，全面消除了乡村绝对贫困。从精准扶贫的经验来看，精准扶贫行动平均每年帮助1 000多万人实现脱贫，脱贫成效举世瞩目。而且在精准扶贫过程中，脱贫效果也很突出，贫困人口收入水平显著提高，全部实现"两不愁三保障"（不愁吃、不愁穿，保障义务教育、保障基本医疗、保障住房安全），饮水安全也得到保障。2 000多万贫困患者得到分类救治，近2 000万贫困群众享受低保和特困救助供养，2 400多万困难和重度残疾人拿到了生活和护理补贴。

　　脱贫成效的精准既反映出精准扶贫方略及其行动的基本策略，也体现出精准扶贫政策所取得的重要成就。在实现脱贫成效精准方面，精准扶贫行动主要依托目标机制和评估机制两种运行机制来保障。目标机制是指在精准识别的基础上，进一步明确具体的脱贫目标，确定扶贫措施需要达到什么样的脱贫效果，亦即根据扶贫对象的贫困现状，对让多少贫困区域、贫困人口摆脱绝对贫困状态作出明确的计划。随着脱贫目标的确定，扶贫行动可以更具目的性，脱贫效率也会得到相应提高。为确认扶贫行动是否为"真扶贫，扶真贫"，就需要对扶贫行动的实际效果加以评估。通过有效的评估，一方面可以较为准确地把握各项扶贫政策、各种扶贫行动实际达到的效果，也就是扶贫让贫困人口实现脱贫的具体情况；另一方面，成效评估对精准扶贫实施过程也能起到监督、激励和反馈的作用。

　　在2020年底，中国乡村实现了绝对贫困人口全部脱贫的战略目标，这是中国反贫困实践所创造的奇迹，也是人类减贫史上的奇迹。这一奇迹的创造离不开精准扶贫，乡村全面脱贫是精准扶贫成效的集中体现。

随着乡村的全面脱贫，绝对贫困问题得以解决。一方面，这意味着乡村反贫困已完成了一个重要历史性任务，即让乡村贫困人口全部摆脱绝对贫困状态，乡村反贫困告一段落；另一方面，这也意味着乡村反贫困将进行历史转向，从乡村脱贫向乡村振兴转换。

全面脱贫之后，乡村贫困问题虽得以有效解决，扶贫脱贫政策措施及相关工作是否也可以全面终结呢？这是在乡村全面脱贫后需要调节同时又需要慎重对待的战略转换问题。乡村全面脱贫的成就是客观的现实，而达到这一现实状况则是经历了复杂又艰巨的过程。让现行标准下乡村贫困人口全部脱贫，精准扶贫的各项政策措施和参与精准扶贫实践的广大干部群众在其过程中发挥着不可或缺的关键作用。因此，全面脱贫之后必须构建起科学合理的扶贫脱贫措施调节与退出机制，而不宜"脱贫即退出"。脱贫攻坚的成果需要一段时间的巩固，需要相应扶贫脱贫措施保持一定延续性，以使脱贫户能得到持续的社会支持，避免扶持措施退出后导致返贫现象的发生。

随着乡村脱贫攻坚取得全面胜利，贫困人口全部脱贫，既需要过渡性战略来巩固脱贫成果，预防返贫风险，还需要通过新的发展战略，推动乡村进一步的发展。乡村振兴战略也就是全面脱贫之后的乡村发展战略，在乡村贫困问题得以解决的基础上，还需要朝着现代化方向进一步迈进，推动乡村的高质量发展。

在现代化的大背景下，乡村发展不能停留在脱贫的层次之上，而是需要不断推进乡村现代化建设与发展。乡村如果在现代化征程中停步不前，就将无法避免发展不均衡问题，由此会加剧相对贫困问题发生的风险，给乡村反贫困带来新的挑战。

乡村振兴战略既需要与巩固脱贫攻坚成果有效衔接，又需要与新型城镇化战略有机衔接。在城镇化不断加速的过程中，乡村发展不可能"独善其身"，城乡之间只有保持统筹协调的关系，才有利于城市和乡村的可持续发展。乡村振兴战略的实施，也要在城乡一体化的大框架下协调推进。一方面，城镇化的发展不能成为乡村衰退和消亡的直接推手，而要成为助力乡村现代化发展的重要力量；另一方面，乡村振兴并不是与城镇化相对立，而是与城镇化协调一致的发展过程，这一过程也就是城乡一体化、现代化的发展过程。乡村振兴既是社会协调发展的重要体现，也为社会可持续发展保留着一个弹性空间。

五、乡村脱贫研究的意义

在脱贫攻坚战取得决定性胜利，中国成功实现全面建成小康社会的发展目标之后，乡村社会的绝对贫困问题、区域性整体贫困问题得到了有效应对与解决。在全面脱贫之后的乡村，贫困问题已不再连片地存在，也不再是普遍问题和主要矛盾，那么，研究乡村脱贫的意义又何在呢？

事实上，作为乡村研究的一个重要领域，脱贫研究仍有其学术价值和现实意义。脱贫之后的脱贫研究仍有存在的价值，只是研究的方向和研究的重点将发生一些转换，对扶贫脱贫策略和扶贫脱贫行动的研究，需要重点关注扶贫脱贫的经验总结，以及对脱贫成果巩固机制和返贫风险防范机制的构建，更需要探讨脱贫之后的乡村高质量发展或现代化发展之道。

后脱贫时代乡村脱贫研究的一个重要意义体现在讲好中国脱贫故事上。正如一位长期关注中国脱贫事业的外国记者所说："中国的脱贫攻坚是消除外国人对中国偏见和改变他们对中国刻板印象的最佳故事。其中的很大原因，就在于外国人对中国的脱贫承诺和行动——以及它是如何运作的——知之甚少。"[1] 讲好中国脱贫攻坚故事不只是新闻记者所做的事，也需要广大从事反贫困研究的学者来研究总结。

---

[1] 库恩，汪三贵，等. 脱贫之道：中国共产党的治理密码. 重庆：重庆出版社，2020：11.

在整体性贫困问题得以全面解决之后，乡村脱贫的首要任务就是总结扶贫脱贫的经验。总结扶贫脱贫经验的意义在于：首先，通过乡村脱贫经验总结，可全面再现扶贫脱贫的实践过程，记录下扶贫脱贫实践中的一个个具体的事迹、人物和故事，为人们了解、回顾和记忆中国乡村扶贫及脱贫攻坚这一历史过程提供材料支撑。

从乡村扶贫到全部脱贫，不仅仅是一种数字和话语的变化，而是一个具体的历史过程。在此过程中，包含着千千万万的扶贫干部、扶贫工作者以及广大乡村群众反贫困的行动和实践，由此留下了丰富多样的扶贫脱贫行动策略和经验。有真情互助的帮扶实践经验，也有励志创业脱贫的经验；有对口支援的案例经验，也有产业发展的成功经验。回顾和总结扶贫脱贫过程中的具体实践或案例经验，虽不再需要为扶贫工作提供借鉴和参考，但作为脱贫的历史经验，则具有重要的社会记忆价值，为人们了解脱贫之前的乡村贫困问题以及扶贫脱贫措施提供了重要历史资料。

全面脱贫之后，乡村扶贫工作告一段落，但乡村仍有持续发展的任务。脱贫经验在某种意义上是乡村在一个发展阶段的发展经验，其中所积累和形成的发展驱动、协调和整合的机制，对乡村脱贫之后的发展仍有一定借鉴和参考价值。

其次，总结乡村脱贫经验对于巩固脱贫成果和防范返贫来说，有着重要参照和启示价值。通过收集、描述和分析扶贫脱贫的具体和典型经验，可以更加具体地把握每一种类型的贫困户、贫困村、贫困县和贫困地区的贫困问题生成机理及规律，了解具体的扶贫脱贫过程和方法。这些经验实际上能够告诉人们脱贫成果是如何获得的，由此对如何巩固这些脱贫成果提供了实践和行动借鉴。

对脱贫之后的乡村建设与发展来说，预防脱贫乡村返贫的系统性风险是工作的重中之重。全部脱贫是经过举国上下齐心协力的脱贫攻坚所取得的历史性成就，然而乡村反贫困不是一劳永逸的事。虽然全面脱贫之后不再有扶贫脱贫任务，但反贫困工作仍要继续。具体而言，反贫困工作就是预防贫困,或防范系统返贫风险,以及积极地应对可能出现的相对贫困问题。为更加有效地防范系统返贫风险和相对贫困问题,可从扶贫脱贫过程中汲取一些成功的经验。

最后,总结乡村脱贫经验,其意义并不局限于讲述扶贫脱贫的故事,而且可在此基础上构建并丰富乡村反贫困理论。乡村脱贫研究要呈现经验、分析经验,但不停留在经验再现层面,而是要透过经验,看到一般性的规律,形成理论认识。与此同时,扶贫脱贫经验也可为贫困与反贫困理论的丰富和完善提供支撑。已有的贫困与反贫困理论虽为认识贫困问题和反贫困实践提供理论参考,但理论也需要在实践基础上不断更新和发展,这样理论的解释力和预见性才能不断提高,理论的应用价值才得以增大。

中国胜利实现全部脱贫的战略目标,让数亿乡村贫困人口摆脱贫困,创造了人类减贫史的奇迹。总结扶贫脱贫的中国经验,无疑会充实和丰富贫困与反贫困研究的理论,提升反贫困理论的深度与厚度。

在关于扶贫对象的识别问题上,绝对贫困线理论通常按照满足基本生活需要的支出水平来划定贫困线,将低于贫困线水平之下的人群界定为贫困人口。在中国的扶贫脱贫经验中,则采取了建档立卡的办法,将乡村收入水平低和生活困难的家庭纳入建档立卡贫困户。在具体操作实践中,对建档立卡的贫困户虽有一个划定的标准,一般为家庭年人均收入低于2 300元,然而实际上这个标准也主要作为一个参照对象。各个村在为贫困户建档立卡时,也可能会按照相应的贫困状况来评估划定。建档立卡的贫困户界定及扶贫对象识别机制,既反映出绝对贫困线理论的一般原理,而且体现出对贫困识别的实践创新。这一识别机制具有对贫困问题认识的弹性和包容性,同时有助于扶贫脱贫行动扩大社会支持的范围。

从社会学视角回顾乡村脱贫历程,其意义可概括为两个方面:一方面可总结提炼对乡村贫困和反贫困的社会学理论,拓展对乡村脱贫经验的学理认识;另一方面,可从乡村脱贫经验的理论概括基础上探究乡村振兴和农业农村现代化的规律和有效路径。

基于中国乡村贫困与反贫困的社会事实,社会学的理论提炼和总结包括这样几个方面:乡村贫困问题的成因或形成机制论、乡村贫困形态论、乡村贫困问题演化论、消除乡村贫困的路径选择论、乡村反贫困策略论以及乡村反贫困策略效能论等。

关于乡村贫困的成因,结构要素论解释将乡村贫困的成因概括为结构性因素,如自然条件的恶劣、资源禀赋的匮乏、生存环境的脆弱等,注重从客观物质条件探讨其对贫困发生的决定性作用。而主体能动论解释则将贫困发生视为由贫困群体自身因素和能动性原因造成的结果。

关于乡村贫困形态和特征的理论解释,贫困类型论较为流行,即把贫困现象或问题划分为绝对贫困和相对贫困,绝对贫困是指收入或消费水平低于一定标准即贫困线的个人或群体,其基本生活需要的满足存在困难。相对贫困是指参照社会平均水平,或某些阶层的基本情况,个人或群体的生活水平处于一种相对低下或窘迫的状况,是一个比较性范畴,有横向比较,也有纵向比较。纵向比较是人们将当前收入或生活水平与以前相比,如果感到有很大程度的降低且达到比较困难的状态,这便意味着一种相对贫困的发生;横向比较通常是与社会平均水平或总体情况相比较,如感到自己处在一个非常低的社会位置,便是一种相对贫困。从中国乡村贫困的现实经验中,还可概括提炼出个体贫困和连片贫困的理论解释,这一解释能更清晰刻画出乡村贫困的实际形态和特征,并能与其产生机制联系起来。个体贫困是指乡村社会中的特殊个体因特殊原因而陷入贫穷和窘迫的状态,反映的是贫困作为一种特殊情况而存在于乡村社会之中,而且在不同区域、不同地方都可能出现这种特殊情况。连片贫困则反映区域性、整体性的贫困形态和社会特征,即在一些自然条件特殊、生产生活条件不好的地区,经济发展较为滞后,农村居民的收入及生活水平普遍低下,处在一种贫穷、艰苦和落后的生存状态。例如,在深度贫困的"三区三州",连片贫困问题较为突出。

乡村贫困问题并非静态的，而是动态演化的。贫困问题的状况因反贫困策略和行动而发生改变，脱贫攻坚战略的实施解决了扶贫工作中最困难的问题，啃下最难啃的硬骨头，让连片贫困地区脱贫摘帽，农村绝对贫困人口全部脱贫，从而扭转乡村贫困问题格局。进入后脱贫时代，意味着乡村贫困问题已演化为巩固脱贫成果问题，预防贫困再发生和返贫问题，以及相对贫困问题。

在消除乡村贫困问题的路径选择上，有扶贫开发理论的解释。扶贫开发理论认为，通过国际的、国家的或区域的扶贫开发项目的推进和干预，能够促进贫困地区和贫困人口发展能力的增强与提升，从而使贫困人口获得充分发展机会，改变贫困发生的经济社会基础，从根源上消除贫困。"造血式扶贫"说则提出，诸如扶贫开发类的扶贫路径和帮扶措施，在实践中对消除贫困问题往往只会起到暂时性的"输血"功能，即贫困救急或贫困救济功能，并不能从根本上消除贫困问题，也难以让贫困人群真正摆脱贫困。如果要彻底消除乡村贫困问题，必须实施"造血式扶贫"，使贫困人群恢复并增强自身的"造血"功能，让贫困地区和贫困人群能够独立自主地获得充分发展机会，夯实自身经济发展的基础，增强抵御各种致贫风险的能力。

关于乡村反贫困策略，有精准扶贫论的解释。在实现乡村绝对贫困人口全面脱贫的目标下，不让一个人在小康社会建设的路上掉队，实施精准的反贫困策略，以建档立卡的方式，精准有效地识别贫困人口和帮扶对象，采取驻村帮扶、对口帮扶、社会扶贫、产业扶贫、消费扶贫等多种帮扶措施，精准地帮助贫困人群和贫困地区实现脱贫目标。此外，通过执行科学合理的评估方法，对扶贫脱贫的实际成果进行精准有效的评估，能够保障对扶贫脱贫最终成效的准确把握。

对乡村反贫困经验的研究和总结，其意义不仅包括对贫困与反贫困的理论提炼和解释，而且包含对乡村振兴和乡村现代化规律及实现路径的把握和认识。从乡村全部脱贫的经验中，可以更加自信地提出中国式乡村现代化的命题。所谓中国式乡村现代化，是指具有中国特色的、社会主义的现代新乡村建设。在此过程中，广阔的、复杂多样的乡村社会将通过现代化进程，依靠合理有效的国家政策和制度安排的支持，在党的坚强领导和有效动员下，找到种种振兴和发展之路。

第 2 章　中国乡村的脱贫成就

当代中国乡村社会，一个突出问题是贫困问题。如乡村建设派总结出"愚贫弱私"四大问题，反映出 20 世纪 30 年代乡村四种社会问题，即乡村平民受教育水平低下，乡村社会生活贫困，乡村社会卫生条件薄弱，以及乡村社会治理松散。[①] 费孝通在苏南太湖流域农村的田野调查，也看到在鱼米之乡的富庶地区农村家庭普遍面临着饥饿问题。[②] 农民连温饱都难有保障，是绝对贫困的典型表现。1949 年后，农村经历土地改革和社会主义改造等社会变革，乡村贫困问题在一定程度上有所缓解，但在较长时期内未全面彻底解决。20 世纪末国家提出八七扶贫攻坚计划，力图在 20 世纪最后七年时间内实现八千万绝对贫困人口的全面脱贫目标。八七扶贫攻坚计划的实施，为乡村脱贫做出了巨大贡献。尽管进入 21 世纪，乡村仍有贫困地区、贫困县、贫困村和贫困户的存在，但扶贫攻坚计划为脱贫攻坚战略打下坚实的制度、组织、经验基础，尤其是系统发达的扶贫脱贫机构在领导、组织和动员扶贫脱贫行动中，发挥着关键和核心作用。正是在八七扶贫攻坚计划实施经验基础上，党和国家总结提出精准扶贫方略与脱贫攻坚战略，终于在 2020 年底，实现乡村全面脱贫的战略目标。中国乡村全面脱贫的成就是人类减贫史上的奇迹，扶贫脱贫的中国经验对反贫困和减贫事业有着重大意义。

---

① 晏阳初. 晏阳初全集：第 2 卷. 长沙：湖南教育出版社，1992：35.
② 费孝通. 江村经济. 北京：商务印书馆，2005.

一、绝对贫困的全面消除

乡村脱贫的基本目标是实现绝对贫困人口摆脱贫困状态，亦即消除乡村社会中的绝对贫困。关于绝对贫困问题的认识，或者对绝对贫困标准的认定，其实并非绝对的、固定的，而是相对的、变动的。

改革开放以来，绝对贫困的标准的演变大体可分为：1978 年标准、2008 年标准、2010 年标准和 2014 年标准。1978 年的绝对贫困线是年人均收入 100 元，这一水平属于基本生存线，仅保障每人每天 2 100 大卡热量的食物支出。2008 年的贫困线标准是年人均收入 1 196 元，在此之下属绝对贫困人口。这一标准是根据温饱线划定的，该收入水平能满足基本吃饭和穿衣的消费需求，即解决温饱问题。2010 年的贫困线标准是年人均收入 2 300 元，是根据物价上涨因素而调整的温饱线，即年人均收入达到 2 300 元，基本能保障温饱，低于此水平，则温饱成问题。2014 年，在推进精准扶贫方略和脱贫攻坚战略时，国家对乡村绝对贫困和脱贫的评估标准作了一定调整，提出"两不愁三保障"的标准，即脱贫的依据和标准是实现乡村居民"不愁吃、不愁穿"，"教育、医疗和住房有保障"。针对脱贫地区实际情况和具体条件，在精准扶贫实践中，各地执行的脱贫标准有所差异，每年的标准也有变化。不过对扶贫对象的认定更加趋于相对化，即各地将相对贫穷和有困难的家庭和个人也列入帮扶脱贫对象之中，这些扶贫对象并不一定处于某种绝对的贫困状态，但存在相对贫困。

如果按照温饱标准来看乡村脱贫问题，那么，自 1978 年农村推行家庭联产承包责任制改革后，绝大多数农户的温饱问题基本上得以解决。普遍性的温饱问题已经消除，个别的、特殊困难家庭和个人则可能因不同原因而存在温饱问题。如果从农村收入水平和生活水平来看，低收入和生活条件艰苦的情形在农村特别是贫困地区仍广泛存在。贫困地区的农户虽然可在自家承包耕地上精耕细作，辛勤耕耘，增加农业产量，尽量解决家庭的温饱问题，但由于许多农村贫困地区交通闭塞，与外界联系很少，导致收入渠道狭窄，家庭收入水平尤其是货币性收入很少，市场机会很少，因而生活条件和生活水平处在贫穷的状态。

进入21世纪，随着最低生活保障制度逐步实现从城镇到乡村全覆盖，从而发挥社会保障兜底作用，特困家庭和个人的基本生活需要得到保障，也就是说，个别的特困家庭和个人的温饱是有保障的。既然有最低生活保障制度的兜底，那么，以温饱为标准的乡村绝对贫困实际上在很大范围内消除，绝大多数乡村家庭和个人已不再为温饱而发愁。除最低生活保障制度外，还有针对困难家庭和人群的社会救助体系，由民政系统向处于困难境地的特殊群体发放困难救助和生活补贴。总体来看，乡村社会保障和社会救助体系在不断完善的过程中，对乡村绝对贫困的兜底和保障作用日益显著。尽管社会保障和社会救助不属于专门的扶贫脱贫行动，但也起到反贫困和减贫的作用，某种意义上是反贫困的长效机制或制度保障。健全的社会保障和社会救助实际上为贫困人群织起一张"安全网"，保护了贫困人群的生存和生活安全。

2014年，精准扶贫方略开始实施，并开启了乡村脱贫攻坚战。为在2020年实现全面建成小康社会的战略目标，需要让处于贫困线以下的7 000多万乡村绝对贫困人口全部脱贫。脱贫攻坚阶段扶贫对象虽是乡村绝对贫困人口，属于建档立卡贫困户和个人，但这一绝对贫困的标准不再是温饱标准，而是"两不愁三保障"标准，即乡村绝对贫困问题已不仅指向生存困境或温饱问题，而且涉及基本发展权，如教育、医疗卫生和住房保障权。在这个意义上，精准扶贫不仅要解决绝对贫困问题，还要促进乡村均衡发展和社会公平。

自2010年起，乡村扶贫脱贫工作按照新标准执行，新标准确立家庭年人均收入水平在2 300元以下为绝对贫困人口，但2 300元只是一个基准贫困线，每年执行的扶贫标准在此基础上有相应调整，如在2010年至2015年间，国家划定的扶贫标准在不断变动和提高（见表2-1）。

表 2-1 2010—2015 年扶贫标准变动和减贫速度

年份	扶贫标准（元）	贫困人口（万人）	贫困发生率（%）	减贫速度（%）
2010	2 300	16 567	17.2	—
2011	2 536	12 238	12.7	26.13
2012	2 625	9 899	10.2	19.11
2013	2 736	8 249	8.5	16.67
2014	2 800	7 017	7.2	14.94
2015	2 968	5 575	5.7	20.55

资料来源：黄承伟．脱贫攻坚省级样本：精准扶贫精准脱贫贵州模式研究．北京：社会科学文献出版社，2016：8．

从绝对贫困标准的变动来看，乡村扶贫脱贫有着鲜明的中国特色，是中国式的反贫困。全面消除乡村绝对贫困，让乡村绝对贫困人口全部脱贫，这一成就不仅反映反贫困或减贫成果，而且反映乡村发展成果。绝对贫困线的国际标准一般是较为固定的、统一的，即根据维持人的生存所需基本物质资料而测算出的最低收入或消费支出水平。低于该水平，生存安全得不到保障，基本生活需要得不到满足，因而是真正的绝对贫困水平。农村推行家庭联产承包责任制改革之前，有许多农户和个人存在温饱得不到保障的问题，反映出农村绝对贫困人口规模较大，而且处在真正的绝对贫困状态，基本生活需要难以满足，生存状态贫穷落后。经过农村生产经营制度的变革，农业经济得到良好的发展，从而快速地解决了农村温饱问题。农村温饱问题的缓解和范围的快速缩小，意味着农村绝对贫困人口的减少，农村改革的扶贫脱贫成效显著。

自从农村温饱问题得以有效解决之后，扶贫对象和任务其实已有所变化。首先，乡村真正处于绝对贫困状态的家庭和个人大大减少，扶贫对象实际上包括那些发展相对滞后、生活条件和水平相对较为低下的农户和个人，亦即处于相对弱势以及发展相对滞后和不充分区域的人群。因此，乡村扶贫脱贫的任务既要帮扶温饱问题型的贫困人口，又要帮扶发展滞后型的贫困人口。一方面要解决贫困人口的温饱问题，另一方面还要致力于乡村社会均衡协调发展。

尽管在乡村扶贫脱贫过程中，绝对贫困的标准在变动，但贫困人口不断减少、贫困发生率不断降低，也是一个基本趋势。如按照2010年确定的2 300元贫困线标准，乡村仍有16 567万人属于绝对贫困，贫困人口的规模随贫困标准的变动而扩大。但是，经过扶贫开发的乡村扶贫脱贫行动，2011年乡村贫困发生率从17.2%降到12.7%，下降了近5个百分点，减贫速度非常快，达到26.13%。

如对这一数据进行解读，可从中领会中国式反贫困和减贫的特色和优势。就扶贫开发的中国经验而言，扶贫对象并非固定的、形式上的、理论意义上的绝对贫困者，不是像一些国际经验运用某个固定的贫困线标准，然后以项目形式开展援助行动。中国乡村扶贫脱贫行动则是在国家战略层面开展的，帮扶和脱贫的对象并非抽象的绝对贫困人口，而是结合乡村实际生活状况和困难群众的实际需求而推行具有实效的帮扶措施。贫困线标准的调整和提高，扩大了贫困人口的认定范围，无形中会增加贫困人口的数量。以往在相应收入水平的人群并未划入绝对贫困人口之内，贫困线标准的提高则将这部分人纳入了贫困人口和扶贫对象范围。提高扶贫标准，使扶贫对象增加，无疑增加了扶贫脱贫的任务。政策主动调整绝对贫困和扶贫标准，扩大扶贫脱贫范围，很大程度上体现了政府在乡村扶贫脱贫方面的务实、以人民为中心、制度自信和道路自信等特征。

务实反映的是中国式乡村扶贫脱贫并不完全追求形式上的、理论意义上的全部脱贫，而是注重真正解决困难群众的实际问题，以及乡村发展、区域发展的不均衡问题。实施扶贫开发、精准扶贫和脱贫攻坚，是为了针对具体的贫困问题和社会需求，采取精准有效的帮扶措施，以达到切实的脱贫成效。

扶贫脱贫行动虽应对的是贫困现象和贫困问题，但从根本上讲，是为了更好地满足人民的生活需要。因而，在中国式乡村扶贫脱贫实践中，不将绝对贫困绝对化、形式化和固定化，体现出以人民为中心的政策特征。乡村扶贫脱贫政策措施是为了有效应对和解决群众生产生活中的实际困难，更好满足人民群众特别是困难群众的实际需要。

制度自信体现在政府正视和直面乡村贫困问题的现实，主动提高扶贫标准，积极推动扶贫脱贫工作，充分展现出反贫困实践中的制度自信。政府在调整扶贫标准，扩大帮扶和脱贫范围时，既体现出反贫困制度体系的优势特征，也是在减贫事业方面的重要制度创新。这些减贫制度创新及制度实践赋予了反贫困和减贫更丰富的、更实际的内涵和意义，尤其是拓展了人们对绝对贫困的认识，增强了乡村扶贫脱贫的实际功效，解决了乡村贫困人群更多的现实困难和问题。

道路自信反映的是各级各地政府从实际情况出发，探寻符合中国国情的反贫困和减贫之路。根据经济社会发展水平的变化，不断提高扶贫标准，既是现实的需要，也体现出对中国式乡村脱贫道路的自信。精准扶贫方略和脱贫攻坚战略的实施，提高了乡村绝对贫困的标准，增加了脱贫任务和脱贫难度，与此同时又提出乡村贫困人口全部脱贫的战略目标，这一系列措施和行动展现出对新时期扶贫脱贫道路的自信。

乡村扶贫标准的调整和提高，以及乡村贫困人口的全部脱贫，这一扶贫脱贫过程呈现出中国式反贫困和减贫的均衡发展特征。在这个意义上，中国式乡村脱贫属于均衡发展型的全面脱贫，而非基本型的全面脱贫。在精准扶贫和脱贫攻坚之后，中国全面消除了乡村绝对贫困，这不只是解决乡村贫困人口的基本问题，满足贫困人口的基本需要，而且保障了乡村贫困人口的重要发展权，以及促进了乡村社会经济的均衡发展。例如，在产业扶贫、对口帮扶和整体推进等扶贫脱贫实践中，扶贫脱贫不仅注重减少贫困人口、降低贫困发生率，即不仅关注贫困问题本身，更强调贫困问题中所关涉的发展不均衡不充分问题。通过产业扶贫，加大建设投入，可以为贫困乡村发展注入新动能，夯实发展的基础条件，增强社区发展能力，为防范和消除贫困创造更有利的条件。随着乡村绝对贫困的全面消除，我国不仅取得了良好的脱贫成效，实际上在乡村均衡发展方面也取得了重要进展。

全面消除乡村绝对贫困是中国式反贫困的重大成就,也是人类减贫史上的奇迹。这一奇迹的创造经历了特定的历史发展过程,其中包含多种不同的、不断调整的扶贫开发和扶贫脱贫政策和策略,也包含实实在在的具体减贫成果。从贫困问题曾经较为突出的贵州省的扶贫脱贫历程来看,改革开放后乡村扶贫脱贫工作逐步实现了全面消除贫困,到2020年实现全面建成小康社会的战略目标。改革开放之初,1978年贵州省有绝对贫困人口1 587万人,经过八七扶贫攻坚,贫困人口减少到313万人,贫困发生率从59.1%降低到8.5%,可见乡村脱贫成果显著,减贫速度很快。2010年贵州全省农村绝对贫困人口随扶贫标准的提高而增加到421万人,贫困发生率变动为12.1%。在精准扶贫和脱贫攻坚之后,2019年全省的农村绝对贫困人口减少为53万人,贫困发生率降至1.5%,接近全面脱贫的目标(见图2-1)。

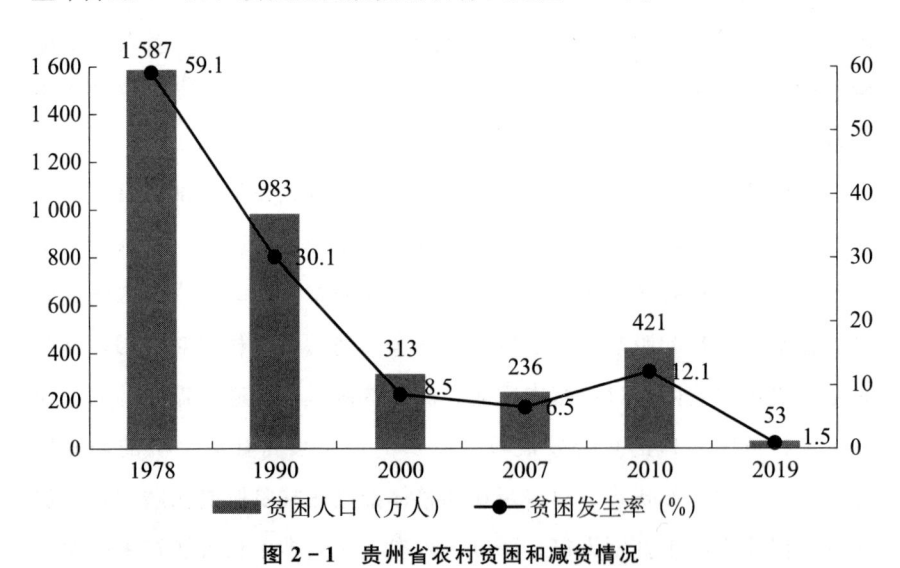

图 2-1 贵州省农村贫困和减贫情况

资料来源:国家统计局住户调查办公室. 中国农村贫困监测报告:2020. 北京:中国统计出版社,2020:250.

贵州省的农村广泛分布在云贵高原的偏僻山区,交通条件不利,周边区域工业化水平较低,农业生产受自然条件制约,发展水平低下,诸多因素导致贵州省乡村贫困发生率较高,因而贵州省乡村贫困问题和扶贫脱贫过程具有典型特征和反贫困的代表性。经过持续的扶贫脱贫努力以及脱贫攻坚，贵州省全部消除乡村绝对贫困，农村贫困人口全部脱贫。这一成就能集中反映出中国式反贫困和减贫的成功经验，也表明中国式的乡村扶贫脱贫政策措施有着很高的帮扶和支持效率及效能，使乡村绝对贫困问题得以彻底解决，实现全面建成小康社会的战略目标。

乡村绝对贫困的全面消除，既是阶段性反贫困和减贫的具体成果，也是乡村发展或社会经济变迁的阶段性状态。既然全部脱贫具有阶段性，即在一个时点上所达到的状态，那么该状态也是动态的、变化的，既可能向前发展到共同富裕，也可能向后退化发生返贫。因此，乡村全面脱贫不是一劳永逸的状态，而是需要持续巩固脱贫成果。巩固乡村脱贫攻坚取得的成果，仍要防贫困，仍需反贫困。虽然乡村贫困现象和贫困问题已非现实存在，但返贫风险或贫困发生潜在因素会隐藏在社会系统运行之中。例如，微观的市场周期性波动因素、宏观的经济增长变化因素、自然环境变化因素以及个体变化因素等，会构成返贫或贫困发生的风险。如果缺乏完善的脱贫巩固机制，不能有效抵御和防范返贫风险，发生局部或系统性返贫的可能性就会增大。

总体而言，乡村绝对贫困的全面消除标志着乡村发展进入一个新阶段，全部脱贫成就为新阶段发展打下新的基础。绝对贫困的全面消除意味着乡村发展进入后脱贫时代，扶贫脱贫已不是发展的重点任务，脱贫已为发展提供了更加有利的条件。在扶贫脱贫过程中，乡村基础设施建设的改善，产业扶贫为乡村新业态发展奠定的基础，供给侧结构性改革为农业发展带来的新机遇以及数字乡村建设，将为乡村发展开创新局面。随着乡村振兴战略的全面推进，乡村脱贫成果将不断得到巩固，反贫困的能力不断增强。在农业农村现代化建设进程中，乡村社会的富裕程度也将不断提高，乡村脱贫人口返贫和贫困发生的风险会大大降低。乡村社会新的发展格局意味着乡村扶贫脱贫告一段落，乡村贫困治理机制和模式将发生根本转变。

二、贫困地区脆弱性的降低

脆弱性是指物质和社会系统在遇到外部力量击打、压迫、扰动或环境变动的情况下,容易发生系统的破碎、毁坏、瓦解、分裂或崩溃等现象。贫困特别是连片贫困现象的发生,通常与一定区域的社会脆弱性有着密切关系,或者说是社会脆弱性的一种表现。

对社会脆弱性的把握,一般从两个方面着手:一方面是社会系统自身的禀赋特征;另一方面是社会系统之外的环境特征。评估和衡量社会系统自身脆弱性通常分为两个层次,一是区域或地区整体层次的脆弱性,二是家庭和个体层次的脆弱性。对脆弱性的评估方法有资本分析法,即分析区域和家庭的资本拥有情况。这里所说的资本并非指狭义的资金,而是指基础条件。在分析区域和家庭的资本拥有情况时,主要考察和分析区域和家庭的物质资本、人力资本、货币资本、文化资本和社会资本等。物质资本主要包括土地、基础设施、生产工具和财产等物质资料,代表生产资料占有和物质条件的情况。人力资本包括劳动力的规模、结构和质量,以及个人受教育水平和掌握的技能等。货币资本是指财富拥有情况,由于货币具有通用性,因而货币资本拥有量在很大程度上影响个体或集体替代性选择的余地。如同样面临水资源短缺的情况,富裕阶层比贫穷阶层有更多的应对措施,贫穷人口的脆弱性就显现出来。

文化资本主要指非物质性的、文化方面的基础。对区域而言。文化资本包括区域文化和教育发展状况及发展水平,区域文化氛围和文化环境等;个体的文化资本指个人的精神气质特征以及文化素质。个人的文化资本高则具有更积极的精神气质、更好的文化素质和更高的受教育水平,文化资本低则反映主观态度、精神面貌和能动性等方面不够积极。贫困文化论的观点认为,造成特定人群陷入贫困之中的根本原因在于贫困群体的文化不够积极向上,其文化的价值观不能有效激励人们采取积极行动，防止自身走向贫困。

在脆弱性分析范畴内，社会资本是指社会的组织状况、社会中人际关系状况，以及社会关系网络结构特征与运行效率。这些要素之所以成为社会资本，是相对于社会成员可以从社会中获得的资源和社会支持来说的。对个人而言，拥有社会资本意味着个体生存和发展能力得以提高，因为当个体遭遇困难和风险时，如单个力量薄弱难以抵御，社会支持和社会资源就可以帮助个体渡过难关。因此，社会资本越多，贫困脆弱性相应地越会降低。

社会学的社会资本理论强调，社会关系网络是社会资本的重要形式，人们通过社会中的各种关系网络来获得社会资源。在这个意义上说，社会关系网络也是社会分配资源的一种机制，从而成为社会分层和流动的重要机制，即分层与流动的社会资本机制。[1] 社会信任是一种重要的社会关系和交往互动的方式。微观层面的社会信任包括人与人之间的关系特征，即一个人相信并可依靠所交往的对象，这是人际的相互信任。宏观层面的社会信任通常指一个社会具有可以相互信任的环境、体系和保障，即人们普遍守信用的社会。社会信任可以降低社会交往和经济交换的交易成本，因为人们相信对方时，会按照一个较为确定的预期来做出行动选择的决策，从而降低行动选择的难度。在信任度高的社会环境里，更容易形成相互支持和相互救助，因为提供帮助者和受助者都能较为确定地预期自己行动选择的回报或结果。正因为社会信任关系和环境影响社会交往行为，因而一些观点将社会信任视为重要社会资本。[2]

关于区域、家庭和个体资本拥有与贫困脆弱性的关系，总体而言呈现为负相关。资本拥有量越少，区域、家庭、个体的贫困脆弱性越高。

---

[1] 林南. 社会资本：关于社会结构与行动的理论. 张磊, 译. 上海：上海人民出版社，2005.

[2] 林聚任, 等. 社会信任和社会资本重建：当代乡村社会关系研究. 济南：山东人民出版社，2007.

相反，随着区域、家庭、个体资本拥有量的增长，贫困脆弱性会降低（见图2-2）。

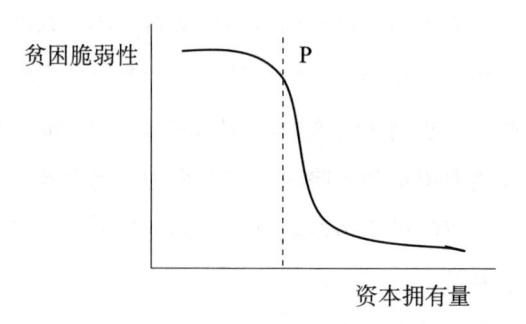

图 2-2　资本拥有量与贫困脆弱性的关系

从图2-2看，如果区域、家庭、个体拥有的物质资本、人力资本、货币资本、文化资本和社会资本较低，那么贫困脆弱性会处于高位。当资本拥有量增长且达到P点时，贫困脆弱性会出现急剧下降，然后达到一个相对较低的水平，P点代表的是绝对贫困线水平。直线P是一条虚线，表明绝对贫困线不是绝对不变的，而是会随着经济社会发展出现变动，但相对于贫困脆弱性和贫困发生而言，该标准是一个关键拐点。

在反贫困实践和脱贫成果评估中，为了便于操作，人们通常将资本拥有量进行量化，而量化的指标往往将资本限定在货币资本和物质资本范畴之内，如国际贫困线标准运用的是支撑基本生存和生活需要物质资料的支出货币量，即最基本生活消费水平。中国脱贫攻坚中的脱贫标准为"两不愁三保障"标准，实际注重物质和货币资本的拥有量，不愁吃、不愁穿，教育、医疗和住房有保障，是让贫困人口获得必要的、基本的物质资本和货币资本，以满足这五项基本生活需要。

物质资本和货币资本获得对降低贫困脆弱性来说，虽具有关键性作用，但这并不意味着其他类型的资本与贫困脆弱性无关。对于降低贫困脆弱性，提升区域和个人的人力资本、文化资本和社会资本同样非常重要。从现实经验中我们常能看到，相邻的村庄在物质条件和发展基础较为相近的情况下，可能出现一个贫穷一个富裕的反差现象，而造成贫困和贫富差距的并非客观物质条件，而是主体性的、能动性的因素或社会文化的资本在其中发挥关键作用。在注重人力资本投资的村庄，人力资本、文化资本拥有量随之提高，对经济社会发展的积极作用会显现出来，同时也会降低贫困脆弱性。如改革开放初期，一些先富裕起来的村庄，大多有"经济能人"带头，为乡村经济发展开创新局面，带领村民走上致富道路。同样，村庄治理的好坏也能反映出社会资本的拥有情况，有良好治理的村庄，村民安居乐业，相互团结，相互支持，相互帮助，不仅有利于经济发展，而且能有效防范贫困风险。在这样的村庄，即便个别家庭可能因某种原因而陷入困境，社会支持和社会救助也能有效帮助他们走出困境。

社会系统之外的因素也会影响贫困脆弱性，因为贫困脆弱性在社会系统与外部条件或外部环境发生关联互动时会发生和显现出来。在外部环境没有发生特殊变化时，一定区域内的生产生活可以按照常规方式运行，通常能够维持正常的基本生活。而当外部环境发生变动时，则会冲击到常规的运行方式，从而导致贫困的发生。例如，在一些深度贫困地区，因灾致贫的情况较为普遍，主要原因是这些地区的自然灾害多发、频发，旱灾、洪涝地质灾害、农作物病虫害、极端天气等自然灾害，大大提高区域、家庭和个体的贫困脆弱性，增加致贫或贫困发生风险。由于社会系统外部影响贫困脆弱性的因素是客观存在的，难以改变，因而在降低贫困脆弱性方面，对这些因素的考虑，主要是参考外部条件，因地制宜制定反贫困策略和行动计划，有针对性地采取有效应对措施和预防手段，消解外部不利条件对贫困发生的影响。

从资本分析角度来看扶贫脱贫行动降低贫困脆弱性的效果，可发现在脱贫攻坚过程中，扶贫主体提供资源的类型、数量、质量和渠道，以及贫困区域和贫困人口获得资本拥有量增长的状况及特征。首先，在国家层面，脱贫攻坚的专项资金以转移支付的方式分配到连片贫困地区、建档立卡贫困户和贫困个人，这在很大程度上提升了特困地区和乡村绝对贫困人口的货币资本或资金资本，即贫困地区和贫困户及个人能够从国家获得直接的资金扶持。这种扶持是持续性的、常设的帮扶和支持，有效保障了充足资金对贫困区域和贫困人口脆弱性的消解作用。其次，在地方政府层面，脱贫成效成为"指挥棒"和"风向标"，扶贫成效考核结果决定着领导干部的工作重点和方向。2012年后，一系列扶贫考核督查办法相继出台，包括国务院扶贫办2012年印发的《扶贫开发工作考核办法（试行）》，2015年中共中央、国务院发布的《关于打赢脱贫攻坚战的决定》，2016年中共中央办公厅、国务院办公厅印发的《省级党委和政府扶贫开发工作成效考核办法》，2017年国务院扶贫办出台的《中央单位定点扶贫工作考核办法（试行）》、国务院扶贫开发领导小组印发的《东西部扶贫协作考核办法（试行）》等。[1] 这一系列扶贫成效考核办法的施行，促使地方各级政府加强落实扶贫脱贫的各种政策措施，以取得显著脱贫成效。在此过程中，地方各级政府的扶贫脱贫公共品的供给，大大提高了贫困地区和贫困人口的物质资本和资金资本的拥有量，为改善贫困区域和贫困人口脆弱性问题发挥了巨大作用。

此外，市场主体和社会扶贫广泛参与脱贫攻坚，为贫困区域和贫困人口的资本增长开拓了多样化的渠道。为发挥扶贫资金投入的重要作用，习近平总书记指出："必须坚持发挥政府投入主体和主导作用，增加金融资金对脱贫攻坚的投放，发挥资本市场支持贫困地区发展作用，吸引社会资金广泛参与脱贫攻坚，形成脱贫攻坚资金多渠道、多样化投入。"[2] 在中央政策有效动员和指引下，金融扶贫投入，社会帮扶资金，易地扶贫搬迁专项贷款，扶贫小额贷款，证券、保险和土地政策支持资金等多种来自市场和社会的资金投入纷纷出现，且投入资金不断增长。如在2018年，深度贫困地区建设用地跨省交易筹资640亿元，99家证券公司结对帮扶263个贫困县，扶贫专属农业保险产品74个，就业扶

---

[1] 中国扶贫发展中心，全国扶贫宣传教育中心．中国脱贫攻坚报告：2013—2020．北京：中国文联出版社，2021：112．

[2] 中共中央党史和文献研究院．习近平扶贫论述摘编．北京：中央文献出版社，2018：94．

贫建设 3 万多个扶贫车间，吸纳约 77 万贫困人口就近就业，生态扶贫选聘生态护林员 50 多万贫困人口兼任。[①] 多样化、不断增长的扶贫脱贫资金的投放和输入，不仅为贫困区域和贫困人口资金资本增长产生直接作用，让扶贫对象可以直接获得资金的帮扶，与此同时，来自市场和社会的帮扶和支持也在很大程度上提升了贫困区域和贫困人口的其他资本拥有量，对降低贫困脆弱性起到显著作用。如易地扶贫搬迁不仅给特困地区贫困人口直接提供脱贫的资金、住房和生活保障方面的支持，而且彻底改变了贫困人口的生存和生活环境，也改变了社区文化环境，为易地搬迁安置贫困人口提供了新的环境、新的发展机会。

乡村贫困人口全部脱贫，实现全面建成小康社会，关键性阶段在脱贫攻坚。在此阶段，必须彻底解决贫困地区特别是特困地区的贫困脆弱性问题。为根本扭转贫困区域和贫困人口的脆弱性局面，需要根据区域实际情况和需要，精准施策、集中发力，才能达到扭转贫困脆弱性、实现脱贫的目标。贵州省石阡县的脱贫攻坚历程，反映出贫困地区有效降低贫困脆弱性、实现全面脱贫目标的策略和路径。

[**案例 2-1：石阡样本**[②]]

石阡县位于贵州省东北部，铜仁市西南部，面积 2 168 平方公里，户籍人口 41.6 万人。2014 年，石阡县下辖 18 个乡镇，其中 16 个民族乡镇，302 个行政村，9 个社区，仡佬族、侗族、苗族、土家族等 12 个少数民族人口占总人口 74%。建档立卡贫困户 27 384 户，108 696 人，贫困村 173 个，其中深度贫困村 29 个，贫困发生率 24.13%（见表 2-2）。

石阡县贫困脆弱性突出体现在两个方面：一是自然条件造成的贫困脆弱性，主要表现为贫困村和贫困人口分布在深山区、石山区

---

① 中国扶贫发展中心，全国扶贫宣传教育中心. 中国脱贫攻坚报告：2013—2020. 北京：中国文联出版社，2021：221-223.
② 岳要鹏，覃志敏，袁校卫，等. 石阡：武陵山集中连片特困地区脱贫攻坚样本. 北京：中国农业出版社，2022.

和高寒山区，岩溶连片，生态脆弱，滑坡、泥石流等地质灾害和旱涝灾害频发，致贫和返贫风险高。二是区域经济发展滞后，2013年，石阡县生产总值为38.3亿元，农村居民人均可支配收入只有5 253元。

在物质资本方面，石阡县乡村耕地资源匮乏，耕地总面积5.81万公顷，人均耕地面积仅有0.14公顷。在人力资本方面，贫困人口的受教育水平较低，小学以下占全县贫困人口的35.6%，无劳动力和弱劳动力的人数占比高达49.5%。

从致贫原因看，排在前五位的致贫因素分别是因学致贫、缺资金致贫、因病致贫、缺技术致贫、因残致贫，五种致贫因素的占比分别为28%、22%、12.8%、11.7%和8.2%。

在文化资本方面，石阡县实施文体惠民工程，促进文化事业发展。2014—2020年间，共建成农民体育健身场地61个，农家书屋302个，文化信息资源共享工程村级服务点92个，数据图书进农家9户。强化了文化遗产的挖掘、整理、保护工作，开展多层次群众文化活动。

在社会资本方面，乡村基层治理和公共服务水平得到明显提升。县、乡、村三级医疗服务体系得以建立和完善，实现贫困人口"病有所医"，且享受基本医疗保险、大病保险和医疗救助三重医疗保障，大大降低因病致贫的脆弱性。"县乡村组"四级统一联动的贫困治理体系，在动员群众、统一调度、指挥协调、上下联动和组织实施等方面起到了很好的效果，大大提升基层扶贫脱贫行动效率，为贫困地区的脱贫工作和乡村发展提供更加有力的社会资本支持。

表2-2 石阡县脱贫攻坚成效

年份	脱贫户数（户）	脱贫人数（人）	贫困发生率（%）	贫困户人均可支配收入（元）
2014	3 849	17 387	24.13	—
2015	4 232	19 307	19.00	2 901

续表

年份	脱贫户数（户）	脱贫人数（人）	贫困发生率（%）	贫困户人均可支配收入（元）
2016	3 983	17 560	14.33	3 449
2017	4 581	18 286	9.48	4 164
2018	8 253	28 699	1.46	9 040
2019	2 342	7 016	0	8 717
2020	0	0	0	9 886
共计	27 240	108 255	—	—

资料来源：《石阡县实地调查表》《石阡县脱贫攻坚数据汇编手册》。

从石阡县的脱贫案例看，贫困脆弱性在两个维度都较为显著。源自外部环境的贫困脆弱性表现为生存条件恶劣、生产资源稀缺、自然灾害频发、生态不确定性高等，这些因素导致贫困发生和返贫风险大增。源自社会系统的脆弱性则突出表现为货币资本方面的脆弱性，无论在区域层面还是个体家庭层面，拥有较低货币资本使贫困发生风险提高。在区域发展方面，因资金缺乏，影响再生产的投入，新兴产业发展受限，导致经济发展滞后，形成贫困的恶性循环。在个体家庭层面，家庭货币收入和积蓄量低下，集中体现了贫困脆弱性。例如，排在致贫原因前三位的因素中，"因学致贫""缺资金致贫"和"因病致贫"实际上反映的都是个体家庭资金拥有量低的问题，资金积蓄少使其难以支撑现实生活的基本消费支出。

在降低贫困脆弱性方面，案例经验可概括为多样化资金投入与乡村社会建设相结合的路径模式。根据石阡县贫困脆弱性的具体特征，即货币资本短缺或资金短缺是致贫的主要原因，也是脆弱性的集中体现。为降低这种脆弱性，实现脱贫目标，需要通过政府投入主导，广泛吸纳市场主体和社会资金的投入，形成多渠道、多样化的扶贫脱贫资金输入，彻底扭转资金短缺的脆弱性。

加强乡村社会建设，是增强贫困地区乡村内生发展能力的必要途径。随着乡村内生发展水平的提升，自然而然地使社会系统的贫困脆弱性得以降低。乡村社会建设内容包括：健全完善乡村基层社会治理，提升基层治理体系和治理能力的现代化水平；推动乡村文化建设，促进乡村文化事业的发展；改善乡村基础设施建设，巩固乡村经济产业发展的基础。

就案例县的脱贫成效而言，多样化的帮扶资金投入和系统的乡村建设措施，根本转变了贫困乡村的脆弱性局面，尤其使贫困人口的货币资本拥有量得以很大幅度的增长。贫困人口的收入水平从 2015 年的 2 901 元增长到 2020 年 9 886 元，5 年时间增加了 2.4 倍，这在很大程度上反映出扶贫脱贫措施对降低贫困脆弱性发挥了关键作用，也表明脱贫攻坚的成效显著。当然，也需注意到贫困地区乡村在脱贫和贫困脆弱性降低后所面临的新问题，与 2020 年全国农村居民人均可支配收入的平均水平 17 131 元相比，脱贫地区的收入水平和发展状况还存在较大差距，因而脱贫后的均衡和充分发展问题将会成为新时代乡村建设和发展的重大议题。

三、乡村可持续发展基础的增强

乡村脱贫成就可分为不同层次，某种意义上说，使乡村具有可持续发展能力会在较高层次实现脱贫目标，也在较大程度上降低返贫风险，提高脱贫成果巩固的效率。

可持续发展理念源自生态学，主张保护生态环境的可持续性。生态可持续发展要求当代人在满足自身发展需要时，不对满足后代生存和生活需要的自然环境和生态资源造成破坏。关于乡村可持续发展问题，主要指乡村在四个方面发展保持可持续性，包括物质空间发展的可持续性、经济发展的可持续性、社会发展的可持续性和文化发展的可持续性。

乡村物质空间发展的可持续性表现为村庄的存续和乡村基础设施建设的加强与改善，即乡村作为一种不同于城镇的空间形态得以保留、存续和发展。在脱贫攻坚过程中，整村推进、易地搬迁模式等扶贫脱贫模式和实践，在很大程度上改变着乡村的物质空间形态、结构和特征。易地搬迁和整村推进模式使贫困村庄转变为安置社区，从小规模的村寨变成集中安置的大型社区，在扶贫脱贫的角度看，这彻底拔掉了贫困人口的"穷根"，为贫困人口提供了发展新空间、新机遇。新的安置社区一般建在交通便利、离城镇距离较近、产业基础较好的地方，社区采取精准安置和发展措施，将搬迁补助、保障安置、就业安置和产业支持有机结合起来，使易地搬迁安置的贫困户和贫困人口在新空间具备可持续发展的能力。

从贵州省易地扶贫搬迁实践看，2016年启动易地扶贫搬迁工程，对居住在生存环境恶劣、人地矛盾突出、不具备基本生产生活条件、生态环境脆弱、地理位置偏僻交通不便、村寨规模在50户以下、贫困发生率高于50%、自然灾害频发等"一方水土养不起一方人"的特困地区的建档立卡贫困人口，实施易地搬迁和扶贫脱贫安置。易地扶贫搬迁以自然村寨整体搬迁安置为主，共实施45万人的搬迁，涉及3 200多个自然村寨。易地搬迁扶贫脱贫工作遵循"搬得出、住得下、稳得住、能发展"的原则[①]，为易地搬迁脱贫人口的可持续发展创造了靠得住的条件。

当然，改变乡村物质空间的扶贫脱贫模式是一种创新行动，在扶贫脱贫效果上非常显著，扶贫脱贫的效率也非常高。但不容忽视的事实是，乡村贫困人口的空间转变给他们带来诸多的挑战。他们快速地实现了脱贫，离开了"穷根"地，却背离了"家乡"。由于跨越式迈入现代化的生活方式，他们需要应对社会融入和社会适应问题。

乡村贫困地区经济发展的可持续性取决于两方面因素：一方面，乡村经济增长内发动力具有可持续性；另一方面，扶贫脱贫的帮扶支持措

---

① 黄承伟. 脱贫攻坚省级样本：精准扶贫精准脱贫贵州模式研究. 北京：社会科学文献出版社，2016：222.

施助推乡村经济发展具有可持续性。从现实情况看，乡村贫困地区经济增长的内发动力通常疲弱，正是因为经济增长内发动力的疲弱，才会在社会快速变迁过程中陷入贫困状态。贫困乡村的经济增长内发动力之所以处于低水平状态，一般有两种情况：一是结构性内发动力匮乏，亦即贫困地区的自然条件和社会历史结构性特征或固有特征导致经济增长一直处于乏力状态。例如，在自然生态环境较为恶劣和脆弱地区，自然灾害多发，居民生产生活条件差，经济发展基础薄弱，成本很高，经济增长非常困难。二是变迁型内发动力疲弱，是指在经济社会转型的进程中，一些乡村地区没有顺利实现转型，或是未能很好适应经济社会转型带来的经济发展环境转变，从而出现经济增长缺乏新动力的状况。此类经济增长内发动力缺乏情况常见于以传统小农经营方式为主，且种植结构单一，调节弹性较低的农村。由于其未能适应市场化、全球化变迁带来的影响，也未能顺利实现自身结构性调整和生产经营转变，因而难以在现代化的市场体系中获得收入增长的新机会。与此同时，市场经济和现代社会的快速变迁导致保持原有生产经营方式的小农户处于发展劣势或发展滞后的状态。与现代部门的收入水平相比，维持家庭小规模的农业生产经营，又不能调整种植结构的农户，经济收益相对低下，以致有很多这样的小农户会陷入贫困之中。为适应市场化、工业化转型的大环境，广大农民采取流动和兼业的策略来破解经济增长的困局。流动即外出打工经营，大多是到城镇非农业部门寻找就业机会，争取非农就业的工资性收入。就现实而言，大多数农民工外出打工经营实现了家庭收入结构的根本转变，即工资性收入超过家庭农业收入，在家庭总收入中占主体部分。农民兼业现象不仅在个体层面发生，而且在家庭和农村社会层面也具有兼业特征。改革开放初期，乡镇企业快速兴起，农民的兼业方式是"离土不离乡"，农村劳动力到乡镇企业打工，获得非农业收入，但不需要离开农村，而且一部分农民可以兼顾家庭农业生产，在工厂下班之后可以参与家庭的农业劳动。随着市场经济转型，越来越多的农村劳动力向城镇流动，从事非农业生产经营，这样便出现家庭层面的兼业情况，即留守在农村的家庭成员在家庭承包耕地上从事农业生产，而以男性青壮年为主体的家庭劳动力流向城镇从事非农业生产经营。在工业化、现代化水平不断提升的大背景下，乡村社会层面的兼业现象也越来越普遍，兼业结构和兼业程度在不断变化。乡村社会从以纯农业为主的纯农村逐渐向兼业的乡村转型。乡村兼业表现为乡村经济结构的变迁，即农业只是乡村经济的重要构成之一，乡村劳动力和广大农户广泛从事多种职业、多种产业，多种经营、混合职业成为乡村兼业的重要特征之一。

在宏观经济结构调整和供给侧改革政策的作用下，广大农户也面临着改革和结构调整带来的冲击，以往的发展模式和兼业模式也要迎接结构性变迁的挑战。流动的乡村劳动力受到城镇市场机会变化的影响，城镇劳动力市场的需求和供给结构在变化，流动乡村劳动力能否适应市场形势的变化，反映着个体或群体的可持续发展能力与水平。那些在新的市场环境下缺乏应变和适应能力的人，可能遇到发展困境。例如，主要在第二和第三产业兼业的农村劳动力，由于市场结构和状况的变化，兼业的经营效益会发生相应变化，要求兼业者做出相应调整或转型，以适应劳动力市场新变化。变迁型内发动力疲软可能是较多乡村在新时代发展面临的突出问题之一，因为乡村居民以老年人居多，在应对快速变动的世界和市场体系方面本来就处于劣势状态。对农村老年人群体来说，改变既有生产生活方式，应对多变的外部环境，可能困难重重。所以，乡村可持续发展必须正视乡村社会老龄化的事实，加强适老型社会建设，化解部分乡村变迁型内发动力不足问题。

脱贫攻坚使农村绝对贫困人口摆脱了贫困状态，贫困县、贫困村实现了脱贫摘帽。同时扶贫脱贫的帮扶和支持措施对贫困人口和贫困地区发展来说，能够发挥持续性的支持和推动功能。在一些地区的乡村产业扶贫实践中，在多方力量共同参与和扶持下，乡村突破产业发展滞后的瓶颈制约，着力发展新产业，为农业和农民增收开辟新渠道，为乡村发展提供可持续发展的新动能。

[案例 2-2：甘肃省陇南市电商扶贫脱贫经验[①]]

甘肃省陇南市地处甘陕川三省交界的秦巴山集中连片贫困地区，下辖1区8个县，3 201个行政村，283万人，其中农业人口245万人。2014年底，全市有83.94万贫困人口，占全省552万贫困人口的15.2%，贫困发生率34.06%，居甘肃省第一，是甘肃省贫困面最大、贫困人口最多、贫困程度最深的市。

陇南是甘肃省最大的中药材生产和出口基地，有中药材1 200多种，全市种植特色农产品1 100万亩左右，花椒、油橄榄、核桃等特色农产品产量较高，但由于未顺畅打通市场，优质特色农产品并未转化为增收的渠道，农户脱贫困难重重。

2013年底，陇南市委提出把发展电子商务作为突破口，拓宽地方名优特色产品的市场渠道，促进农户增收。农村电商在起步阶段，面临着农村群众观念不一致、农村电商基础薄弱、农村产业条件脆弱、农村电商人才缺乏等诸多问题。为有效推进电商扶贫工作，陇南市提出"市抓统筹、县为主体、乡镇落实、到村到户"的工作方针，采取了政府引领推动、开展多层次电商扶贫技能培训、加强贫困村电商扶贫网店建设、大力开发农产品网络、建设完善乡村网络物流服务体系、发挥新媒体营销作用等应对措施。

陇南市电商扶贫取得了良好效果，至2015年底，全市共培训电商人才8.5万多人次，开办网店8 674个，销售额达到26.5亿元，新增就业3.7万人，直接带动贫困群众人均增收430元，为贫困人口增收致富开辟新渠道，为乡村可持续发展提供新动能。

从案例2-2的扶贫脱贫经验看，帮扶措施不仅有直接的帮扶脱贫效果，而且对解决乡村贫困地区发展的约束问题有重要推动作用。贫困地区之所以陷入贫困，一个重要原因是发展受到条件的严重制约。因此，巩固脱贫成效，需要有破解发展制约问题之路，实现乡村可持续

[①] 国务院扶贫办. 全国脱贫攻坚典型案例选. 北京：中国农业出版社，2016：380-386.

发展。

在乡村开辟电商发展新业态，实际上顺应了信息化、数字化和市场化的发展大势，能够为乡村产业发展开辟一条新路径，为乡村巩固脱贫和实现可持续发展创造新动能。乡村电商业发展不仅是解决特色农产品市场销路和经济效益增长问题的有效路径，也是带动乡村数字经济、仓储物流业等新产业发展的重要动力。为应对快速变动的市场环境，乡村扶贫脱贫及脱贫成果巩固必须在创新中寻找新的出路。

乡村社会发展的可持续性表现为乡村社会结构、乡村人口在一定范围内、以一定规模存续下来。乡村是整个社会系统中的一种构成，并在社会系统中发挥着相应的功能。维持这一社会构成的存在和延续，不仅对乡村发展来说是必要的，而且对维护整个社会系统均衡和协调、保护社会系统多样性来说非常重要。推进乡村社会的可持续发展，关键在城镇化大背景下，合理地调节城乡关系，既要发展新型城镇化，又要坚持"反哺"原则，以城促乡，而不是以城代乡，即以城镇发展支持和促进乡村更好发展。

乡村文化发展的可持续性指与农村、农业和农民相关的文化传统和生活方式在现代化进程中得以传承、保护和获得新的发展。文化是乡村的灵魂，也是社会整合和社会团结的重要机制与纽带。实现乡村振兴，必须有乡村文化的振兴。保持乡村文化发展的可持续性，应重视两个方面：一方面，传承和保护优秀的乡村文化传统是基础；另一方面，需要与时俱进，顺应现代化之大势，推动乡村文化的创新发展。如在数字时代，加强数字乡村建设，形成乡村的数字文化，助力乡村振兴。

第3章　中国乡村脱贫的经验

2020年是中国脱贫攻坚战的决胜之年，经过8年的精准扶贫和脱贫攻坚，2020年底，脱贫攻坚的目标任务如期完成，9 899万农村绝对贫困人口全部脱贫，832个贫困县全部摘帽，12.8万个贫困村全部出列，区域性整体贫困得以消除，创造了人类减贫史的奇迹。[①]

乡村全面脱贫的中国经验是在丰富多彩的实践中开创并积淀起来的，既有中国特色、地域特色和村庄特色，也有减贫和反贫困的共性机理。提炼、总结和理解乡村脱贫经验，不仅对巩固脱贫成果有指导和参考价值，而且对预防贫困和反贫困实践仍有重要理论和应用价值。

一、坚持初心使命的制度本质

中国乡村全面脱贫的经验包含多个层面，从制度层面看，取得乡村全面脱贫的伟大成就，在很大程度上取决于中国特色社会主义的制度安排。在建设中国特色社会主义的历史进程中，作为社会主义事业核心领导力量的中国共产党，始终坚持初心使命不动摇，把满足最广大人民群众的根本利益作为根本目标，坚持以人民为中心的建设和发展原则，在制度安排和方针政策制定上坚守人民至上的根本原则。

---

① 中国扶贫发展中心，全国扶贫宣传教育中心.中国脱贫攻坚报告：2013—2020.北京：中国文联出版社，2021：426.

在农村扶贫和脱贫攻坚的历程中，尽管经历了长期的、复杂的、曲折的过程，但最终于2020年实现了全面消除农村绝对贫困的伟大目标，创造了人间反贫困的奇迹。这一奇迹的创造，与中国特色社会主义制度的优越性和一系列扶贫脱贫制度密不可分。

在宏观层面上，正是有中国特色社会主义制度的支撑，党才能领导全国各族人民经过长期的接续奋斗，形成全国一盘棋的扶贫脱贫合力，最终打赢脱贫攻坚战，实现全面建成小康社会的战略目标，不让一个人在脱贫路上掉队。

贫困问题本质上是社会不平等问题的一种表现形式，中国特色社会主义制度的本质要求是实现全体人民共同富裕，消除社会不平等。因此，在制度性质和目标取向上，中国特色社会主义制度为反贫困和全面消除贫困创造了有利的制度环境，奠定了良好的制度基础。

乡村全面脱贫成就的取得之所以在根本上归功于中国特色社会主义制度，可以从两个方面来理解：一方面，中国特色社会主义制度规范原则为全面脱贫提供了规则指引，中国特色社会主义制度对扶贫脱贫行动和实现全面脱贫提出原则要求，使得扶贫脱贫工作成为一项制度性的工作，全面脱贫成为制度性目标；另一方面，中国特色社会主义制度具备实现全面脱贫目标的能力，改革开放实际上是制度创新，通过社会主义制度创新，中国经济社会取得持续高速发展，意味着社会主义建设和发展为全面脱贫创造了条件，具备了实现全面脱贫的能力。此外，合理有效的扶贫脱贫体制机制，也促进全面消除农村贫困成为现实。

中国特色社会主义制度的规则指引，在具体扶贫脱贫实践中，主要表现为从顶层扶贫制度设计到基层扶贫脱贫实践，都充分显示出全社会对反贫困和全面建成小康社会、实现共同富裕的共识和坚强决心。各级政府和社会各界都积极参与到扶贫脱贫的事业之中，这是制度规则指引的结果，社会合力是在社会制度环境下由制度规则的指引而形成的。就发达资本主义国家的减贫和反贫困经验而言，尽管一些发达国家在工业化、现代化发展进程中经济发展水平已达到较为富裕的程度，但它们并没有专门的乡村脱贫攻坚过程，乡村贫困问题似乎不再凸显。然而，没有突出的乡村贫困问题并不代表贫困问题全面解决。在资本主义制度下，制度安排实际上将乡村贫困人口驱赶到城市，城市贫民窟、相对贫困问题的存续表明资本主义发达国家只是在尽可能弱化、淡化、稀释乡村贫困问题，而并未真正致力于彻底全面消除贫困。

中国特色社会主义制度对乡村全面脱贫的指引作用并非抽象的、空泛的，而是在具体的、实在的扶贫脱贫行动中有具体的、明确的体现。从贵州省的乡村扶贫脱贫实践经验中，即可看到中国特色社会主义制度如何引导区域扶贫开发和脱贫攻坚的实践行动，并最终实现全面消除乡村绝对贫困。

[案例3-1：贵州省"第一民生工程"[①]]

贵州省是乡村贫困问题较为突出的省份，也是乡村扶贫脱贫的重点区域。2011年贵州开始新一轮扶贫攻坚，乡村贫困人口从1 149万人下降至2015年底的493万人，贫困发生率从33.4%下降至14.3%。贵州省的乡村脱贫经验，最突出、最基本的一条，是省委省政府始终把扶贫工作作为"三农"工作的重中之重，作为全省"第一民生工程"，始终把扶贫脱贫作为坚守民生的底线。

贵州省"第一民生工程"的扶贫脱贫经验，是积极响应党中央提出注重民生建设的总体精神，并结合区域经济社会发展的实际情况而形成的。"第一民生工程"既是发展理念，也是行动纲领；既在理念层面把扶贫脱贫工作作为"第一民生工程"，又根据民生建设理念制定具体政策措施。如根据"第一民生工程"理念原则，制定"民生六项"路线图：一是围绕最突出的民生，在武陵、乌蒙和滇黔桂三大连片特困地区实施精准扶贫和脱贫攻坚措施；二是围绕最基础的民生，加强乡村基础设施建设；三是围绕最急迫的民生，

---

① 黄承伟.脱贫攻坚省级样本：精准扶贫精准脱贫贵州模式研究.北京：社会科学文献出版社，2016：37-49.

实施农村危房改造和易地扶贫搬迁；四是围绕最长远的民生，完善农村教育发展的长效机制；五是围绕最普遍的民生，建立完善"扶贫开发＋农村低保制度＋临时救助制度"三位一体的农村社会保障体系；六是围绕最根本的民生，实施农民创业等乡村产业振兴措施。

贵州省"第一民生工程"战略的推进取得显著成效。随着"第一民生工程"的实施，乡村扶贫脱贫工作的成绩斐然，不仅乡村贫困人口迅速减少，而且农村居民收入水平显著增长。其次，在基础设施建设和社会保障事业发展方面亦成效显著，农村低保标准大幅提高，覆盖范围全面扩大，乡村医疗保险水平明显提高。此外，区域可持续发展能力明显提升，扶贫产业落地生根，不仅为扶贫脱贫提供示范经验，而且积极推动了地区特色产业的发展，为贫困地区产业发展开辟了新路径。

从贵州省"第一民生工程"的扶贫脱贫经验中，可以明显看出宏观制度背景给区域具体扶贫脱贫实践提供的强有力精神指引和规范引导。地方政府之所以把乡村扶贫脱贫作为"三农"工作的重中之重，把扶贫工作作为"第一民生工程"，是因为社会主义制度对此有本质要求，地方发展政策和扶贫实践是按照社会主义国家的意志和根本要求而做出的。当然，地方政府的扶贫实践也会根据各地具体实际情况，进行相应的创新，做出各自的努力。归根到底，各地积极地致力于乡村扶贫脱贫事业，形成上下同心、全国一盘棋的扶贫脱贫格局，充分展现出社会主义制度的显著指引作用，也体现出社会主义制度能够集中力量办大事的优越性。

以人民为中心、致力于共同富裕的社会主义制度原则对乡村扶贫和脱贫攻坚工作和实践过程发挥着指引作用，与此同时，社会主义制度体系也展现出足够的能力实现乡村贫困人口全部脱贫。全面脱贫的制度能力充分体现在三个方面：

一是制度目标的正当合理性。中国的乡村扶贫脱贫制度体系虽在不同阶段有所变化，但扶贫脱贫制度的根本目标未曾改变，那就是实现全体人民的共同富裕，发展是为了不断满足人民日益增长的美好生活需要。改革开放前，乡村贫困人口规模较大，温饱问题仍在乡村大范围存在，出现这一状况的原因是多方面的，而不是制度根本目标的偏离。在计划经济时期，农村推行一系列扶贫助困政策，如农村"五保"制度等，是针对乡村贫困人口而采取的帮扶和救助措施，目的是促进社会公平，实现共同发展，只是受经济发展水平的制约，乡村扶贫脱贫的成效并不显著。

为改变乡村的贫困面貌，改革开放得到全面推进和不断深化，国民经济发展状态焕然一新，经济得以持续快速增长，工业化、现代化、城镇化得以快速发展，为乡村扶贫脱贫创造了更加有利的外部环境和物质基础。所以，改革开放后中国的扶贫脱贫制度体系进一步加强和完善。改革开放促进了一部分人先富起来，但实现共同富裕的制度目标并未动摇。在促进经济快速发展的同时，乡村扶贫开发和脱贫工作也在不断加强。如八七扶贫攻坚计划的制定和实施，便是要集中力量在20世纪末全面消除乡村绝对贫困，这充分体现社会主义制度始终把扶贫脱贫和共同富裕作为核心的政策目标。

二是制度内容的精准有效性。在经济社会快速转型和现代化进程中，全面消除乡村绝对贫困，实现乡村绝对贫困人口全部脱贫，创造人类减贫史和反贫困事业的奇迹，在很大程度上得益于社会主义扶贫脱贫制度的超强能力。全面脱贫的制度能力来源于扶贫脱贫制度体系的精准有效性，在扶贫开发和脱贫攻坚的进程中，不断构建和完善了脱贫攻坚制度体系，使帮扶措施和脱贫工作更加精准有效。

2013年后，精准扶贫方略全面推进和实施，意味着中国乡村扶贫脱贫制度体系更加精准有效。作为国家重要战略，精准扶贫可以说是具有鲜明中国特色的扶贫和反贫困制度安排。尽管贫困问题是具有共性特征的社会问题之一，但中国乡村贫困问题则是复杂多样的。在乡村脱贫路上不让一个人掉队，就必须采取精准的扶贫脱贫措施，以便更加有效地、更加有针对性地帮助每一个贫困家庭和每一个贫困者实现脱贫。

在脱贫攻坚阶段，扶贫脱贫制度内容的精准有效，主要体现在制度安排的"六个精准"：扶持对象精准、措施到户精准、项目安排精准、资金使用精准、因村派人精准、脱贫成效精准。

为实现全面脱贫，首先需要准确地掌握扶贫对象。按照反贫困一般理论，绝对贫困可以按照一个绝对标准加以衡量以识别出来。然而在现实中，贫困人口有着各种各样的困境问题，而不仅仅是经济上的贫穷，或食物匮乏的温饱不保问题。真正的全面脱贫，是让生活中面临实际困难的人群摆脱困境。如在脱贫攻坚阶段，乡村脱贫的标准是"两不愁三保障"，两不愁指农村贫困户不愁吃、不愁穿，三保障是保障基础教育、基本医疗和个人住房安全。为精准有效地掌握乡村扶贫对象，精准扶贫创立了系统的建档立卡制度。通过建档立卡，不仅可以准确识别贫困人口，而且可以及时跟踪乡村贫困人口的具体信息，并明确具体扶贫脱贫的联系人。

扶贫脱贫的成效在很大程度上取决于帮扶和脱贫措施及扶贫脱贫项目的有效性。在精准扶贫制度安排中，针对建档立卡贫困人口的具体情况，乡村扶贫脱贫政策措施和工作主体会采取精准对策，安排切实可行的扶贫脱贫项目，以有效帮助贫困户和贫困个体脱贫。

扶贫资金的精准使用是精准扶贫制度的重要组成。全面脱贫的关键在扶贫脱贫资源的有效利用，其中扶贫资金的使用效率尤为重要。要保证扶贫资金的精准使用，必须有完善的制度规则的指导和约束，精准扶贫的推进包含了扶贫资金的精准有效使用。

在精准扶贫方略的推进过程中，为精准帮扶深度贫困地区和贫困村实现脱贫，驻村扶贫脱贫是重要制度安排。大批驻村扶贫干部被派驻到贫困村，与乡村群众共同奋斗，以实现全面脱贫。在此过程中，帮扶措施能否见成效，脱贫工作是否成功，很大程度上取决于驻村扶贫干部的扶贫脱贫领导能力。为提升驻村扶贫干部的工作能力，精准扶贫的制度设计采取了因村派人方式，做到派驻工作精准，即根据贫困村的特点，派驻能有效解决贫困村贫困问题的驻村扶贫干部，以提高驻村帮扶工作的效率。

脱贫成效的精准既是精准扶贫制度的目标，也是制度实施所达到的效果。为实现乡村贫困人口全面脱贫，必须精准把握扶贫脱贫工作的具体成效。

三是制度能力体现于很强的制度执行力。从扶贫开发到脱贫攻坚，最终实现乡村贫困人口全部脱贫，这一过程反映出中国扶贫脱贫制度具备强大的执行力。正是凭借扶贫脱贫制度的全面落实和有效执行，乡村全面脱贫的战略目标才能最终实现。

乡村扶贫脱贫制度执行力包括三个重要方面：其一是制度执行的持续性和连续性；其二是制度推进的力度；其三是制度执行的参与广度。乡村扶贫脱贫和反贫困工作一直是"三农"工作的重要构成，解决好"三农"问题又是全党工作的重中之重。从农村社会主义改造到改革开放后农村扶贫开发工作的加强，再经历八七扶贫攻坚计划，再到十八大后精准扶贫和脱贫攻坚，充分反映了新中国乡村扶贫脱贫制度的持续实施，长期执行，久久为功。

乡村扶贫脱贫制度不仅得以长期、持续、有效地执行，而且扶贫脱贫政策措施的推进力度不断加强。改革开放后，为更加有效推进乡村扶贫开发战略和政策措施，国务院扶贫开发领导小组成立，加大对乡村扶贫开发的领导，强化了政府在扶贫脱贫制度实施和执行中的主导作用。在精准扶贫和脱贫攻坚阶段，扶贫脱贫制度的执行力度进一步提升。各级政府将脱贫工作作为首要的任务，加强对脱贫攻坚的领导，加大对扶贫脱贫工作的投入，强化精准扶贫脱贫政策措施的落实，注重脱贫成效的取得。

乡村扶贫脱贫制度推进力度的提升，与基层组织建设有着密切关系。如基层党组织、基层自治组织等基层组织，在精准扶贫和脱贫攻坚工作中起到了基础性的、核心的作用。广大的基层干部积极投身于乡村扶贫脱贫工作，带领基层群众积极探索脱贫之路，对乡村全面脱贫目标的实现，有着不可替代的贡献。

扶贫脱贫制度执行的参与广度反映了在制度执行和政策落实过程中制度和政策实施的参与者的范围，范围越广则意味着越广泛的执行主体参与到制度执行实践之中，也代表着制度执行得到更广泛的支持，有更广泛的社会基础。有更多的主体参与制度执行，表明制度有广泛的社会支持，从而大大提升制度的影响范围和实际效果。

中国乡村实现全面脱贫的成就，在较大程度上得益于乡村扶贫脱贫制度执行的广泛参与。特别是在精准扶贫方略和脱贫攻坚战略的推进过程中，各主体的广泛参与大大提高了扶贫脱贫制度的执行力。定点扶贫、对口支持、结对帮扶、产业扶贫、消费扶贫等一系列扶贫脱贫措施在脱贫攻坚阶段得以广泛实施，使得乡村扶贫脱贫的参与度大大提高，充分发挥了社会扶贫机制的作用，扩大了扶贫脱贫制度的影响范围，同时提升了扶贫脱贫制度的效能。

二、社会动员机制产生合力

乡村扶贫脱贫的成功经验体现出动员型贫困治理体制的有效性。贫困问题是人类社会发展需要应对的共同社会问题，在人类反贫困的历史进程中，积累了丰富的扶贫帮困和社会救助的智慧和经验，形成了种种有效的反贫困机制。

国际社会流行的扶贫开发体制，大多采取项目制的贫困治理方式，即由专门组织在政府、市场和社会之间进行协调合作，以扶贫开发项目为载体，通过实施扶贫开发项目，推动扶贫脱贫工作开展，以达到减贫和反贫困的效果。

从实际经验看，扶贫开发项目体现了人们对贫困问题的关注，反映出社会反贫困的态度和意志。但在扶贫脱贫的实际效果方面，项目制的贫困治理体制似乎并不理想，因为这一扶贫开发体制主要遵循"救急不救贫"的理念，即注重解决急需解决的贫困问题，而不以最终实现全面脱贫作为目标。项目制的贫困治理体制更加注重程序的正式性、合法性,在扶贫开发的制度化方面有重要贡献,在具体扶贫脱贫实践中则有形式化的倾向,实际脱贫成效也受程序形式的制约。

中国乡村扶贫脱贫工作可以说是在一种动员型贫困治理体制下进行的。动员型贫困治理体制并非一种固定模式,而是实践导向、目标导向和实效导向相统一的反贫困体制机制。在精准扶贫和脱贫攻坚阶段,乡村反贫困的实践导向非常强。无论是扶贫主体还是扶贫对象,抑或是普通民众,在精准扶贫、精准脱贫的实践中,都能受到政策宣传、实践情境和行动指引的强有力的动员,广泛加入、参与到扶贫脱贫的实践之中,动员的力量能够转换为扶贫脱贫行动驱动力,广泛的参与实践则直接带来扶贫脱贫效果。例如,在对口帮扶的精准扶贫过程中,城市职工工会动员实施消费扶贫措施,从贫困地区定购特色农产品,解决贫困地区农产品的市场销售问题,帮助贫困农户增收。

动员型贫困治理体制有着鲜明的目标导向,即以既定的战略目标为实践或行动目标。精准扶贫和脱贫攻坚的扶贫脱贫工作,明确提出在建党百年,实现全面建成小康社会的政治目标,这要求在 2020 年底实现乡村绝对贫困人口全部脱贫。明确的政策目标既发挥政治引领功能,更重要的是具有强有力的动员作用。当乡村全面脱贫确定为一个发展阶段的国家战略目标时,也就自上而下动员起各级政府,而为完成乡村全面脱贫的任务,政府又必须运用动员机制,调动全社会的力量,以实现中央确立的国家发展战略目标。

实效导向是动员型贫困治理体制的重要特征之一,也是取得乡村全面脱贫重大成就的关键因素。与项目制扶贫开发模式不同,动员型贫困治理体制更加注重实际脱贫成效。某种意义上,在促进多元力量参与乡村扶贫脱贫的实践中,动员并不是仅仅喊喊口号、贴贴标语,而是要采取实际行动,进行精准帮扶、精准施策、精准脱贫、精准评估,做到真扶贫、真脱贫。如果没有广泛动员起来的扶贫脱贫实践,如果帮扶支持行动不注重实际效果,使千千万万乡村贫困人口全部脱贫将是不可能的。动员型贫困治理体制，一方面动员力量达成脱贫效果，另一方面以脱贫的实际成效作为动员的方式和渠道，从而调动更广泛、更强的力量参与扶贫脱贫实践。

动员型贫困治理体制既不同于再分配的扶贫开发体制，也不同于慈善型扶贫体制，而是一种整合性的扶贫脱贫体制。再分配的扶贫开发体制注重政府性组织在扶贫脱贫工作中的主导、协调和组织功能，强调公共权力机关和公共资源对扶贫脱贫的作用，多以制度化的项目和程序形式推进扶贫开发工作。而慈善型扶贫体制强调扶贫脱贫的民主性、社会性、自愿性，注重自下而上的扶贫脱贫模式。由于社会中的慈善机制并不一定自动发挥扶贫救助功能，因而慈善型扶贫体制难以确保扶贫脱贫效率。与这两种反贫困体制不同，动员型贫困治理体制整合了不同扶贫脱贫机制的主动、有效成分，构成一种注重目标达成和实际脱贫成效的反贫困体制。

精准扶贫和脱贫攻坚虽由顶层设计开始，自上而下推进，政府扮演主导角色，起着主要作用，但扶贫脱贫工作并非全靠政府来完成。政府的主导作用更多地体现在动员和组织协调方面，而政府通过广泛动员整合起脱贫攻坚的主力军，则能够使更加广泛、更加多元的资源和力量参与到乡村扶贫脱贫实践之中，形成强大的扶贫脱贫合力。广大乡村扶贫脱贫的参与者通过动员机制加入乡村扶贫脱贫实践之中，这在某种程度上大大提升志愿扶贫脱贫的效率，因为动员机制为有意愿提供帮扶措施的人创造了有利条件。

动员型贫困治理体制之所以在乡村全面脱贫中发挥重要作用，其中一个作用机理是政治执行力产生的扩展效应。作为新时期国家发展战略，乡村贫困人口全部脱贫，全面建成小康社会，其意义不局限于扶贫领域，也不仅是经济社会发展问题，而且具有政治性的意义，是国家重大方针政策。落实重大方针政策的情况，反映的是政治执行力，或者说是国家治理能力的重要体现。在脱贫攻坚实践中，各种力量、各种资源能充分有效地动员起来，主要依靠政治系统有效执行重大方针政策，多方面的扶贫脱贫参与者不仅把扶贫脱贫作为具体的帮扶脱贫任务，更重要的是将此作为重要的政治任务。为更好地实现国家重大发展战略目标，乡村扶贫脱贫参与者不仅受到政治责任感的推动，而且受到政治热情的驱动，整个社会的扶贫脱贫工作热情高涨，主动性、积极性大大提高，从而形成巨大的乡村扶贫脱贫合力，对实现乡村贫困人口全部脱贫起到关键性作用。

在脱贫攻坚的具体实践中，动员型贫困治理体制对乡村扶贫脱贫工作的促进和推动作用广泛显现出来。在强大的政策动员下，基层组织和基层群众的脱贫和发展的积极性、能动性得以调动起来，对实现乡村全面脱贫起到关键性作用。例如，一些贫困村的脱贫攻坚实践经验，反映出动员型贫困治理体制对调动基层扶贫脱贫行动积极性的作用，甘肃省凤凰村的脱贫案例是其中之一。

[案例3-2：甘肃省凤凰村脱贫经验①]

凤凰村是甘肃省平凉市泾川县连片特困带的一个贫困村，地处黄土丘陵沟壑区，山塬交错，平均海拔1 080米，属温带季风气候，年平均降雨553毫米。全村耕地面积2 278亩，林地面积236亩。村庄经济"以农为主"，2013年人均收入不足2 800元。

2013年底，凤凰村建档立卡贫困户86户328人，贫困发生率41.05%。2018年底，全村脱贫59户223人，贫困发生率降至1.1%。2019年底，凤凰村实现全面脱贫。

凤凰村的脱贫经验概括为"党建引领促民生，'三变'改革助脱贫"。凤凰村党委按照"围绕脱贫抓党建，抓好党建促脱贫"的思路，坚持把党建工作贯穿于脱贫攻坚全过程，充分发挥党组织和党员的引领带动作用，完善基层治理体系，着实推进脱贫攻坚。如凤凰村在基层党建中采取的"两学一做"、搭建"四个平

---

① 全国扶贫宣传教育中心组.中国脱贫攻坚：甘肃省六村案例.北京：中国文联出版社，2021：1-34.

台"、创新"三个模式"、健全"五项机制"等具体措施，宣传动员起干部和群众的扶贫脱贫积极性与主动性，增强村庄民生建设的合力。

凤凰村在脱贫攻坚过程中，主动求变，利用自身地理位置特点，以发展乡村旅游业为变革方向，以省级"千村美丽"示范村项目为依托，以"三变"改革为核心，按照"生态、产业、文化、旅游"四位一体发展理念，制定"锦绣凤凰"乡村旅游发展规划，建成集生态观光、休闲娱乐、民俗体验于一体的"甘肃·泾川锦绣凤凰"旅游景区和产业基地，走出了一条农旅融合发展、脱贫与小康一体推进的乡村脱贫之路。

从甘肃省凤凰村的案例来看，作为一个连片特困带中的贫困村，其自然条件特殊，经济发展单一滞后，一直保持"以农为主"，未能突破发展与增收的瓶颈，因而贫困发生率居高不下。2013年后经过脱贫攻坚，在广泛动员的政策环境下，村党委加强了基层党建，引领广大基层群众积极主动参与乡村建设与发展，形成基层民生建设合力。在村党委动员和协调组织下，凤凰村推进实施"三变"改革，转变了发展方向，创建、引入和入股乡村旅游产业，从而以农旅融合发展路径有效推动了扶贫脱贫工作，为实现全面脱贫奠定基础。

当然，凤凰村有着一定的特殊性，其全面脱贫和奔小康的经验与自身条件和实际情况相联系。但是，凤凰村全面脱贫经验也反映出，只要基层干部群众被动员起来，积极主动参与到乡村扶贫脱贫的行动之中，实现脱贫和创新发展是完全可能的。

从精准扶贫和脱贫攻坚的实际经验中，可以看到动员型贫困治理体制的合力机制主要包括三个方面：一是顶层制度设计与基层实践行动形成合力；二是扶贫主体与扶贫对象形成合力；三是多种扶贫资源和扶贫力量整合起来形成合力。

在乡村脱贫攻坚和实现全面脱贫的历程中，宏观制度设计和中央方针政策起到广泛且强有力的动员作用，正是在这一宏观背景下，基层群众特别是乡村贫困人口增强了脱贫的愿望和信心，基层民众的主体性和主动性得以动员起来。尽管现实中也有一些消极的"等"和"要"的现象，但总体来看，基层民众大多还是积极响应乡村全部脱贫和全面建成小康社会的政策目标，主动投入扶贫脱贫事业之中，形成全体关注、全民参与的脱贫攻坚大格局。

作为国家重要方针政策，脱贫攻坚之所以能发挥广泛而有力的动员作用，表明政策自身具有显著的合理性、正当性和合法性，能够充分且广泛地体现民意，是民心所向，因而得到民众拥护和支持。正因如此，其动员的作用也非常显著。此外，广大的基层群众被动员起来，积极参与到乡村扶贫脱贫工作之中，也反映出民众对党和政府的高度信任，即党的领导让群众产生信任感。中央重大方针政策是党的领导的重要体现，群众响应政策动员，拥护中央方针政策，表明广大群众的政治信任感和信心非常强。

在动员型贫困治理体制作用下，扶贫主体和扶贫对象也形成合力。精准扶贫和脱贫攻坚的推进，主要依靠以政府为主导的多元化扶贫主体。各级政府在扶贫脱贫实践中扮演着主导角色，大量的扶贫脱贫资源需要通过政府来调配和使用，各种扶贫脱贫行动需要政府来组织协调，扶贫脱贫的评估和监督也要政府来推进实施。总之，政府在扶贫脱贫工作中的主导作用不可或缺，且对实现全面脱贫也是关键。然而，实现乡村全面脱贫，并不仅仅是政府所为，而且离不开扶贫主体与扶贫对象在扶贫脱贫实践中形成的合力。在政府主导的扶贫主体中，依靠政府的动员和组织协调，有效动员和调动起扶贫对象即乡村贫困人口的主动性和积极性，使基层群众按照政策规划和部署，积极配合扶贫脱贫政策的实施，共同努力达成全面脱贫的政策目标。

乡村扶贫脱贫所取得的伟大成就，与多种资源和多方力量整合起来构成的扶贫合力密不可分。来自各级各地政府以及政府各部门的资源、来自市场各种各样企业组织的资源、来自社会各个阶层群体的资源汇聚到脱贫攻坚第一线，并在精准扶贫、精准施策过程中得以整合，充分发挥合力作用，达到扶贫脱贫效率最大化。

多种资源之所以能快速、高效地汇聚到扶贫脱贫最前沿场域，表明动员型贫困治理体制在扶贫脱贫资源的获得、集中、调配、整合和传送等重要环节中发挥着有效的动员与整合作用。在动员型贫困治理体制中包含了资源动员和整合的机制，从中央到地方再到扶贫前沿都设有相应的扶贫资源动员机制。例如，中央政府通过动员型贫困治理体制，形成对口支援、对口扶贫、对口援建等机制，通过这些机制，东中部省份的扶贫脱贫资源得以集中动员起来用于中西部地区脱贫攻坚，城市和大型企业的资源也被动员起来调配到贫困地区的脱贫攻坚实践之中。

动员型贫困治理体制不仅动员、集中起多种扶贫脱贫资源，而且具有高效的调配、整合和利用功能。被动员起的广泛扶贫脱贫资源只有用在关键处，才可发挥其在脱贫攻坚中的资源优势，而不至于出现资源闲置，或扶贫资金和资源滥用现象。各级政府的脱贫攻坚领导小组实际上是动员型贫困治理体制中的资源统筹与协调机制，通过该机制，各种各样的扶贫脱贫资源得以有效地整合，并得到合理的调配和运用，保证了优质扶贫脱贫资源用在脱贫攻坚最关键处，多种资源组成合力，以提高扶贫脱贫资源的实际效率。

实现乡村全面脱贫的战略目标，离不开全社会多方力量参与到精准扶贫和脱贫攻坚行动之中。多方力量的参与总体来说使扶贫脱贫力量大大增强，更重要的是在乡村扶贫脱贫场域中形成合力，使众多的扶贫脱贫力量在实际扶贫脱贫行动中发挥最大化的作用。要把多种不同的扶贫脱贫力量整合起来，形成合力，需要相应的转换、协调和整合机制。在动员型贫困治理体制中，这一机制的作用明显。各级党委的统一领导、统一协调，一把手负责脱贫攻坚工作，这些措施是扶贫脱贫力量整合机制的重要构成。无论是来自政府还是来自市场和社会方面的扶贫脱贫力量，都接受动员型贫困治理体制中党委和政府的集中统一领导、组织协调和监督实施。这样一来，尽管不同方面扶贫脱贫力量有不同的作用和不同的运行方式，但通过党委和政府整合机制的统筹协调，不同扶贫脱贫力量在脱贫攻坚实践中也能拧成一股绳，形成巨大合力。有了脱贫攻坚的巨大合力，实现乡村全面脱贫进程中的各种"难啃的硬骨头"也得以有效解决，创造了人类减贫史上的一个个奇迹。

三、基层治理体系增强执行力

乡村贫困人口全部脱贫的伟大成就，是靠基层干部和群众干出来的。一分部署，九分落实，基层组织的干部和广大群众的真抓实干、埋头苦干保证了脱贫攻坚战打得赢、打得好。奋斗在基层扶贫脱贫第一线的干部坚持实干兴邦、实干惠民，基层民众积极配合，真干实干，朝着全部脱贫的目标埋头苦干。

基层干部群众积极投入和主动作为体现了基层治理体系的强大执行力，能够将扶贫脱贫的方针政策加以有效落实和执行。基层治理体系是国家治理体系的重要构成，也是末梢，在国家治理中具有重要的地位，发挥基础性的作用。特别是在治理重心不断下移的进程中，基层治理体系的重要性更加凸显。基层社会治理有条不紊，为整个社会的治理打下坚实基础。

长期以来，"三农"工作一直备受重视，乡村基层治理体系在乡村建设和乡村振兴战略推进过程中不断健全和完善，为乡村基层治理能力提升奠定基础。

乡村基层治理体系的完善主要体现在三个方面：一是基层治理组织建设的不断完善；二是基层治理机制的不断完善；三是基层治理作风的不断改善。

在精准扶贫方略和脱贫攻坚战略推进阶段，乡村基层治理组织建设得以进一步加强。基层治理组织建设的不断完善突出表现在基层党建的强化和完善，党建引领作用日益提升，基层党组织建设在脱贫攻坚中起到了先锋队和主力军的作用。习近平总书记于2021年2月在全国脱贫攻坚总结表彰大会上的讲话指出："我们抓好以村党组织为核心的村级组织配套建设，把基层党组织建设成为带领群众脱贫致富的坚强战斗堡垒。我们集中精锐力量投向脱贫攻坚主战场，全国累计选派 25.5 万个驻村工作队、300 多万名第一书记和驻村干部，同近 200 万名乡镇干部和数百万村干部一道奋战在扶贫一线，鲜红的党旗始终在脱贫攻坚主战场上高高飘扬。"由此可见，基层党组织建设不仅有效激励基层党员干部脱贫攻坚的积极性和创造性，而且在实施和执行国家精准扶贫和精准脱贫政策方面也发挥着关键作用。成千上万的基层组织成员带头实干苦干，奋战在乡村脱贫攻坚第一线，使得扶贫脱贫措施得以有效落地，扶贫脱贫行动见到实际成效。同样，在基层组织的带头和引领作用下，基层治理体系的实际效能得以体现出来，基层民众受基层治理的动员、组织和引领，采取了有效的扶贫脱贫措施，积极主动投入脱贫攻坚行动行列之中，落实脱贫攻坚和乡村振兴的方针政策。完善的基层组织建设成为乡村基层治理体系的坚强后盾，为乡村实现全面脱贫和全面建成小康社会奠定坚实的组织基础。

乡村基层治理机制的不断完善主要体现在基层治理手段、治理方式的不断创新和日益合理化。随着社会治理重心的下移，对基层治理问题的重视程度不断提高，基层治理创新越来越多，其中包括治理机制的创新。

在乡村变迁和大转型的背景下，乡村治理机制随之变革和更新。村民自治是乡村治理和乡村民主管理的基本制度，在乡村治理中具有基础性的地位。乡村自治方式和自治机制可以发挥乡村居民主体性和能动性，结合乡村社会的特点，发挥自我管理、自我教育和自我服务的功能。一方面，乡村自治的优势在于村民治理村里事务，可大大降低基层治理中的交易成本，不需要为治理村内琐碎事务而投入更多公共管理资源；另一方面，基层自治的显著特点是治理者或治理主体更了解基层情况和基层问题，在治理过程中能更便利、更顺畅地与基层民众进行沟通和协作，由此可提高基层治理的成效和效率。因此，在乡村基层治理体系中，自治机制有着重要功能，需要得到有效推进。

基层乡村社会在快速的变迁之中,快速变迁给基层治理带来的新问题、新矛盾会日益增多。一些新问题、新矛盾依靠乡村自治难以有效应对和化解。特别是在乡村法治建设进程中,法治意识、法治原则越来越多地影响基层社会的交往互动。因此,乡村基层治理机制需要与时俱进,合理有效地推进乡村法治,发挥法治机制的作用,完善乡村基层治理体系,提升乡村基层治理能力。

基层德治类似于乡土社会中的"礼治",礼治即依靠礼俗规则和礼俗力量开展乡村治理,乡村秩序维持主要依靠礼治,甚至可以不需要法律。[①] 礼治机制以教化权力为基础,依靠教化权力治理社会。新时代的乡村社会虽已在诸多方面发生巨变,但部分乡土性仍然维续,如乡村社会熟悉关系、乡土文化传统、村落共同体等在一定范围内得以延续。乡村德治的基础依然存在,德治功能的保留仍对乡村基层治理发挥重要作用。

乡村治理机制的不断完善集中反映在乡村自治、法治和德治的三治融合,以及共建共治共享治理机制的形成和广泛应用。乡村基层治理的三治融合既是治理变革的方向,也越来越多地付诸基层治理实践之中。在乡村扶贫脱贫工作中,三治融合的治理机制发挥出显著作用,村级组织建设的加强促进了乡村自治高质量发展,也提升了基层组织的法治化水平,依法治理、依法扶贫脱贫能力和水平不断提高。从严治党、基层反腐败的加强,促进了基层德治与自治和法治的有机融合,使基层治理风气和环境得以优化。

精准扶贫和脱贫攻坚所取得的伟大成就充分展现了基层共建共治共享的治理机制的有效性和先进性,驻村扶贫、精准脱贫、结对帮扶、产业扶贫等脱贫攻坚措施的落实,关键靠基层治理的共建、共治,即扶贫主体与基层干部群众共同努力、共同行动、共同建设,共同为实现全部脱贫做出贡献。在此过程中,基层干部群众又能共享脱贫攻坚的成果。

---

① 费孝通. 乡土中国 生育制度. 北京:北京大学出版社,1998:6.

共建共治共享的基层治理机制，一方面发挥着资源整合功能，将来自不同方面的扶贫脱贫资源在乡村基层场域整合起来，加以高效利用，直接提升了脱贫攻坚的效率；另一方面凝聚起基层脱贫攻坚的合力，增强基层干部群众的联动合作关系，促进基层社会的团结，提升乡村基层治理能力，为脱贫攻坚取得全面胜利奠定坚实基础。

基层治理作风是指基层治理主体的工作作风，以及基层治理实践中形成的风尚。随着中央提出改进工作作风的八项规定，作风建设得到广泛推进。在基层党组织建设中，作风建设也得以加强。基层组织作风建设的不断加强，带来了基层治理风气的改善。

治理作风虽反映的主要是精神方面的状况，但却是衡量治理体系是否合理完善的重要维度。一种治理体系如没有优良的治理作风，表明其治理的环境、治理的风气并不理想，治理主体与治理对象之间的关系也不会处于理想状态，治理措施和治理行动很难取得良好的治理效果。

在精准扶贫和脱贫攻坚时期，乡村基层治理作风明显改善，这也是脱贫攻坚取得全面胜利的重要因素之一。基层组织有良好的工作作风，基层踏踏实实战斗在脱贫攻坚第一线，为广大贫困群众实现脱贫，苦干实干埋头干，不良"四风"也得以有效纠正。基层治理作风的改善对促进和提高基层群众发展和脱贫积极性发挥重要作用。基层治理作风的好坏，直接影响基层治理权力的威信。如果治理作风不好，基层群众对治理权威的信任度就会大大降低，配合权威开展治理的积极性将严重受挫。因此，良好的基层治理作风是保障基层治理效能和效力的重要条件，没有良好的治理作风，难以取得理想的治理成效。

完善基层治理体系与实现脱贫攻坚战略目标之间有着密切的关联，两者间的关联和互动关系，不仅仅是理论上的联系，在实际经验中，也能看到基层治理对扶贫脱贫的重要贡献。如甘肃省张家寺村的脱贫经验，较为直观地再现了乡村基层治理的改善对脱贫攻坚成效的取得具有非常重要的作用。

[案例 3-3：甘肃省张家寺村脱贫经验①]

张家寺村是甘肃省兰州市榆中县马坡乡的一个贫困村，位于马啣山北部山麓，海拔 2 200 米，年降水量 550 毫米。村落沿山谷河道呈条形分布，占地约 7.4 平方公里。距离乡政府驻地 10 公里，距离县城 25 公里。全村有 5 个村民小组，270 户 920 人。村内以王姓和裴姓两大姓氏为主，属汉族双姓村。

2013 年底，张家寺村建档立卡贫困户 77 户 256 人，低保户 31 户 74 人，五保户 5 户 6 人。人均耕地 2.7 亩，主要收入来源为种植业和外出务工，种植业以种植蔬菜、百合、马铃薯和中药材为主，外出务工以从事建筑业为主，人均纯收入 4 300 元。

在脱贫攻坚中，张家寺村以村基层组织建设为突破口，通过一系列党建行动，形成以村支部书记为核心，多方力量共同作用的坚强领导班子，凝聚脱贫攻坚的合力。

张家寺村的致贫因素中，基层组织软弱涣散，内部纷争，缺乏凝聚力是重要原因。张家寺村的"两委"，以往由王姓和裴姓各占其一，村支书和村主任必须一姓一个。村两委班子内部宗族派系纷争明显，组织内部不团结，领导班子争领导权、争决策权、争人事权、争财权，内耗不仅制约村庄发展，而且直接影响脱贫攻坚工作的推进。

为打开脱贫攻坚新局面，张家寺村新任村支部书记以加强党的基层组织建设为重点，从整顿村两委班子着手，改变村级组织内部的顽疾，增强组织的凝聚力，提升组织的执行力，发挥党建引领作用，充分调动群众脱贫与发展的积极性。

张家寺村通过加强基层党组织建设，使村庄治理体系得以完善，村庄发展和脱贫攻坚取得显著成效。村容村貌焕然一新，村庄

---

① 全国扶贫宣传教育中心组. 中国脱贫攻坚：甘肃省六村案例. 北京：中国文联出版社，2021：115-140.

基础设施大大改善，村庄特色产业得到良好发展，精神文明建设和物质文明建设取得双丰收。

在张家寺村的案例经验中，突出反映乡村基层组织和基层治理能力之间的高度相关关系，也反映基层治理对脱贫攻坚的重要意义。张家寺村的基层治理状况从组织涣散软弱、内部纷争激烈到基层党建促进基层治理体系完善，再到村庄面貌焕然一新，乡村治理有条不紊，村庄发展生机勃勃，发生这些变化的重要推动力便是乡村基层治理的转变，即乡村基层治理体系不断完善，乡村基层治理能力大幅提升。

乡村基层治理体系的完善之所以对脱贫攻坚来说非常重要，是因为脱贫攻坚工作其实是乡村基层治理中的贫困治理。如何开展乡村扶贫脱贫工作，如何使乡村贫困人口摆脱贫困，如何推动乡村振兴，都是乡村治理的重要组成部分。对基层组织来说，开展乡村治理工作，需要解决阶段性的突出社会问题。在精准扶贫和脱贫攻坚阶段，基层治理要面对的突出问题便是乡村贫困问题，需要解决的重点问题则是实现乡村贫困人口全部脱贫，全面消除乡村绝对贫困。

脱贫攻坚"最难啃的骨头"在最基层社会，特别贫困的人口、特别难脱贫的贫困人口皆生活在乡村基层。因此，要达到乡村贫困人口全部脱贫，实现全面建成小康社会的战略目标，关键看乡村基层的脱贫攻坚"战场"。乡村基层脱贫攻坚战能否取得全面胜利，则取决于基层组织的执行力，以及与基层群众形成的脱贫攻坚合力。

乡村基层治理体系的不断完善，增强了基层组织的执行力和基层社会的凝聚力。基层治理体系增强基层扶贫脱贫执行力的机制包括三个要件：一是从宏观政策到微观实践的转换机制；二是扶贫主体与基层民众的衔接机制；三是外部扶贫脱贫资源的有效配置机制。

在较为完善的乡村基层治理体系中，一般包含将上面政策措施下达至基层村庄的组织设置和规则系统，通过这些组织设置和规则系统，精准扶贫方略和脱贫攻坚战略等宏观政策及各种具体政策措施都能落实到乡村基层，甚至精准到贫困户、贫困个人。而且在常规性乡村治理工作中，宣传、下达、实施上面的政策，并动员基层群众配合行动，落实具体措施等，都是基层组织的基本职责和治理内容。某种意义上，基层治理体系是政策到实践的转换器，各项扶贫脱贫政策经过基层治理体系的转换，会变成基层扶贫脱贫行动以及基层扶贫脱贫实践。

从精准识别到精准施策，再到精准脱贫，以及精准评估，整个精准扶贫和脱贫攻坚的过程，之所以能形成有效的扶贫脱贫系统，其中主要依靠乡村基层治理体系的衔接作用。乡村基层治理体系将各个扶贫脱贫环节有效地衔接起来，从而达到扶贫主体与扶贫对象的精准衔接，为扶贫脱贫措施的落实和发挥效力奠定基础。基于健全的乡村基层治理体系，可精准把握贫困户和贫困问题的基本信息，同时能精准把握帮扶策略和措施，实现精准脱贫，并可更准确、更真实地评估脱贫成效。因此，乡村基层治理体系相当于扶贫者与受帮扶者之间的连接器，使得扶贫脱贫的各项措施、各个环节都能顺利连接起来，使得扶贫脱贫政策能得到有效执行。

实现脱贫离不开扶贫脱贫资源的使用。在脱贫攻坚阶段，全社会有大量扶贫脱贫资源得以动员、集中起来。这些扶贫脱贫资源只有被调配到乡村基层，用在帮扶贫困地区、贫困户和贫困人口脱贫实践之中，才能发挥脱贫的功能。乡村基层治理体系在脱贫攻坚推进中的一项重要贡献体现在将扶贫脱贫资源有效地配置到基层村庄和贫困户，从而发挥出扶贫脱贫资源的实际作用，为乡村贫困户和贫困人口实现脱贫提供了重要物质保障，为保证和提升基层的扶贫脱贫政策执行力奠定物质基础。从乡村脱贫总体经验来看，乡村基层治理体系在此过程中得以不断健全和完善，不断完善的乡村基层治理体系又进一步增强了基层脱贫攻坚的执行力。

四、顶层设计协同实践创新

中国取得脱贫攻坚的全面胜利，全部消除乡村社会的绝对贫困，这一减贫和反贫困的经验,还可从顶层设计和实践创新的角度加以总结。精准扶贫方略和脱贫攻坚战略的推进,既反映顶层设计对乡村扶贫脱贫的高度重视,体现政治系统致力于扶贫脱贫和全面建成小康社会的决心和意志,也表明脱贫攻坚的顶层设计的合理性、正当性和前瞻性。与此同时,脱贫攻坚的顺利推进并最终达到预计的战略目标,到 2020 年底实现乡村绝对贫困人口全部脱贫,与各地开展的多种多样实践创新密不可分。各地根据自己的实际情况,以及扶贫脱贫目标任务,积极探索,在扶贫脱贫实践中开拓创新,力求提高乡村脱贫效率。

就乡村扶贫脱贫顶层设计的合理性而言,可从精准扶贫的基本方略、全面脱贫的总体目标和脱贫攻坚的政策要求等三个方面去理解。

首先,进入 21 世纪,中国经济经历了持续高速增长,并跃居世界第二大经济体,创造了世界经济发展的奇迹。在创造奇迹的同时,乡村贫困问题依然存在,成为制约发展的"短板"或"瓶颈"之一。特别是在 2010 年绝对贫困线调整后,乡村仍有几千万贫困人口,这一状况与八七扶贫攻坚计划的目标并不吻合。为全面消除乡村绝对贫困,中央提出并制定了新时期精准扶贫方略,旨在精准地推进乡村扶贫脱贫工作,以达到最终全面消除乡村绝对贫困的目标。这一乡村扶贫脱贫方略的确定,在总结扶贫开发和八七扶贫攻坚等历史经验基础之上,进一步结合乡村扶贫脱贫的新形势,创造性提出精准扶贫,给新时期乡村扶贫脱贫指明了正确的方向,提供了更加有效的行动指南和策略。

之所以说精准扶贫方略的设计和提出是合理的路径选择,是因为这一顶层设计抓住了乡村扶贫脱贫的重点以及全面脱贫的难点。有效推进新时期乡村扶贫,实现全面脱贫,必须让最贫困、最难脱贫的地区和贫困户脱贫。为达到此目标,首先需要准确把握谁是最贫困的、谁是最难脱贫的,准确把握了扶贫对象,才可精准施策。因此,扶贫脱贫只有做到精准,才能真正解决乡村扶贫脱贫的重点难点问题。

按照"两个一百年"的奋斗目标,要在建党百年之际,实现全面建成小康社会的发展目标,亦即到 2020 年底,实现全面消除农村现行标准下的绝对贫困，不让一人在全面建成小康社会之路上掉队。可以说，确立全面消除农村绝对贫困的总体发展目标，充分体现出扶贫脱贫的顶层设计的合理性。一方面，这一总体发展目标能够满足人民日益增长的美好生活需要，即共同奔小康的愿景；另一方面，相对于新时期中国经济社会发展的形势和趋势，实现乡村绝对贫困人口全面脱贫的目标既必要也合理。

其次，为乡村扶贫脱贫确立实现全面脱贫的总体目标，既给新时期脱贫攻坚行动注入强大动力，也给参与乡村扶贫脱贫工作的各方面扶贫主体带来信心。更重要的是，总体目标为扶贫脱贫实践明确了方向，提出了具体要求，使乡村扶贫脱贫工作得以扎实推进。各级各地党委和政府根据脱贫攻坚的总体目标，可以制定出各自的脱贫攻坚路线图和行动方案，使得精准扶贫、精准脱贫有据可依、有的放矢。要在既定的期限内，实现乡村绝对贫困人口全部脱贫，需要保证各项扶贫脱贫计划和具体帮扶措施必须达到相应的扶贫脱贫效果，为此需要抓实抓细脱贫攻坚的具体工作，提升扶贫脱贫的实际成效。因此，从脱贫攻坚的整个过程来看，顶层设计提出实现全面消除乡村绝对贫困的总体目标，不仅有很强的合理性，而且有重要实践意义，对指导整个乡村扶贫脱贫和脱贫攻坚的实践发挥着重要作用，也对脱贫攻坚实践取得理想成果确立了具体的目标和标准。

最后，脱贫攻坚的一系列政策要求也充分体现乡村扶贫脱贫顶层设计的合理性。为打赢脱贫攻坚战，中央设计并提出一系列政策主张和具体要求，如精准扶贫中的建档立卡，要求对所有乡村贫困户和贫困人口的信息及贫困问题加以准确把握，为扶贫脱贫行动提供基本信息保障。驻村帮扶政策要求向连片贫困地区、贫困村派驻扶贫干部，组织、协调和指挥乡村扶贫脱贫工作，从而向贫困村注入新的、更强的扶贫脱贫力量，也使扶贫脱贫行动能够落到实处。

脱贫攻坚"五个一批"工程规划的提出，要求"发展生产脱贫一批、易地搬迁脱贫一批、生态补偿脱贫一批、发展教育脱贫一批、社会保障兜底一批"，此项政策构筑起切合中国实际、合理有效、动态多元的乡村扶贫脱贫系统，对脱贫攻坚目标的实现来说意义重大。"五个一批"工程规划了乡村脱贫攻坚的重点领域和重点问题，设计出针对性强、有效性高的脱贫路径。通过五种主要途径各自脱贫一批乡村贫困人口之后，乡村贫困问题的重点难点基本得以解决。

东西部扶贫协作和定点扶贫政策要求的提出，充分展现中国的大扶贫理念和大扶贫格局的优越性和合理性。所谓大扶贫，是指从大局出发推进扶贫脱贫和脱贫攻坚，把脱贫攻坚视为全国一盘棋，进行全面统筹、全面协调、全面谋划，共同扶贫、共同发展、共同富裕。乡村扶贫脱贫的顶层设计要求开展东西部扶贫协作，实施定点扶贫，从政策层面确立了一种合理的帮扶机制，为增强脱贫攻坚的力量，提高脱贫效率建立起一种支持和保障机制，使得贫困地区能够有效获得来自富裕地区的扶贫资源和脱贫支援。

"挂牌督战"是国务院扶贫开发领导小组提出的一项重要要求，2020年1月25日，国务院扶贫开发领导小组印发《关于开展挂牌督战工作的指导意见》，对脱贫攻坚的挂牌督战工作提出要求和具体的部署及安排。挂牌督战的范围是2019年底没有脱贫摘帽的52个贫困县，以及贫困人口超过1 000人的88个村和贫困发生率超过10%的1 025个村，总共1 113个村。[①] 挂牌督战的顶层设计解决了脱贫攻坚工作的最难点问题，构成实现乡村绝对贫困人口全面脱贫的保障机制。这一机制的设置，体现出扶贫脱贫经验的中国特色，表明顶层设计具有集中力量解决国家发展中的重点难点问题的能力。挂牌督战不仅把特别贫困的贫困村和特别难脱贫的贫困村识别出来，而且在挂牌督战过程中可以调集更多的扶贫脱贫资源，协调更多扶贫主体，运用更加有效的扶贫脱贫手段，保证乡村贫困人口最终全部摆脱绝对贫困。

---

① 中国扶贫发展中心，全国扶贫宣传教育中心. 中国脱贫攻坚报告：2013—2020. 北京：中国文联出版社，2021：370.

在脱贫攻坚阶段，顶层设计还包括对脱贫成效的考核评估提出政策要求。2016年，中共中央办公厅、国务院办公厅印发《关于建立贫困退出机制的意见》，要求利用第三方机构，对贫困县退出情况进行考核评估。考核评估的指标包括主要指标和参考指标，主要指标是综合贫困发生率，参考指标有脱贫人口错退率、贫困人口漏评率和群众认可度三项（见表3-1）。

表3-1 贫困县退出考核评估指标

考核指标		考核标准
主要指标	综合贫困发生率	<2%（西部地区<3%）
参考指标	脱贫人口错退率	<2%
	贫困人口漏评率	<2%
	群众认可度	原则上应≥90%

脱贫成效考核评估机制的设计，其合理性在保证真脱贫和脱真贫，避免乡村扶贫脱贫工作流于形式，或虚假脱贫现象的发生。

当然，还有诸多顶层设计提出的政策要求，在脱贫攻坚过程中，起到制度规则引领作用，对规范乡村扶贫脱贫行动，促进脱贫成效的提高，都发挥着重要作用。精准扶贫和脱贫攻坚最终取得巨大成就，创造脱贫奇迹，实现乡村绝对贫困人口全面脱贫，都与合理有效的顶层设计密不可分。

扶贫脱贫的顶层设计的意义不仅体现在提供制度规则引领方面，而且体现在激励和协同实践创新方面。在脱贫攻坚阶段，一系列扶贫脱贫政策措施为乡村扶贫脱贫事业提供了强有力的制度支撑，更重要的是，合理有效的制度规则又为实践创新提供了激励。

为更好、更有效地落实精准扶贫和脱贫攻坚的政策措施，实现乡村绝对贫困人口全面脱贫的战略目标，各地在扶贫脱贫实践中，努力探索各种创新之路，以提高脱贫攻坚的效率，优化扶贫脱贫的实际效果。有些地方努力探索产业扶贫的新路子，有些地方寻求社会扶贫的创新模式，有些地方探寻生态保护的扶贫脱贫之路，有些地方探索易地扶贫搬迁的脱贫路径，有些地方寻求党建扶贫脱贫的方式，有些地方则尝试探索金融扶贫之路。如广西壮族自治区的田东县，借助金融改革，积极探索金融扶贫之路，创新金融扶贫的体制机制。

[案例3-4：广西金融扶贫创新的"田东模式"①]

"芒果飘香溢四海"，田东县是广西壮族自治区著名的"芒果之乡"，地处右江河谷盆地，全县总面积2 816平方公里，下辖9个镇1个乡167个行政村（街道、社区），人口43万人，其中农业人口37.43万人，人均耕地2.25亩，自然资源有限，基础设施薄弱，是一个以壮族为主体的多民族聚居区。

田东县将金融改革与扶贫脱贫有机结合起来，形成了金融扶贫创新模式。田东县金融扶贫创新主要集中在完善"六大体系"上：(1) 完善金融组织机构体系；(2) 完善农村信用体系；(3) 完善支付结算体系；(4) 完善政策性农业保险体系；(5) 完善抵押担保体系；(6) 完善村级服务体系。

此外，田东县通过开展农村产权确权工作、推进农村产权交易、探索土地流转信托机制等，深化农村金融改革，助力乡村扶贫脱贫。创新"新型经营主体＋基地＋农户"的发展模式，以及农村集体股份合作制，增强发展活力，促进农户增收。

田东县在党委和政府的激励和引导下，有效调动了金融机构支农的积极性，形成各类金融机构为主体、政府职能部门为支撑、金融监管部门为保障、农户和新型经营主体广泛参与、多方协同的格局，推动解决农村金融有效供给和有效需求双向不足问题。

从田东的案例经验看，发挥金融扶贫的功能，必须满足相应的条件。金融系统在社会经济系统中占据中心的、关键性的位置，金融要在脱贫攻坚中充分发挥作用，必须首先推进金融改革创新。就现实情况而

---

① 国务院扶贫办. 全国脱贫攻坚典型案例选. 北京：中国农业出版社，2016：342-349.

言，乡村社会的金融发展水平相对于城市社会来说明显较低。乡村居民特别是贫困户和贫困人口与金融的联系也较为薄弱。乡村金融发展的滞后性，在一定意义上也制约着乡村发展和脱贫进程。乡村一些贫困户陷入贫困或是难以摆脱贫困，最为直接的原因是他们缺乏资金支持，以及维持生计的资金非常有限，乃至匮乏。资金缺乏可能导致再生产的链条断裂，而从金融系统获得资金支持的空间非常小，由此会导致人们的生计陷入贫困境地。田东金融扶贫模式创新是建立在一系列改革基础之上的，包括金融六大体系的完善、产权制度变革创新以及新型发展模式的探索等。

乡村扶贫脱贫的实践创新并非孤立的，而是与顶层设计所带来的制度和政策环境有着密切关系，制度与政策安排的协同作用很显著。顶层的政策设计与地方和基层的实践创新的结合，共同作用于动态的、变革的乡村扶贫脱贫过程，形成不断优化的扶贫脱贫政策措施及具体行动方案，也产生更为有效的脱贫成果。

脱贫攻坚阶段地方和基层的实践创新，也属于制度创新的一种类型，即以制度实践或实施制度为内容的制度创新，或者说，在实施和执行制度的实践中行动者所做出的创新。在新制度主义的制度创新理论看来，制度创新主要包括强制性和诱致性两种制度创新，那么，实践创新是否属于其中一类呢？就事实经验而言，实践创新其实具有这两类制度创新的一些特征。一方面，顶层制度设计对基层实践创新构成一定规制和压力作用；另一方面，实践创新又有诱致性因素的作用。综合起来看，实践创新可概括为引导性制度创新。[①] 地方和基层政府以及民众在宏观政策引导下，寻求新的实践路径和行动方式，以实现行动效益的改善和提高。

乡村扶贫脱贫中实践创新的意义在于突破一般政策的地方适应性和吻合性问题，乡村的地域差异性较大，乡村贫困问题也具有显著的地域

---

① 陆益龙. 制度、市场与中国农村发展. 北京：中国人民大学出版社，2013.

差异性。扶贫脱贫措施和具体工作要取得更大的成效，必须针对贫困问题的特征，有针对性地采取精准扶贫和精准脱贫的措施和方法。这些有针对性的措施和方法并不是一般制度设计和政策安排中具备的，通常是在具体实践中探索和发现的。基层扶贫工作者和基层民众为有效应对和解决扶贫脱贫实践中遇到的现实问题，往往会诱致创新性行动。例如，在脱贫攻坚实践中，各地涌现出的多种多样的社会扶贫、消费扶贫、电商扶贫、扶贫车间、结对帮扶等新型扶贫方式，是广大干部群众在扶贫脱贫实践中的创造，也是基层干部群众配合顶层设计的政策部署，积极主动地参与乡村扶贫脱贫行动的重要体现。基层扶贫脱贫的实践创新，提供了应对实际扶贫脱贫问题的手段和路径，提高了扶贫脱贫行动的效率。而且，实践创新与顶层设计的政策要求保持一致，即可形成协同创新的合力，为乡村扶贫脱贫工作提供强有力的支撑。

关于乡村脱贫的中国经验，虽然可重点从制度本质、社会动员机制、基层治理体系以及实践创新等维度来加以总结和理解，但在举世瞩目的脱贫攻坚过程中，扶贫脱贫经验远远不止于此。实现乡村绝对贫困人口全面脱贫的壮举，蕴含着丰富且深邃的反贫困智慧和经验。如果把中国乡村扶贫脱贫放在中国式现代化的视野下来理解，那么可以看到乡村扶贫脱贫工作是中国式现代化进程的本质要求，而实现乡村绝对贫困人口全部脱贫的伟大成就便是中国式现代化推进的必然结果。

第4章 个体贫困、连片贫困与精准扶贫

中国在全面建成小康社会的发展新时期,农村贫困问题的"短板效应"将凸显出来,如何推进农村扶贫开发工作,更加有效解决农村贫困问题,是具有重大现实意义的课题。党的十八大以来,习近平总书记对精准扶贫理念作出一系列重要论述,上升到扶贫开发基本方略的高度。同时随着"十三五"规划的推进,农村脱贫攻坚已成为诸多地方和部门实施规划的重中之重。然而,究竟如何更加有效地推进农村精准扶贫与农村发展,是值得不断深入研究和反思的问题。

本章基于笔者已有的乡村社会调查研究,分析和探讨农村贫困问题的基本性质,反思和探索农村精准扶贫的有效路径。

一、农村扶贫:问题与理论

在农村调查中,有一些基层干部和群众曾提出这样的问题:"精准扶贫能让农村贫困人口真的脱贫吗?""农村贫困人口真的能消除吗?""如果农村没有了贫困人口,那是不是就不要扶贫的了?""政府的扶贫办这个机构是不是也就要撤掉了?"这些问题实际上就关涉到我们如何理解和认识农村社会的贫困问题和扶贫行动。从基层发出的这些疑问反映出在农村贫困与精准扶贫问题上,还有待凝聚更多的共识。农村贫困问题的基本性质是什么?究竟是温饱问题还是保障与发展问题?农村精准扶贫的基本目标是什么?究竟是消除贫困人口还是解决贫困问题?结

合农村社会的实际,精准扶贫如何推进才更加合理、更加有效?这就是本章所要分析和探讨的具体问题。

贫困问题一直是经济学、社会学和公共管理等学科领域里一个研究主题。对贫困问题的解释,经济学中有一个经典理论,即循环累积因果论。缪尔达尔(Gunnar Myrdal)认为,贫困在现实社会中的表现形式就是很低的收入水平,穷人的低收入状态则是多种因素恶性循环造成的结果。贫穷的生活让人的素质得不到提升,人的发展受限又导致其能力受限,而有限的能力又无法让人获得更高的收入。① 循环累积因果论虽抓住了贫困问题的核心方面——经济收入,即贫困者的低收入状态,然而值得一提的是,这一理论更多的是从市场社会和经济活动的角度来看待和理解贫困问题的。事实上,贫困问题并非市场社会才有的问题。无论过去还是现在乃至未来,贫困都是社会中需要面对和解决的问题,而且并非仅仅为经济问题。

在对贫困问题的探讨中,通常有贫困的绝对论与相对论的讨论。贫困的绝对论把贫困视为社会中的一种绝对窘迫的状态,即贫困是一种生存状态,穷人无法通过合法的途径来获得足以支撑生活所需的资源。② 世界银行对贫困的界定主要采取划定贫困线的方法,即根据家庭内人均每日支出水平的最低值来确定贫困线。③ 世界银行以前曾将贫困线定为每人日均支出水平 1.25 美元,2020 年将这一标准提高到 2.15 美元。中国政府在 2010 年将农村贫困线定为家庭年人均收入 2 300 元。绝对贫困论关注的焦点在社会中的绝对贫困人群和绝对贫困状态,也就是如何识别贫困人群,以及如何解决他们的贫困问题。按照一个固定的标准去识别贫困人群,然后再按照固定模式去帮助这些人群摆脱贫困状态,可能会在一定程度上起到社会"兜底"或救急作用。然而,在

---

① 缪尔达尔. 世界贫困的挑战:世界反贫困大纲. 顾朝阳,译. 北京:北京经济学院出版社,1991.
② 康晓光. 中国贫困与反贫困理论. 南宁:广西人民出版社,1995.
③ 纳拉扬,钱伯斯,沙阿,等. 呼唤变革. 姚莉,董筱丹,崔惠玲,等译. 北京:中国人民大学出版社,2003.

现实社会中，贫困问题其实是一种复杂的社会问题，而不仅仅是绝对贫困人口的绝对贫困状态。在社会运行与发展过程中，贫困问题具有相对性，是动态变化的。相对贫困论就关注到相对贫困问题。所谓相对贫困，主要指对于发展而言的贫困状况，即因获得相对较少发展机会和成果而产生的贫困状态。关于相对贫困的形成原因，贫困约束论者将其概括为贫困形成的三个关键约束，即环境、能力和权利对发展的约束。①

将贫困问题标准化、绝对化，其主要意义在于便于扶贫的可操作化。因为在扶贫的实际行动中，需要有一个相对权威的、可以参照的固定标准，这样才能确定能够被更多人接受的扶贫对象，并使扶贫工作得以付诸实践。但值得一提的是，绝对贫困线所划定的贫困，只是一个维度上的贫困，并不代表所有的贫困问题。作为一种社会问题，贫困问题要复杂得多。在这个意义上，相对贫困论为我们拓展了对贫困问题的认识视野，尤其有助于从社会不平等的角度来理解和认识贫困问题。

绝对贫困与相对贫困是理解和对待贫困问题的不同视角和维度，而非贫困问题的类型的绝对划分。现实社会生活中所呈现出的贫困问题，很难用要么是绝对贫困，要么是相对贫困这样的分类方法来明确地界定。贫困这一社会问题，可能既包含绝对贫困状态的现实，又具有相对贫困的一些特征。面对社会中现实的贫困问题，重要的不是去辨析究竟是绝对贫困还是相对贫困，而是要去努力解决贫穷人群所面临的现实困境。

既然贫困问题是一种复杂的、动态的、绝对性与相对性兼具的社会问题，那么，精准扶贫何以能达到"精准"目标呢？

对贫困这一社会问题的理解和认识需要全面，同样，对精准扶贫方略的认识也要全面。目前，学术界对精准扶贫意义的解读有多种，较为流行的观点就是精准机制论，即认为新时期中国的扶贫开发要有改革创

---

① 黄承伟．中国反贫困：理论 方法 战略．北京：中国财政经济出版社，2002．

新，也就是要构建起三个关键的精准机制：精准的贫困识别机制、精准的扶贫扶持机制和精准的扶贫管理与考评机制。[①] 还有一种消除贫困论认为，精准扶贫就是要让脱贫县自动有序地退出贫困县行列，以缩小扶贫范围，由此可以集中人力、物力、财力对真正的扶贫对象开展精准扶贫。[②] 在扶贫实践中，精准扶贫主要体现在"驻村扶贫""一对一帮扶"的扶贫形式之上。从理论到实践，人们对精准扶贫内涵的理解和认识，更多地聚焦于"精准"之上。对"精准"意义的理解和认识有两种：一是字面上、形式上的理解，即将表面的、形式的准确视为精准；二是本质上、深层意义上的理解，即将根本目标和本质意义的达成看作精准。就精准扶贫而言，虽然形式上的精准，如精准地识别贫困人群、精准地实施扶贫行动、精准地管理和评估扶贫措施与效果等，在新时期农村扶贫开发中具有重要意义；但是，如果把精准扶贫的主要精力放在确定贫困人口的精确数字究竟是多少，究竟减少了多少贫困县、贫困人口，那么会将精准扶贫形式主义化，难以避免"政绩工程"逻辑给农村扶贫带来的局限和弊端。无论什么样的扶贫策略和方式，其精神和本质意义都在于能够更加有效地缓解或解决社会中的贫困问题，也就是让我们社会中的真正贫困者真正得到更加有效的人文关怀与社会经济支持。所以，精准扶贫的真正目标其实不在于人口学、经济学意义上的数字的精准，而是要让贫困这一社会问题真正得到更加有效的应对。要达到这一目标，就意味着需要加大农村扶贫开发的力度，采取更加积极有效的扶贫行动。

关于什么样的农村扶贫开发方式更加合理、更加有效的问题，已有的贫困与反贫困研究总结了多种不同的实践经验，概括出了不同理论。关于农村扶贫开发方式，主要的理论与经验包括：一是参与式扶贫论。在一些国际扶贫项目实施过程中，通常倡导和推广参与式扶贫经验。这

---

① 汪三贵，郭子豪. 论中国的精准扶贫. 贵州社会科学，2015（5）：147 - 150.
② 李瑞华，潘斌，韩庆龄. 实现精准扶贫必须完善贫困县退出机制. 宏观经济管理，2016（2）：26 - 28.

一扶贫模式的理论依据如下：要倾听贫困人群的声音，了解贫困者的真正需要；广泛调动贫困人群自身的能动性和积极性，脱贫关键在于贫困人群的主动性。在我国农村扶贫实践中，一些整村推进扶贫项目的实施，也借鉴和吸取了参与式扶贫的经验。[1] 此外，还有一些农村扶贫实践，尝试着"扶贫互助社"的方式，通过扶贫互助基金与扶贫互助社的建立，在政府扶贫行为引导下，发挥民间资本的金融放大效应，促进农民之间扶贫联合。[2] 二是资源动员论。这一扶贫理论认为，有些连片贫困地区贫困的产生，并非完全因为资源环境的脆弱性，而是因为没有有效动员其自身的资源来促进发展。例如，在对云南农村扶贫实践的长期研究基础上，郑宝华等人提出，像云南省多地的农村扶贫，实际上需要更加有效地动员其本地特色资源，发展起特色产业，由此可以帮助贫困的山区农村摆脱贫困。[3] 产业化扶贫、造血式扶贫等方式也是基于这一理论而提出的。三是项目扶贫论。项目制扶贫模式是传统的、主导型的农村扶贫方式，政府和各种类型的组织在农村开展的扶贫行动一般以各种扶贫项目的形式进行。如在我国西部农村扶贫开发实践中所采取的"整村推进"项目，就是针对村级贫困对象，通过扶贫项目的各种扶持和开发措施，达到减贫和脱贫的目标。[4] 此外，一些部门的对口扶贫也主要通过扶贫的工程或项目来推进扶贫工作。四是综合开发论。在脱贫攻坚阶段，农村扶贫的基本方式是开发式扶贫，也就是"政府主导、社会参与、自力更生、开发扶贫、全面发展"的模式。[5] 开发式扶贫理念的主要内涵包括：综合多种扶贫力量和资源，注重开发与发展，通过促

---

[1] 张永丽，王虎中. 新农村建设：机制、内容与政策：甘肃省麻安村"参与式整村推进"扶贫模式及其启示. 中国软科学，2007 (4)：24 - 31.

[2] 曹洪民. 扶贫互助社：农村扶贫的重要制度创新：四川省仪陇县"搞好扶贫开发，构建社会主义和谐社会"试点案例分析. 中国农村经济，2007 (9)：72 - 76.

[3] 郑宝华，陈晓未，崔江红，等. 中国农村扶贫开发的实践与理论思考：基于云南农村扶贫开发的长期研究. 北京：中国书籍出版社，2013.

[4] 曲玮，李树基. 新时期农村扶贫开发方式与方法：甘肃省"整村推进"研究. 兰州：兰州大学出版社，2007.

[5] 段应碧. 中国农村扶贫开发：回顾与展望. 农业经济问题，2009 (11)：4 - 9.

进发展来解决贫困问题。在具体扶贫实践中，开发式扶贫有产业扶贫、移民搬迁、劳动力培训转移和整村推进等扶贫方式。也有观点认为，农村脱贫攻坚虽能解决一些贫困人群的温饱问题，但扶贫又面临发展不均衡和收入差距拉大的挑战，因此新时期农村扶贫开发还需要实施区域均衡发展战略，缩小收入差距，以减缓和消除贫困。[①]

每一种农村扶贫方式都曾在实践中得以检验和应用，都有各自的特点和价值。是否存在普适性的农村扶贫模式，是值得怀疑的。农村扶贫行动需要遵循相应规律，但规律并不等同于固定的、普适的扶贫模式。农村扶贫方式的选择，关键在于针对性和有效性，亦即要针对具体的贫困问题，采取积极有效的扶贫行动。

二、农村的个体贫困与连片贫困及其生成机制

全面、深入地认识与理解农村贫困问题，是确立合理扶贫策略、开展有效扶贫行动的重要基础。贫困问题是在现实社会生活中呈现出来的，因而也需要从生活世界的视角，把握农村贫困问题的社会学意义，不宜将贫困问题局限于究竟有多少贫困县、贫困村和贫困人口之上，而是要让现实中的贫困问题最大化地、最优地得到解决。

农村贫困问题虽是一种复杂社会问题和发展问题，但从两个维度来看待这一问题，将有助于我们认识这一问题的重点和基本性质。一个维度是农村个体贫困，另一个维度是农村连片贫困。个体贫困是指农村社会中个别农户、个别人所面临的贫穷和困境；连片贫困是指某些农村地区广泛地存在贫穷状况和发展困境。

农村个体贫困并不仅仅是相对贫困，而且反映出社会中总存在着某些家庭和个体会遭遇各种各样的生活困难。在这个意义上，贫困问题是绝对的。农村个体贫困在现实社会中所呈现出的形态主要如下：

---

① 任福耀，王洪瑞．中国反贫困理论与实践．北京：人民出版社，2003．

[案例 4-1：皖东 T 村的个体贫困[①]]

在皖东 T 村，大多数农户凭借外出经营餐饮小吃，每年平均每户能从外面获得 30 万元的纯收入，所以农民的收入水平和生活水平可以说达到了小康水平。但村里仍然存在着个体贫困问题，个体贫困有这样几种情形：

（1）困难家庭。Y 曾因其父母早亡，家境困难，只能娶了一个低能且智力有障碍的妻子，生有一儿一女。目前妻子长年有病在家，儿子和女儿外出打工，每人每年也能挣 3 万到 5 万元。这样的收入水平按照贫困线标准可能谈不上贫困，然而在像 T 村这样的社会情境中，Y 家所面临的生活困难则客观存在，如妻子治病和儿子娶媳妇的困难。

（2）残障个体。Z 家因表亲通婚，生有一子，智力残障。这个家庭虽然不算贫困家庭，但这个孩子的生活却不能自理，随着父母逐渐老去，他面临的困境也将越来越凸显。

（3）鳏寡老人。W 老人是村里的"五保户"，早年因家里弟兄多，自己排行老小，父母早逝而未能娶妻成家。青壮年时还能靠自己的劳动和部分救济维持生计，随着年事渐高，生活的困难也越来越多。

从皖东 T 村个体贫困的实际形态中，可以得到关于贫困与扶贫救困的这样一些认识：首先，贫困问题总会存在于社会之中，即便在富裕的社会，也会有人遭遇生活的困境，因而任何社会在任何时候都需要扶贫救困的机制。在这个意义上，扶贫并不都是为了消灭贫困，帮助和扶持贫困者解决生活困难也是扶贫的重要任务。因此，那种认为农村在实施精准扶贫，让所有贫困者全部脱贫之后就不需要再开展扶贫工作的观点，其实是对精准扶贫的一种误解。此外，那种倡导要造血式扶贫而不

[①] 陆益龙. 农村的劳动力流动及其社会影响：来自皖东 T 村的经验. 中国人民大学学报，2015（1）：104-111.

再推进输血式扶贫的观念也存在着较大的局限。对于遭遇社会生活困境的弱势群体，输血式扶贫救困通常是非常必要的，也有立竿见影的效果。无论是扶贫开发，还是反贫困，抑或是减贫脱贫，其实首先就要应对现实的贫困问题。既然贫困问题是由多种复杂因素导致的复杂社会问题；那么扶贫工作的目标也不能是简单的、单一的，扶贫的方式也不会是固定和单一的。在农村精准扶贫中，即便我们让贫困人群脱贫了，那也只是说明贫困问题得到了有效应对和解决，而并不意味着贫困问题就此终结，扶贫开发可以终止。因此，贫困县的退出机制需要慎重推进，扶贫政策与策略可以随各地贫困问题的变化而不断更新，但扶贫行动的终止和全部退出，也可能容易让贫困问题"复发"。

其次，作为一种社会问题，贫困并不简单地表现在数字上，而是反映在现实生活之中。如果按照权威的贫困线标准，T村似乎就没有贫困了，然而事实上，个体的、个别的贫困问题依然存在着。那些困难家庭和有困难的个体，其实仍需要社会的关怀和扶持。由此看来，我们对贫困问题的认识需要拓宽视野。在某些情况下没有必要过于计较贫困线的标准或贫困人群的确切数字，因为现实中的有些贫困问题是特殊的、动态变化的。同样，农村扶贫工作也需要有更加包容的精神，对有真正生活困难的农户和农民，尽可能给予有效的帮助和扶持。

再次，个体贫困问题的产生，主要与个体性的、差异性的因素有着密切关系。从贫困的资本理论视角看，农村个体贫困是因为个体在人力资本、物质资本、货币资本、文化资本以及社会资本等方面的短缺与匮乏，从而陷入贫困或困难的境地。然而，个体陷入贫困则是有差别的、特殊的和偶发的，并没有一种模式固定的、统一的困难。此外，农村个体贫困既具有相对性，也有绝对性。相对性反映在个体间发展和机会的差异性，绝对性则表现在他们的困难和问题是实在的。鉴于此，对农村个体贫困的识别要有灵活的、弹性的机制。像皖东T村中的那种困难家庭和困难老人，如果完全依靠正式的扶贫机制，就可能被遗漏在扶贫对象之外，他们的困难也就得不到关注和帮扶。

农村连片贫困是贫困问题的一种表现形式。与个体贫困不同，农村连片贫困不是个体性的、局部性的，而是区域性的、广泛存在的问题。某种意义上说，连片贫困是贫困问题的重点和难点，中国在"十三五"规划期间致力于全面建成小康社会，就必须全面解决农村连片贫困问题。所以，农村精准扶贫和脱贫攻坚的重点内容及核心任务就是应对和解决农村连片贫困问题。

有效应对和解决农村连片贫困问题，首先要更加深刻、全面地理解这一问题的基本形态、基本性质和生成机制。

在基本形态上，农村连片贫困问题主要集中在西北、西南和东北的边疆偏远山区和少数民族聚居区。根据国务院扶贫办的统计数据，西北、西南和东北地区的贫困村所占的比重较高，意味着贫困问题的广度或覆盖范围较大（见表4-1）。其中，云南省的连片贫困问题最为突出，贫困村在全省行政村中占84.82%；其次是青海省，贫困村在全省行政村中的比重高达59.70%；第三位是甘肃省，贫困村在全省行政村中占比49.52%。由此可见，西部地区的农村连片贫困问题是非常突出的，处于贫困状态或广泛存在贫困问题的贫困村的覆盖面还是相当广，西北地区平均达到近四成，西南地区平均达到三成，东北地区平均近四分之一。

表4-1 贫困村在区域间的分布情况

区域	行政村数（个）	贫困村数（个）	占全国贫困村的比重（%）	占各区域行政村的比重（%）
沿海（10省区市）	272 882	20 698	13.97	7.58
东北（3省）	41 581	9 182	6.20	22.08
中部（6省）	214 485	43 950	29.67	20.49
西南（6省区市）	139 239	42 647	28.79	30.63
西北（6省区）	80 133	31 654	21.37	39.50
合计	748 320	148 131	100.00	19.80

资料来源：汪三贵，Park A，Chaudhuri S，等．中国新时期农村扶贫与村级贫困瞄准．管理世界，2007（1）：56-64．

就基本性质而言，农村连片贫困问题是一种既具有绝对性又具有相对性的发展问题。所谓绝对性的发展问题，是指这些农村连片贫困地区属于发展绝对滞后的特困地区，也是发展条件处于绝对劣势的区域。所谓相对性的发展问题，是指农村连片贫困地区的存在反映了区域发展的不均衡和社会经济发展的不平等。作为一种发展问题，农村连片贫困问题又具有综合性、复杂性。也就是说，连片贫困问题不是单纯的经济贫困问题，也不仅仅是社会问题，而且包含文化的、政治的、生态的等多维复杂因素。人们把农村连片贫困问题比拟为"硬骨头"，反映出这一问题既关键又复杂。

关于农村连片贫困问题的生成机制，从现实情况来看，贫困问题的成因既具有共性，也存在区域差异性和特殊性。综合来看，农村连片贫困的生成机制是由复杂的、多维的因素构成的交互和叠加影响机制。例如，在农村连片贫困较为典型的云南省，贫困问题在农村社会广泛存在，但同时不同区域的贫困问题和成因又有不同特点。

[案例4-2：云南省的农村连片贫困[①]]

云南省的特殊困难区域主要包括迪庆、怒江、昭通、文山等四个州市以及连成一线的边境25个县市。这些地区贫困人口数量大，生态环境恶化，是全省贫困最集中的地区；此外，在边境一线的8个州市25个县，有16个沿边跨境民族，总人口为189.84万，贫困人口114.84万，贫困面广、度深，形成原因极其复杂。

云南省连片贫困的特殊区域的主要特征是：(1)贫困发生面广，呈现整体贫困状态。据2007年统计，云南省边境25县中，贫困发生率为27.8%（西盟县和景洪县除外），比全国高21.8个百分点，贫困覆盖面达边境25县的92%。(2)贫困发生度深，

[①] 李学术，刘楠，熊辉.面向特殊困难群体和特殊困难区域的农村扶贫开发思路与对策：以云南省为例.经济问题探索，2010 (8): 157-163.

人民生活水平极端低下。例如，2008年沿边农村人均肉蛋消耗量仅为0.08千克，是全省人均肉蛋消耗量的0.25％。(3) 贫困原因特殊而复杂，脱贫难度大。连片贫困地区贫困的生成，主要与这样一些因素相关：边境区域多属"直过区"①、偏远山区的"孤岛效应"、所处生态的极度脆弱性、毒品等其他非传统安全问题的困扰。

在对农村连片贫困问题的理解和认识上，似乎有一种倾向，即把连片贫困仅仅当作绝对贫困，认为农村的脱贫攻坚就是要让这部分人群摆脱绝对贫困的现状。事实上，农村连片贫困问题确实表现为仍有部分农村人口处于绝对贫困的生活状态之中，但这一问题不单单是这一人群的贫困问题，而且包含着发展不平衡所关涉的多方面问题。如果仅按照贫困线标准来瞄准贫困人群，并把扶贫脱贫视为让这一人群的收入水平超出所设定的贫困线，那就是把农村扶贫开发工作狭义化。既然农村连片贫困问题是一种复杂的发展问题，其生成机制包含多维复杂因素和多种作用效应，解决这一问题也就需要有综合性的、可持续性的扶贫策略②，需要在发展过程中长期不断推进扶贫开发政策和措施，而不是靠短期行为就能一蹴而就。

三、农村精准扶贫的有效推进方式

如何有效地应对和解决农村社会的贫困问题？已有农村扶贫开发的推进方式主要是项目制扶贫，扶贫项目有各级政府主导的项目，有各种社会组织主导的项目；有内资项目，也有外资项目；项目模式有整村推进、产业扶贫、对口扶贫和异地安置等。就项目实施和管理效果而言，

---

① 指社会制度直接过渡到社会主义制度的地区。
② 陆益龙. 构建精准、综合与可持续的农村扶贫新战略. 行政管理改革, 2016 (2): 26-30.

政府主导型项目不如社会组织主导型项目,扶贫对象对异地安置项目的满意度最高。[①] 从对农村连片贫困地区的扶贫实际效果来看,一些扶贫项目存在扶贫对象不准确、缺乏人力资本支撑和产业扶贫针对性不强等问题。[②] 通过扶贫项目的方式来推进农村扶贫开发,对缓解农村贫困地区的贫困问题,促进贫困地区的发展起到了一定帮扶作用。然而值得关注的是,项目制扶贫方式明显存在着三大局限:一是项目的选择性,也就是有选择性地进行扶贫;二是项目的形式主义化,即在扶贫项目推进过程中,项目委托方、项目实施方和项目地之间按照形式化的程序来互动,管理成本高,而实际效果则难以保证;三是项目的不可持续性。较多扶贫项目不仅流于形式,而且还受期限限制,对农村贫困人群的帮助和扶持并不具有可持续性。要让所有农村贫困问题得到应对和解决,实现精准扶贫的目标,就需要有扶贫机制的创新。

鉴于贫困是农村社会的一种社会问题与发展问题,农村既有个体贫困,也存在集中连片贫困;农村贫困问题既有共性特征,也存在差异性。有效地推进农村精准扶贫,其实质就是要让农村复杂多样的贫困问题得以有效地应对和解决。针对农村社会贫困问题的两种基本形态,要精准地推进扶贫,使贫困问题得以解决,至少要具备两个基本扶贫机制:一是常设性农村精准扶贫机制,二是针对性农村精准扶贫机制。

常设性农村精准扶贫机制建设可以说是小康社会与和谐社会建设的重要内容。缺乏一种常设性的扶贫机制,农村社会中的困难群体尤其是个体性贫困者就难以得到及时、有效的帮扶和救助。如果弱势群体的困难和问题得不到很好应对和解决,可能将影响社会的和谐发展。建立常设性农村精准扶贫机制,就是要通过常规性的、制度性的安排,在社会

---

① 帅传敏,李周,何晓军,等. 中国农村扶贫项目管理效率的定量分析. 中国农村经济,2008(3):24-32.

② 韩斌. 推进集中连片特困地区精准扶贫初析:以滇黔桂石漠化片区为例. 学术探索,2015(6):73-77.

治理中能确定"谁是扶贫对象""由谁去扶贫""怎样去扶贫"。也就是说,在农村社会需要有系统的、配套的制度安排,以确保在任何时期、任何地区都有一套机制来及时发现哪些人真正有困难,由什么力量去帮扶他们,以及如何帮助他们摆脱困境。

常设性农村精准扶贫机制实际上是由完善的、制度化的社会慈善体系、社会救助体系和社会保障体系组成。目前,中国农村社会也有这三个体系,但问题是这三个体系要么不完善,要么就不具有制度化水准。因而在应对和救助农村社会的个体贫困方面,存在着较大遗漏,一些真正有困难的人群难以获得有效救助和帮扶。

对于农村集中连片贫困地区的扶贫开发工作,我国一直在推进,且力度不断加大,而扶贫开发推进方式的针对性较低却影响着扶贫的实际效果。基于此,在推进农村精准扶贫过程中,针对农村连片贫困问题的基本性质和生成机制,需要建立起更有针对性的扶贫机制。

农村连片贫困问题属于复杂的、综合性的发展问题——贫困问题的形成是复杂的,影响贫困生成的因素是综合性的。因此,建立精准的农村扶贫机制,其内容并不宜局限于据什么样的确切数字来识别是否贫困和衡量是否脱贫。农村精准扶贫的深层意义在于要找到各地连片贫困问题的具体生成机制,有针对性地采取有效措施,解决贫困农村地区的发展问题。

所以,针对性农村精准扶贫机制不仅仅包含微观层面的具体扶贫措施和扶贫行动,而且包含中观的、宏观的扶贫策略和战略,同时还需要能够将宏观、中观与微观扶贫策略和行动统一起来、整合起来的机制。

在宏观层面,针对性精准扶贫机制主要是针对区域发展的不均衡与社会不平等问题的产生机制,构建起促进均衡与平等发展的法律法规和政策体系,让连片特困的农村地区得到持续的、制度化的扶持和补偿。

在中观层面,针对性精准扶贫机制主要指在县域社会治理和基层社区建设中,针对各自发展滞后问题,采取积极有效的扶贫开发政策措施,运用社区动员机制,调动起连片贫困地区的内生资源和内生发展动力。

在微观层面，针对性精准扶贫机制主要包括针对贫困村、贫困户和贫困个体的特殊性和差异性，采取有针对性的救助和帮扶措施，以及时应对贫困人群贫困问题，达到脱贫的目标。

针对性农村精准扶贫机制要针对的不仅仅是个体贫困问题，而且是农村连片特困地区的发展滞后问题。因此，精准扶贫机制需要宏观、中观和微观扶贫行动的协调与整合。只有在步调一致的情况下，精准扶贫的各方力量才能形成合力，达到更好的扶贫与脱贫效果。

四、小结

作为一种社会问题，农村社会总会存在着某些个体贫困问题，那些困难个体所遇到的生活困难既是绝对的，同时相对于社会经济发展而言又是动态变化的。在这一意义上，对贫困问题的认识和辨别，需要超越以收入或支出水平为依据而划定的贫困线标准，关注和关怀现实生活中弱势个体所遭遇的切实生活困难。对个体贫困者的救助和帮扶在任何时期、任何发展阶段其实都是必需的，因此，农村扶贫工作不会因减贫或部分贫困人群脱贫而终止。在农村构建和谐社会的过程中，扶贫济困依然任重道远。

在中国边疆民族地区和偏远山区，尤其在西北和西南地区，还广泛存在着农村贫困问题，贫困在农村的覆盖面较广，连片贫困问题较为突出。从基本性质和生成机制来看，农村连片贫困问题属于复杂的发展问题，区域发展的不均衡及自然禀赋与社会文化等复杂因素，是导致这一问题的综合动因。

精准扶贫已作为新时期中国农村扶贫开发的方略而提出，对其内涵、外延以及实践路径的认识，仍需要凝聚更多的共识。如果把农村精准扶贫的过多精力放在有关贫困问题的精确数字上，就容易陷入本末倒置的认识与实践误区。对农村贫困地区和贫困个体的扶贫工作，根本的目标就是要让困难农民的生活困难得以有效解决，贫困地区整体上得到有效、平等的发展，数字的精确与否不过是形式而已。

农村扶贫是否精准，关键要看政策措施与扶贫行动是否精准地针对贫困问题，是否对缓解与解决贫困问题有效。当然，具体让多少贫困人口脱贫，是一个重要的衡量指标。然而，如果仅把脱贫人口的精确数字作为精准扶贫的终极目标，也可能存在诸多弊端。目前，关于贫困县是否要摘帽、贫困人口是否可以完全脱贫、未来是否还需要扶贫开发等问题，涌现出诸多讨论和观点。这一现象表明人们对精准扶贫的认识和理解还存有较大差异，仍存在着将精准扶贫理解为短期行为和政绩工程的可能。此外，学界也有关于变输血式扶贫为造血式扶贫的观点与倡议。这些观念其实隐含着人们对农村贫困问题与扶贫开发的基本性质的理解不够全面。在社会现代化变迁的大背景下，农村扶贫开发工作将是长期而艰巨的过程，在这一过程中，输血式扶贫和造血式扶贫都是必不可少的。农村贫困地区的精准扶贫实现了减贫目标，说明贫困问题得到了阶段性有效应对，但并不意味着扶贫开发从此就没有必要，而是要求用新的方式去推进农村扶贫。

第5章 乡村精准扶贫的长效机制

经历了快速转型，中国社会发展已迈入新时代。在新的时代，乡村发展问题凸显出来。中国乡村社会如何摆脱现代化转型中的发展困境，迈向共同富裕，是新时代发展所面临的重任。国家乡村振兴战略的提出，旨在把中国乡村发展成"产业兴旺、生态宜居、乡风文明、治理有效、生活富裕"的社会。全面推进乡村振兴战略，既要解决农村贫困人口全部脱贫问题，又要扎实巩固脱贫成果，还要有效预防和消减相对贫困。

一、乡村贫困问题与反贫困的理论

贫困问题其实不同程度地存在于每一个社会，在发达的工业化国家里，繁华的都市往往也会有贫民窟，中国城市虽也有贫困现象，但贫困问题并不突出。贫困问题主要集中在乡村社会，既存在着个体贫困，也广泛存在连片贫困。[1] 在中国，农村连片贫困问题主要集中于西北、西南和东北的边疆偏远山区和少数民族聚居区。[2] 这一问题属于一种复杂

---

[1] 陆益龙. 农村的个体贫困、连片贫困与精准扶贫. 甘肃社会科学，2016 (4)：7-13.
[2] 汪三贵，Park A，Chaudhuri S，等. 中国新时期农村扶贫与村级贫困瞄准. 管理世界，2007 (1)：56-64.

的发展问题，是由多维复杂因素共同作用所产生的社会效应。[①] 贫困问题的存在反映的是乡村发展所面临的一个社会问题，也是全面建成小康社会需要解决的发展瓶颈问题。

贫困问题虽可根据经济指标来加以衡量，如世界银行将家庭人均日支出水平 1.9 美元界定为绝对贫困线。[②] 2010 年，中国将农村贫困线划定为家庭年人均收入 2 300 元。这种对贫困标准的权威界定，主要是为了明确绝对的贫困状态，以确立最基本的公共扶贫和社会救助的人群范围。在现实社会中，绝对贫困只是贫困问题的一个方面，因为贫困问题虽主要体现在经济收入与支出之上，但实际是一种复杂的社会问题。在社会发展过程中，除了绝对贫困问题之外，还存在相对贫困问题。也就是说，相对于发展成果的公平获得，会出现相对贫困问题。

关于贫困问题的成因，经济学家讷克斯（Ragnar Nurkse）曾提出一个命题"一国穷是因为贫穷"，这也就是对贫困问题所作的恶性循环论解释，即由于收入水平低而导致储蓄和消费水平低，进而影响资本的形成和生产水平，低生产水平又导致低收入，由此形成贫困因素的"恶性循环"。[③] 缪尔达尔对不均衡发展问题进行了类似的循环累积因果论解释，认为市场机制并不会自动调节资源要素配置来解决区域间的不均衡问题，生产要素的"回波效应"会进一步拉大发达地区与落后地区的差距；只有在出现"扩散效应"即生产要素从发达地区向外扩散时，才有利于落后地区的发展。[④]

至于相对贫困问题的成因，主要有脆弱性原理、相对剥夺论以及贫困约束论的解释。根据脆弱性原理，贫困的主因是贫困个体和家庭相对

[①] 陆益龙. 构建精准、综合与可持续的农村扶贫新战略. 行政管理改革，2016（2）：26–30.

[②] 纳拉扬，钱伯斯，沙阿，等. 呼唤变革. 姚莉，董筱丹，崔惠玲，等译. 北京：中国人民大学出版社，2003.

[③] 讷克斯. 不发达国家的资本形成问题. 谨斋，译. 北京：商务印书馆，1966.

[④] 缪尔达尔. 世界贫困的挑战：世界反贫困大纲. 顾朝阳，译. 北京：北京经济学院出版社，1991.

于资源和社会环境而具有脆弱性,如灾害、疾病以及其他偶然事件常常会将脆弱的个体和家庭带入贫困状态。贫困的相对剥夺论认为,贫困问题是社会环境将一部分人群排斥在一般生活和常规活动范围之外的一种结果。贫困约束论认为,贫困问题是由于约束因素而形成的,导致贫困的三个关键约束因素是环境、能力和权利对发展的约束。[①] 此外,对相对贫困的成因问题,还有一种贫困文化论的解释,认为贫困作为一种发展相对滞后的状态,通常与相应的价值观和文化环境有着一定程度的关联,即一些文化观念会制约着相应人群的发展从而出现贫困问题。不同的相对贫困论都从各自所侧重的角度来揭示社会中贫困问题产生的原因,每一种解释都不是绝对和全面的,不同解释其实反映出贫困问题及其成因的复杂性。

以往在农村反贫困方面,所采取的基本策略主要是扶贫开发模式,亦即"政府主导、社会参与、自力更生、开发扶贫、全面发展"的农村扶贫模式。[②] 如今,农村扶贫的宏观政策从扶贫开发模式向精准扶贫模式转换,意味着扶贫开发的反贫困策略已不能满足新时代的乡村振兴需要,推进农村精准扶贫,目的在于更加有效地应对农村贫困问题。

关于农村扶贫开发模式的局限和存在的问题,从已有的研究中大体可概括出如下方面:首先,农村扶贫开发偏重经济建设而轻视社会建设。[③] 由于农村贫困常常表现为经济收入与经济生活上的贫穷状态,因而农村贫困问题也就容易被理解为只是经济问题,扶贫开发的主要任务也就往往重经济、轻社会。也有经验研究显示,在对农村的产业扶贫中,会存在中央和地方之间的"委托-代理"关系,由此出现以"戴帽项目"和"亮点工程"名义进行的寻租现象,致使产业扶贫陷入了重产业发展而轻扶贫济困的困境,也使农村扶贫开发出现了脱嵌于农村贫困

---

① 黄承伟. 中国反贫困:理论 方法 战略. 北京:中国财政经济出版社,2002.
② 段应碧. 中国农村扶贫开发:回顾与展望. 农业经济问题,2009(11):4-9.
③ 王春光. 反贫困与社会治理专题研究. 中共福建省委党校学报,2015(3):4.

问题和社会经济发展的问题。[①] 扶贫开发的适应性问题在一些民族地区已显现出来，一方面地方传统文化和生计方式已不足以适应社会变迁，而另一方面由扶贫开发推动的发展又带来了许多问题。[②] 农村产业扶贫也被当作从输血式扶贫向造血式扶贫的转变，而在具体的推进实践中要达到理论上的扶贫目标，仍面临向贫困农村"植入"的新产业能否融入当地社会、能否持续发展等问题。

其次，农村扶贫开发实践过程中存在"精英俘获"问题。扶贫过程中的"精英俘获"现象反映的是扶贫资源配置和利用中的目标偏离问题，即扶贫资源在项目实施过程中被一些精英所俘获，而不是有效地用于扶贫对象身上，扶贫中的"精英俘获"问题主要是在扶贫制度、地方权力和社会结构的互动过程中产生的，也是中央政府、地方政府与农民等多元主体交互作用的结果。[③] 也有研究认为，农村扶贫中出现的"精英俘获"问题反映了扶贫资源的瞄准和传递与贫困人口的实际需求相脱离，同时也与阶层分化和基层社会治理结构有着一定的关联。[④] 扶贫开发通常是以项目的形式实施的，在项目实施过程中离不开精英的参与和执行，那么从项目实施中获取的资源，从某个角度看就是扶贫开发项目的高成本与效率降低问题。

再者，农村扶贫开发中存在"悬浮扶贫"问题。在农村扶贫开发过程中，由国家主导的扶贫目标常以数字化的形式表达，由此可能会导致一些扶贫计划和行动悬浮于数字之上，或是"数字悬浮于基层社会治理过程和村庄社会生活"[⑤]。悬浮扶贫还有一种表现就是"人浮于事"，这

[①] 李博，左停. 精准扶贫视角下农村产业化扶贫政策执行逻辑的探讨：以 Y 村大棚蔬菜产业扶贫为例. 西南大学学报（社会科学版），2016（4）：66 - 73，190.

[②] 王晓毅. 反思的发展与少数民族地区反贫困：基于滇西北和贵州的案例研究. 中国农业大学学报（社会科学版），2015（4）：5 - 14.

[③] 邢成举. 精英俘获：扶贫资源分配的乡村叙事. 北京：社会科学文献出版社，2017.

[④] 李小云，唐丽霞，许汉泽. 论我国的扶贫治理：基于扶贫资源瞄准和传递的分析. 吉林大学社会科学学报，2015（4）：90 - 98，250 - 251.

[⑤] 王雨磊. 数字下乡：农村精准扶贫中的技术治理. 社会学研究，2016（6）：119 - 142，244.

一现象可能会在一些驻村帮扶和对口扶贫实践中出现。由于被派遣负责扶贫的驻村干部是在对口扶贫单位里产生的，而这种派出任务却并非驻村干部的本职工作，而是一种委托工作。因此，不论是对口扶贫单位还是被派出的驻村干部，都可能以形式主义的方式来"表现"和应对扶贫。也就是说，驻村扶贫干部正式派出了，扶贫专门经费也设立了，但实际的扶贫脱贫工作可能流于形式，由此出现扶贫工作人浮于事的现象。

最后，农村扶贫开发还有扶贫主体单一问题。有研究认为，农村扶贫存在着"政府单兵作战的被动局面"[1]，需要构建起多元贫困治理主体。事实上，在以往的农村扶贫开发实践中，扶贫的主体并非单一，有占主导的政府，也有介入的企业和产业，更有参与的国内、国际社会组织，此外还有进入的各种对口支援单位等社会力量。所以，从扶贫主体角度看，政府在扶贫开发中承担着主导性、动员性的角色，同时有多种主体的参与。但结果却是贫困群体的脱贫关键还是要依赖于政府，这反映其他扶贫主体的扶贫脱贫效率存在一定的问题，或是既有的扶贫开发模式仍需创新，扶贫脱贫的效率有待提高。

精准扶贫方略的提出，某种意义上就是对已有农村扶贫开发模式的一种创新。如一些学者提出，推进精准扶贫就是为了解决经济减贫效应下降问题，精准扶贫将成为未来中国农村扶贫的主要方式。[2] 作为新时代中国反贫困的新模式，精准扶贫的核心内涵可能在于精准。

至于农村扶贫的精准问题，目前较多的理解是按照中央顶层设计而提出的"六个精准"和"五个一批"。[3] 所谓"六个精准"，是指扶持对象精准、项目安排精准、资金使用精准、措施到户精准、因村派人精准、脱贫成效精准；所谓"五个一批"，是指发展生产脱贫一批、易地

---

[1] 高飞，向德平. 社会治理视角下精准扶贫的政策启示. 南京农业大学学报（社会科学版），2017（4）：21-27，156.

[2] 汪三贵，郭子豪. 论中国的精准扶贫. 贵州社会科学，2015（5）：147-150.

[3] 陆汉文，黄承伟. 中国精准扶贫发展报告（2017）：精准扶贫的顶层设计与具体实践. 北京：社会科学文献出版社，2017.

搬迁脱贫一批、生态补偿脱贫一批、发展教育脱贫一批、社会保障兜底一批。之所以强调脱贫攻坚的顶层设计，目的在于更加有效地解决扶贫脱贫实践中存在和出现的各类问题。[①] 诚然，精准扶贫是农村扶贫的一项新政策、新趋势。作为一项宏观政策，自然而然聚焦于政府主导和由政府推进的农村扶贫脱贫工作。因此，精准扶贫的顶层设计，其实是新时期政府推进农村脱贫攻坚工作的总体目标、基本原则和宏观规划。但是，农村贫困是一个复杂的社会问题，新时代农村贫困问题又有了新特征，在这个意义上，精准扶贫实质上是针对新时代农村扶贫的需要而推进的农村扶贫新策略。新的扶贫策略要发挥出更高的扶贫效率，仅仅依靠政府部门的力量显然是不够的，因而对精准扶贫的理解和认识或许不宜停留在顶层设计和政策解读之上，而是需要结合时代特征和各地农村贫困问题的现实，不断地在基层扶贫实践中探索农村扶贫创新之路。

精准扶贫作为反贫困的新理念，已成为农村扶贫的焦点。但对于精准扶贫的战略意义和推进机制，仍需要在理论和实践两个方面进行深入探索。本章所要探讨的问题就是：在乡村振兴的时代背景下，精准扶贫具有哪些战略意义？为实现乡村振兴的战略目标，如何构建起精准扶贫的长效机制？

二、精准扶贫乃乡村振兴之前提及构成

如果说当前及今后农村反贫困工作具有新的时代特征，那么这个特征就是农村发展要实现乡村振兴的战略目标。在实施乡村振兴的背景下，农村扶贫将面临新的任务和新的挑战。

实施乡村振兴战略是推动新时代"三农"发展的行动指南，也是"三农"发展的新目标和新任务。乡村振兴的战略目标并非一蹴而就的，

[①] 黄承伟.深化精准扶贫的路径选择：学习贯彻习近平总书记近期关于脱贫攻坚的重要论述.南京农业大学学报（社会科学版），2017（4）：2-18,156.

而可能需要分三步走：第一步就是推进农村精准扶贫，实现农村全面脱贫；第二步则是乡村重建，恢复乡村社会经济功能；第三步是社会创新，实现乡村社会现代化。

在现代化和城镇化全面推进的新时代，要实现乡村振兴的目标，第一步必须全面解决乡村的贫困问题。如果贫困问题和贫困人群仍较多地存在于乡村社会，那么表明社会现代化进程中依然存在不均衡、不充分发展问题，意味着社会主要矛盾问题在发展中没有得到有效解决。乡村社会只有在全面脱贫的情况下，才能达到全面建成小康社会的总体目标，乡村才可能实现振兴。

实现乡村振兴还需要经历乡村重建阶段，因为在社会现代化转型以及城镇化和全球化浪潮冲击下，中国乡村社会已经受到费孝通所概括的"损蚀冲洗"，而"乡土损蚀"意味着乡村社会发展的有机循环系统遭到一定程度的破坏，因为"从社会说，取之于一乡的必须回之于一乡；这样，这个社会才能维持它的水准"[1]。目前，大量的农村人口从乡村流向城镇，大量农村劳动力从农业转向非农业，较多的乡村在"大流动"趋势下渐渐演变为一种"空巢社会"[2]。乡村的社会流动现象虽给乡村和广大农民创造了一些新型发展机会，但与此同时也意味着乡村原有的经济与社会功能在一定程度上遭受削弱甚至丧失。也就是说，乡村社会的内生发展和自循环面临着严重挑战。要振兴乡村社会，就需要恢复乡村自身的一些社会经济功能。当然，乡村重建并非让乡村退回到传统状态，而是要让乡村在新时代恢复其自身的发展功能。这样，乡村振兴才是真正意义上乡村的振兴，而不是完全被城镇化。

既然乡村重建并非回归传统，而是要在新时代有自身的新发展，那么，要实现乡村振兴就必须有社会创新。所谓社会创新，是指乡村社会发展通过创新方式、方法和途径达到与社会现代化相适应、相吻合的目

---

[1] 费孝通. 乡土重建. 长沙：岳麓书社，2012：58.
[2] 陆益龙. 后乡土中国. 北京：商务印书馆，2017.

标。很显然,乡村振兴绝对不是维持传统乡村的原状,这既不切合实际,也不可能达到。在现代化进程中,乡村自然也需要现代化,但与城镇化所不同的是,乡村需要走出自己的现代化道路。新时代背景下的乡村需要有新的乡村形态,因而社会创新就要探寻出一条引领乡村实现新发展的道路。这一发展道路既要维续着乡村的本色,同时又能跟上现代化发展的步伐。

从乡村振兴的三步走战略来看,乡村精准扶贫之于乡村振兴来说是一个重要前提,因为乡村如果不实现精准扶贫,贫困问题就得不到精准有效的解决,那么贫穷凋敝的乡村便与乡村振兴的目标相悖。

精准扶贫之于乡村振兴的必要性可以从两个维度来理解:一方面,农村贫困问题与反贫困的意义在新时代"三农"发展中已有重大转变。虽然在以往的"三农"工作中,农村扶贫工作也具有重要的意义,但并未达到至关重要的地位,因为在一定时间、一定范围内存在贫困问题是由社会经济发展水平决定的。由于受生产力水平的制约,在发展的某一个阶段农村扶贫的主要目标是尽可能减少贫困,而并非要求全面消除农村贫困问题。然而进入新时代,在全面建成小康社会的背景下,农村反贫困则有了特殊的意义,在全面建成小康社会的道路上,宏观政策不允许一个人掉队,也就是说全面建成小康社会不允许农村贫困问题的存在,亦即需要全面消除农村贫困。如果乡村振兴不允许贫困问题的出现,那么农村扶贫工作就需要更加精准、更加有效地消除和预防贫困。在扶贫政策上,则需要实施多元化的扶贫政策,这样才能提高农村减贫脱贫的效率。[1]因而在这个意义上,精准扶贫是解决乡村振兴过程中农村贫困问题的必要政策选择。

另一方面,精准扶贫之于新时代的农村扶贫工作而言有着特殊的意义。首先,随着农村扶贫进入攻坚阶段,所面对的扶贫对象和预期的脱

---

[1] 王志章,韩佳丽. 贫困地区多元化精准扶贫政策能够有效减贫吗?. 中国软科学,2017(12):11-20.

贫目标决定着扶贫工作任务的艰巨性。如果维持已有的扶贫模式而没有任何创新，那么就难以满足新的扶贫实践的需要。为解决农村扶贫中的最后难题，就必须有更加精准、更加有效的扶贫模式。通过瞄准乡村社会中那些难以脱贫的贫困对象，采取精准有效的扶贫措施，能够为全面消除农村贫困奠定基础。其次，就扶贫的效率和效果而言，精准扶贫政策更具合理性和适应性。要取得农村脱贫攻坚的胜利，完成全面脱贫任务，就必须提高扶贫脱贫的效率，优化扶贫脱贫效果。在这方面，精准扶贫的政策和措施具有精准发力的优势，更加符合提高扶贫效率的要求。作为一种新的扶贫策略，精准扶贫不仅代表着农村扶贫途径和方式的转变，而且意味着农村扶贫已经上升发展到战略的高度。精准扶贫在国家农村发展战略的引领下，将会凝聚更广泛、更强劲的扶贫力量，从而为提高农村扶贫脱贫效率，为优化扶贫脱贫效果创造必要的条件。

从乡村振兴战略的总体目标来看，精准扶贫可以说是构成具体乡村振兴实践的重要内容。乡村振兴中的"产业兴旺、治理有效、生活富裕"等目标，意味着推进农村精准扶贫是实施乡村振兴的重要任务之一。首先，要实现乡村产业兴旺，就必须让乡村全面脱贫，要让乡村全面脱贫，又需要促进乡村产业的发展。乡村产业兴旺起来后，广大农民也就能摆脱贫困的困扰。因此，在实施精准扶贫的过程中，就包含着根据乡村的实际情况和需要，精准有效地推动贫困乡村的产业振兴与发展。其次，在实现乡村社会有效治理的过程中，要求对农村贫困问题的有效治理。贫困问题是农村的社会问题之一，预防并解决这一社会问题是乡村治理的重要内容。实施精准扶贫，其意义就在于更加有效地治理乡村贫困问题，促进乡村社会协调发展。最后，乡村振兴最终要达到乡村社会生活富裕的目标，那就意味着乡村将彻底告别贫困，乡村社会全面实现小康。中国的贫困问题主要集中在乡村，到 2017 年末乡村依然有 3 046 万的绝对贫困人口。要全面消除乡村贫困，实现乡村振兴，就必须有更加有效、更加精准的农村扶贫长效机制。因而在这个意义上，推进农村精准扶贫将是实施乡村振兴战略既必要又非常重要的内容。

三、乡村振兴需精准扶贫的长效机制

既然精准扶贫是实现乡村振兴的前提和重要构成，因为乡村只有全面摆脱贫困之后才能走向振兴，那么，在乡村振兴的具体实践过程中，也就需要确保精准扶贫顺利达到预期的战略目标。

从扶贫实践来看，乡村振兴中的精准扶贫所面临的任务非常艰巨，到2020年要实现农村绝对贫困人口的全面脱贫，就必须每年让1 000多万的农村贫困线以下的贫困人口实现脱贫。而且就仍处于贫困线以下的农村贫困人群而言，他们的贫困问题更为特殊，扶贫脱贫的难度更大，因为他们的致贫因素更为复杂多样。要保障精准扶贫实现乡村振兴战略所设定的目标，比较可靠的路径就是要建立起在农村推进精准扶贫的长效机制。

在乡村基层的一些扶贫实践中，由于行动主体会受到"非人格化的科层理性、差序原则的价值型关系理性和趋利避害的工具型关系理性"[①]的影响，一些扶贫项目的用途会出现异化现象。由此反映出在缺乏合理精准扶贫机制的约束条件下，精准扶贫其实难以实现精准、有效的扶贫。

此外，在精准扶贫作为一种新的扶贫政策理念提出之后，精准扶贫工作已在各地农村广泛开展，出现形式多样的精准扶贫实践。然而，其中较多的扶贫行动主要是在新型政策动员之下发起的，驱动扶贫的主要靠政策的动员和号召力，而政策的动员与号召力会随着时间的推移而逐渐减弱，这样扶贫行动的可持续性就会出现问题。因此，精准扶贫政策要达到理想的目标，仅仅靠政策动员显然是不够的，必须有政策实施的保障机制。

---

① 殷浩栋，汪三贵，郭子豪，等. 精准扶贫与基层治理理性：对于A省D县扶贫项目库建设的解构. 社会学研究，2017（6）：70-93，243-244.

精准扶贫的长效机制就是按照农村扶贫工作正常运转的程序和基本机理，建立起维持并保障扶贫工作长期持续进行的制度体系。精准扶贫归根到底是由一系列扶贫行动构成并实现脱贫目标的，要使扶贫过程中的各种行动达成统一，并能长期持续地进行，就必须有制度来规范和保证。因为制度之于社会行动来说，既为社会行动提供统一的规则和条件约束，同时又通过规则体系的引导和约束作用确保某些社会行动得以稳定并持续下去。例如，现代组织的运行就是通过制度体系为组织的常规化和可持续运转提供基本保证的。乡村振兴中精准扶贫的长效机制实质上也就是一套制度体系，能够为精准扶贫过程中不同环节的扶贫行动提供相应的规则引导与约束，从而使各种扶贫行动统一到精准扶贫目标之上，同时又通过制度约束，确保有效的扶贫行动得以长期维持下去。

建立精准扶贫的长效机制，也是针对那种将精准扶贫"狭义化"或是将精准扶贫"短期行为化"而需要采取的策略。在推进农村精准扶贫的实践中，通常会将精准扶贫狭义地理解为对绝对贫困人口的扶贫，因而在扶贫实践中也就主观地按照一种贫困标准去划定贫困对象，即便所识别的贫困对象并不贫困，也会形式主义地实施精准扶贫措施。这种精准扶贫实践中的短期行为只是注重在短期内消除了多少绝对贫困人口，这个脱贫数字往往成为评估精准扶贫绩效的重要依据，甚至作为精准扶贫的唯一目标。消除农村绝对贫困人口是农村减贫和反贫困的重要任务，在农村精准扶贫方略实施过程中虽具有重要意义，但数字化的目标绝对不是精准扶贫的真正目标和全部目标。特别是在实施乡村振兴战略的背景下，精准扶贫的意义不仅仅局限于在某个时点减少了多少绝对贫困人口，而是要应对和解决新时代农村的贫困问题，使农村贫困人群得到均衡、充分的发展。

很显然，精准扶贫不是为了解决某个时段更不是某个时点上贫困人口数量的减少问题，尽管数字指标能从一个方面反映出贫困与反贫困的状况。推进农村精准扶贫，其实质在于更加精准、更加有效地解决农村贫困问题、解决发展中的不平衡问题。如果把农村精准扶贫行动狭义化为让贫困人口家庭年人均的收入水平超过 2 300 元,这样的脱贫实际上就是暂时的、不可持续的,谈不上真正意义上的扶贫脱贫。一个贫困家庭在今年得到帮扶后收入超过贫困线而"脱贫"了,那是否有机制保障他们明年或长期地维持脱贫状态呢?因此,只有形成稳定的精准扶贫机制,才能保障扶贫脱贫的效果得以持续下去。

建立精准扶贫的长效机制,关键在于把握农村扶贫的核心要素,并根据扶贫工作的基本原理来推进。在农村精准扶贫过程中,核心要素主要可概括为三个方面:一是贫困人群,二是扶贫主体,三是扶贫资源。从这一角度看,农村精准扶贫也就是将有效的扶贫资源通过合法的扶贫主体精准、有效地送达到农村贫困人群之中,并发挥精准、有效的脱贫效应。

从扶贫的基本过程和工作原理来看,扶贫工作有三个核心的环节即扶贫资源的筹集、扶贫资源的传送和扶贫行动的实施(见图 5-1),通过这三个环节,可以将扶贫资源有效送达贫困对象那里,并帮助贫困者摆脱贫困状况。

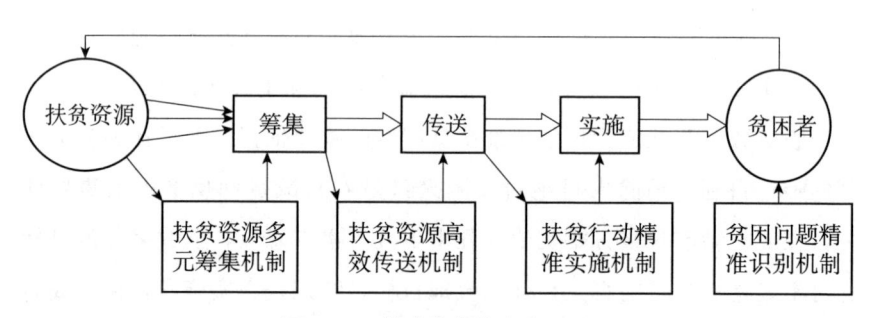

图 5-1 精准扶贫的实施机制

维持农村精准扶贫正常、稳定地运行,关键在于制度建设,也就是要有系统的精准扶贫机制。扶贫机制的功能就是对扶贫工作每个环节都有相应的制度规范和约定,使得每一个环节的相应扶贫措施都具有可预期性和可持续性。

首先,在精准扶贫过程中,对农村贫困问题和扶贫对象的识别是扶贫工作的基础。只有在精准地识别农村贫困问题和贫困人群的基础上,才能精准地找到扶贫对象，由此才可以精准发力。要达到精准识别农村贫困问题和扶贫对象的目标，就需要建立起一套科学、有效的贫困识别机制。在贫困识别机制方面，可采取自上而下和自下而上相融合的方式，也可购买第三方的社会服务来协助和监督扶贫过程。[①] 在农村扶贫实践中，对贫困对象的识别方法主要是依据绝对贫困线的标准来对贫困家庭进行建档立卡。扶贫建档立卡方法虽可以识别出那些特殊的困难户，但也给村治主体带来了"三角压力"，以及公共权威在精准扶贫实践中的缺失，由此导致一些村民产生怨气及上访事件，致使乡村基层治理陷入困境。[②] 由于贫困问题并非绝对静止的状态，而是一种动态演变的问题，因此，为提高精准扶贫中贫困识别机制的精准性，还需要在建档立卡制的基础上，增设贫困申报和参与式评估机制。

自下而上的贫困申报机制一方面可以发挥农村贫困问题主体在精准识别中的能动性，另一方面也有助于及时有效地反映新出现的贫困对象。基层参与式贫困评估也是贫困问题识别机制的重要组成部分。参与式评估就是让基层民众参与到贫困识别之中，对是否为贫困对象作出民主评议，这样既可促进贫困识别过程中的公平公正性，也有利于改善农村基层社会治理。

其次，扶贫资源是精准扶贫的物质基础，只有筹集到充分的扶贫资源，才能真正提高精准扶贫的效率。如何更加有效地筹集扶贫资源呢？为确保扶贫过程中能够筹集到足够的扶贫资源，同样需要有制度上的保障，也就是要建立起多元的扶贫资源筹集机制。所谓多元的扶贫资源筹集机制，主要是指通过政府、市场、社会组织和个人等多种渠道获得扶贫资源的制度和程序设置。有了多元的扶贫资源筹集机制，一方面可以确立扶贫资源获得的合法性，另一方面也可拓宽扶贫资源获取的渠道和来源。在精准扶贫资源的筹集机制中，发挥政府的主导作用固然很重

---

① 邓维杰. 精准扶贫的难点、对策与路径选择. 农村经济，2014（6）：78-81.
② 万江红，孙枭雄. 权威缺失：精准扶贫实践困境的一个社会学解释：基于我国中部地区花村的调查. 华中农业大学学报（社会科学版），2017（2）：15-22，130-131.

要，但同时还需要完善法律法规和制度建设，激励和调动起组织包括企业和社会组织在筹集扶贫资源中的积极性，并适当赋予个体众筹扶贫资源的合法性权利。从一些实践经验看，一些特殊贫困者通过微信众筹方式获得了有效的、及时的社会救助，对缓解贫困和应急特殊困难起到了一定效果。由此表明发挥个体在扶贫资源筹集中的作用，也将是完善扶贫资源筹集机制的重要内容之一。

再次，精准扶贫的长效机制还包括高效的扶贫资源传送机制。扶贫资源要在扶贫过程中得到高效的利用，起到真正的扶贫效果，关键要看有多少扶贫资源以何种方式和渠道送达到贫困群体或扶贫对象那里。作为新时代农村扶贫的新模式，精准扶贫必须具有确保扶贫资源得以高效传送的机制。这一机制既要规避已有扶贫模式可能存在的"精英俘获"问题，同时还要提高扶贫资源送达的效率和精准度。

在建立高效率的扶贫资源传送机制中，可借鉴快递业的运行经验，充分引入市场机制和高技术含量的扶贫管理模式，在贫困对象精准识别的情况下，可将有效的扶贫资源快速、高效地送达贫困对象那里。

最后，扶贫行动的精准实施机制在精准扶贫中至关重要。精准扶贫的长效机制的核心是确保扶贫行动精准实施的机制，扶贫工作能否完成相应的任务并持续下去，关键在于扶贫的实际措施。只有通过切实有效的扶贫行动，并在实际中发挥帮扶和脱贫作用，精准扶贫才会具有实质意义。

在精准扶贫的实践中，扶贫行动的实施主要有"整村推进"、驻村扶贫、对口支援以及结对帮扶等方式，这些扶贫实施方式具有较大的灵活性，但在扶贫行动选择上，受行政干预和影响较大，受扶贫实施机制的规范和约束较少，因而可能面临着实际扶贫效果难以得到保障等问题，也可能产生扶贫行动偏差或脱嵌问题。构建精准的扶贫行动实施机制，其意义就在于通过制度或规则的作用，来确保在扶贫过程中所选择和采取的行动策略及具体扶贫措施能够取得实际扶贫脱贫效果。

总之，在实施乡村振兴战略的过程中，建立精准扶贫的长效机制实际上是一种系统化的制度建设。精准扶贫是新时代农村扶贫的新模式，要发挥其扶贫效率优势，就需要通过制度创新，建立起科学合理的机制，为持续、稳定和高效地推进农村扶贫工作，有效应对和解决农村贫困问题提供制度保障。

四、小结和讨论

农村扶贫工作是不会因减贫或部分贫困人群脱贫而终止的。[①] 在全面建成小康社会和实施乡村振兴战略过程中，农村扶贫依然任重道远。稳定、持续地推进农村精准扶贫，对于实现乡村振兴的战略目标来说，既是必要前提也是重要内容。

进入新时代，农村扶贫工作的地位及模式皆已发生重大转变。在全面建成小康社会和实施乡村振兴战略的大背景下，农村扶贫面临着要全面消除或解决贫困问题的巨大挑战，这就意味着农村扶贫将成为新时代"三农"工作的重中之重。精准扶贫的提出，正是顺应新时代农村扶贫工作的需要而成为一种新的农村扶贫模式和新的扶贫战略。精准扶贫对于新时代农村扶贫来说，具有两个方面的意义：一方面，精准扶贫是新时代取得"农村脱贫攻坚战"胜利的基本战略；另一方面，精准扶贫也是新时代更加有效地治理乡村贫困问题，促进乡村社会得到更均衡、更充分发展的基本方略。

精准扶贫的实践已在全国农村广泛地开展和推进，各地在宏观政策形势的动员下迅速掀起了精准扶贫的热潮，这种现象表明农村扶贫已受到政府和社会的高度重视，但同时也需要关注被广泛动员起来的精准扶贫行动是否会出现偏离农村扶贫的本质目标，以及精准扶贫能否承担起可持续的农村反贫困功能等问题。

---

① 陆益龙. 农村的个体贫困、连片贫困与精准扶贫. 甘肃社会科学，2016（4）：7-13.

为规避农村精准扶贫实践出现形式主义偏差的问题，需要考虑"复杂政策"的治理。政府既要设定常规的目标和督查考核，也要制定纲领性、指导性的专项政策，扩大社区参与等多种控制手段来规避扶贫工作中的偏差行为。[①] 精准扶贫并非应急任务，扶贫脱贫亦非一劳永逸，精准扶贫要发挥持续反贫困的功能，就需要构建一套长效机制。

在实施乡村振兴战略进程中，精准扶贫的长效机制实质上就是系统化的制度创新和制度建设，亦即通过建立起新的、更加科学合理的体制机制，构建农村扶贫的新模式，来保障农村扶贫工作持续、稳定和高效地推进。

建立农村精准扶贫的长效机制，需要重点把握农村扶贫工作的几个基本环节：扶贫对象的识别、扶贫资源的筹集、贫困资源的传送、贫困行动的实施。根据扶贫的关键要素，精准扶贫的长效机制主要包括扶贫问题精准识别机制、扶贫资源多元筹集机制、扶贫资源高效传送机制和扶贫行动精准实施机制。

制度是提供稳定、可靠预期的基本途径，为了避免农村精准扶贫停留在政策形势驱动的状态，确保农村扶贫脱贫事业的可持续和稳步推进，在全面推进乡村振兴战略的过程中，仍需要重视和加强精准扶贫的制度建设。完善精准扶贫的制度建设，既要注重顶层设计，也要重视对基层有效扶贫实践经验的总结和借鉴。

[①] 吕方，梅琳."复杂政策"与国家治理：基于国家连片开发扶贫项目的讨论．社会学研究，2017（3）：144-168，245.

第6章 乡村扶贫脱贫的精准整合机制

贫困是社会运行和发展中的不协调、不平衡、不正常的现象，中国社会的贫困问题主要集中在乡村社会。乡村贫困的存在，既直接影响着乡村居民的正常生活和充分发展，也构成了全面建成小康社会的"短板效应"，影响社会发展的整体水平。实现乡村贫困人口全部摆脱贫困，全面建成小康社会不让一个人掉队，这一乡村扶贫脱贫战略目标的提出，意味着扶贫开发工作将进入关键的攻坚期。取得脱贫攻坚战的胜利，既要有精准的扶贫脱贫行动，又要将一系列乡村扶贫脱贫的政策措施整合起来，形成更大的合力，以打赢脱贫攻坚战。

一、乡村贫困问题的多样性

制定科学合理的乡村脱贫攻坚战略，顺利推进精准扶贫，首先要正确认识和准确把握乡村贫困问题的本质。从理论的高度把握贫困这一社会问题的本质，有助于我们切中问题的要害，从而找到更加合理、更加有效的扶贫政策和措施。

从形式上看，贫困问题似乎是一样的，那就是贫困人群陷入穷苦与窘迫的生活状态。从本质上看，贫困问题其实是一种复杂的、多样的社会问题。贫困并非单一的低收入问题和物质困境，其涵盖的范围已拓展至能力贫困、精神贫困、残疾贫困、文化贫困、权力贫困等。如果我们把贫困问题仅理解为贫穷的生活、很低的收入，那么扶贫只要向贫困者提供经济援助，把他们的收入补贴到贫困线之上，就能解决贫困问题了。然而，事实上，贫困问题的解决并非如此简单。深度贫困问题有着多维性和整体性特征，如果其中一个维度的问题没有得到妥善解决，则可能影响其他方面。①

正确认识乡村贫困问题，需要把握这一社会问题的复杂多样性。乡村贫困问题的复杂多样性是针对贫困的形成原因或形成机制而言的，其主要表现为以下方面：

（1）自然条件禀赋性贫困。乡村地区地域辽阔，一些偏僻山区，可用资源贫乏，且与外界的交通和联系十分困难。生活在这些地方的农民，主要依靠当地有限的自然资源从事农业生产，且劳动成果受气候等自然条件影响程度较大。因此，在这些自然条件较为恶劣的农村地区，生产和生活的脆弱性非常大，当地人们容易陷入贫困的境地。此类贫困问题的形成机制主要受到两个方面因素的作用：一是生存与生活的自然条件的不利影响，资源难以满足基本生活需要；二是难以获得有效的社会支持。两种因素的影响有相关关系，且共同起作用，使得贫困人群既难以从居住生活的环境中也难以从社会中得到有效的生产和生活资源。

从可持续生计资本分析角度看，导致自然条件禀赋性贫困的原因是乡村居民在所处的自然环境中获取自然的、物质的生计资本非常少。例如在偏僻的山区，耕地严重匮乏，人均耕地面积很小。耕地是农业生产的基本物质条件，但农户有限的耕地规模在很大程度上制约着他们的经济收入水平。

又如，在干旱缺水的乡村地区，水资源的严重短缺成为致贫的重要因素。缺水意味着农业生产只能"靠天收"，即农业属于雨水农业，降雨量水平决定着农业生产的效益和收入水平。水资源短缺也影响着人们的生存生活水平，为了生存生活，居民需要付出更高的成本来满足用水

---

① 刘守英，程国强，等. 中国乡村振兴之路：理论、制度与政策. 北京：科学出版社，2021：387.

需求。

在自然条件禀赋比较差的乡村地区，自然灾害是贫困发生的重要原因之一。在自然条件不好的地区，自然灾害易发多发，这意味着广大农户受灾的风险要高于自然条件好的地区。灾害的发生不可避免地带来经济上和物质上的损失，比较脆弱的农户在遭受灾害后，更容易陷入贫困。如地处山区以及地质灾害易发的区域，乡村居民常常因灾而陷入贫困。山洪地质灾害不仅易造成山区农户的农业生产损失，而且容易造成农户财产损失。自然灾害既对广大农户有直接冲击，使农户的农业产量和家庭财产遭受损失，又往往会影响乡村建设和发展的节奏，导致乡村各项事业发展受阻，甚至可能遭受毁灭性打击。总的看来，自然禀赋性贫困在现实中较为常见，特困地区、深度贫困地区的贫困，通常与自然禀赋特征有着难以分割的关系。

（2）生态环境相关的贫困。在一些乡村地区，贫困问题的产生与区域性生态环境的恶化以及为保护生态而实施的保护政策相关。由于传统农业对自然资源有较大程度的依赖，农户的收入和生活水平的提高，与他们所处的生态环境密切关联。随着人类的过度开发及气候变化等因素的影响，一些地区的生态环境处在不断恶化的危机状态，如出现荒漠化、盐碱化、水土流失严重、地下水位下降等问题，直接削弱了当地农民的生产和生活基础，由此产生了一批农村贫困人群。此外，随着环境保护力度的加大，开发范围尤其是生态脆弱区的大开发受限，导致周边乡村经济发展发挥的波及效应和辐射效应受影响。在一些农村地区推进的退耕还林、退牧还草以及生态环境保护区建设等政策在短期内会让一部分农牧户的生产规模降低，收入因此减少，而相应的补偿措施不足以改变生产和生活状况，由此产生了一些乡村贫困现象。

生态脆弱性是致贫的重要原因之一。在生态脆弱区，区域的自然生态是脆弱的，其系统均衡容易遭到毁坏，因而减少人为开发行动、增加环境保护对维护生态平衡非常重要。处于生态脆弱区的乡村，受自然条件的影响乃至决定，其经济社会发展也面临脆弱性的挑战，一方面要承担起生态环境保护的义务和重任，另一方面又面临自然资本稀缺和匮乏的生存状态，由此容易发生生态脆弱性贫困。

在脱贫攻坚阶段，为有效应对此类贫困问题，精准扶贫方略采取了将生态环境保护与扶贫开发相结合的路径，按照"绿水青山就是金山银山"的理念，实施重大生态工程建设，加大生态补偿力度，发展生态产业，创新生态扶贫方式，实现脱贫攻坚与生态环境改善的"双赢"局面。①

（3）不均衡发展相关的相对贫困。生态环境的变化可能导致贫困人口的产生，社会经济环境的变迁也可能导致贫困人口的产生。在社会经济快速转型与发展的过程中，发展机会在区域、社会群体之间的配置难免存在不均衡的问题，获得较少发展机会的区域和社会群体实际上也就陷入了欠发展的贫困境地。与发展不均衡相关的贫困问题的形成机制主要是发展机会配置的不均衡，尤其是人的发展问题所致。在社会经济发展水平不断提高的过程中，不同区域、不同群体、不同阶层的人的发展机会也需要得到相对均衡的增长，这样才能避免与发展不均衡相关的贫困问题。

相对贫困的发生机理，主要表现为社会中部分群体和个体的能力缺失或处于相对弱势状态，缺失或弱势的原因包括：可支配的资源要少于参照群体尤其是社会平均水平，遭遇生活方式、习俗和活动的社会排斥，难以获得体面的生活条件和便利设施，市场机会、受教育机会和健康机会等方面遭到相对剥夺，相对贫困在主体和特征上呈现出多元化。② 在乡村社会，尤其是经历脱贫的乡村，脱贫人口处在过渡阶段，收入水平和经济状况一般在脱贫与贫困边缘地带，发生相对贫困的风险很高。

（4）社会经济结构性贫困。我国贫困人群和贫困问题主要集中在农

---

① 汪三贵，等．中国式农村现代化之路：从脱贫攻坚到乡村振兴．北京：中国言实出版社，2023：120．

② 罗必良．相对贫困治理：性质、策略与长效机制．求索，2020（6）：18-27．

村地区，这与社会经济结构性因素的影响有密切关系。所谓社会经济结构性因素，指的是与社会结构和经济结构相关的因素，社会经济结构性贫困在一定意义上是由社会经济结构性要素决定的贫困问题。在市场化、城镇化、现代化的大背景下，以传统农业生产为主的农户，难以获得理想的市场机会、分享城镇发展的成果。一旦农业面临自然和市场的冲击，他们就容易陷入贫困境地。所以，社会经济结构性贫困的形成机制主要是传统小农生产在市场经济大势中的劣势地位和脆弱性所致。

例如，河南省是一个农业大省，在脱贫攻坚阶段有大量的贫困县，这些贫困既有分布在大别山区和秦巴山区的贫困县，也有集中连片的贫困农业县。2017年，河南省贫困县遍布于整个省区，除2个省直管县外，其余贫困县分布于12个地级市，占河南省地级市的76.47%。贫困县呈现出数量多、面积大、分布广的集中连片特征，集中分布在河南省西部、东部和南部地区，形成"北富南穷""西高东低"的经济增长空间格局。[①] 以农业特别是以传统种植业为主的乡村地区，在全球化、市场化和现代化的大背景下，遇到了增收的困境，广大小农户很难从小规模农业经营中实现理想化的收入增长目标。同样，在以小农生产为主的区域，经济增长也会处于滞后的状态，贫困县、贫困户和贫困人口便由此产生。

社会经济结构性贫困的根源在深层次结构矛盾，即传统经济社会结构跟不上现代化发展的步伐，没有取得充分和均衡的发展。针对此类贫困问题及其产生原因，乡村扶贫脱贫或贫困治理的方向是注重结构调整和结构性变革。改变农村单一的小农生产经营格局和农业单一化种植结构以及农民单一的生计模式，需加强农村生产经营体制机制创新，促进经济结构和生产经营主体的多元化；推进农业供给侧结构改革，促进农业高质量发展；推动乡村产业融合发展，为农民增收拓宽渠道。

[①] 高军波. 基于致贫成因和脱贫机理的乡村振兴路径研究. 北京：社会科学文献出版社，2023：46-47.

（5）特殊个体性贫困。如果说社会经济结构性贫困问题是片区的、局部性的问题，特殊个体性贫困则是偶发的、个体性的问题。在任何社会系统中，都会存在个体性的差异问题，有些个体因为各种特殊原因，生活陷入贫困状态，如家庭缺乏劳动力、疾病、突然变故等特殊情况。特殊贫困问题不仅存在于农村地区，在城镇也会存在。特殊个体性贫困的形成机制主要是各种偶发的、特殊的困难所致。

个体性贫困或相对贫困通常是特殊的，其特殊性主要针对个体能力状况和特征。社会中个体的差异性非常广，也非常大，不同个体在能力方面存在巨大差异，而且造成差异的原因千差万别、多种多样。有些个体因身体残障而导致能力缺失，由此陷入贫困；有些个体因疾病等健康原因而丧失劳动能力，由此导致贫困或相对贫困；有些个体因家庭周期性支出猛增而导致支付能力的缺失，由此陷入困境。总之，个体性贫困的原因是多样的，其呈现出的形态也是多样的。

由于个体性贫困有着复杂多样的致贫原因，且贫困发生具有偶然性和暂时性，因此，针对此类贫困问题，扶贫脱贫或贫困治理策略不是预防，而是及时治理。在特殊个体出现危困问题时，扶贫工作需要及时到位，快速高效地解决偶发的个体贫困问题，由此能反映出贫困治理机制的灵敏性和有效性。

认识和理解农村贫困问题的复杂多样性及其主要表现，目的是探寻更加有效的扶贫脱贫或贫困治理策略和路径，以使扶贫脱贫或贫困治理政策措施更有针对性、更加精确。

新中国特别是改革开放以来，中国的扶贫开发工作已取得了举世瞩目的成就。20世纪上半叶，一位名叫"托尼"的外国社会学者将中国农民的生存状态比喻为：站在齐脖子深湍急的水流之中，只要涌来一股细浪，就会陷入灭顶之灾。费孝通等老一辈社会学家在对当时农村进行调查之后，总结出中国基层社会的根本问题是农民的温饱问题。经过20世纪80年代的农村改革，农民的温饱问题得以快速、有效地解决。"十三五"时期的农村扶贫开发工作迈入脱贫攻坚阶段。所谓"攻坚"，是"攻克"8 000万左右农村绝对贫困人口和深度贫困地区的脱贫难题，到2020年底实现"两不愁三保障"标准下贫困人口全部脱贫，如期达到全面建成小康社会的战略目标。新时期，随着脱贫攻坚任务的完成，迈入后脱贫时代，乡村扶贫开发工作已发生转向，贫困治理相应地也需要转型。后脱贫时代的乡村扶贫脱贫或贫困治理体制机制需要在已有扶贫开发经验的基础上拓展创新，为有效巩固脱贫成果，预防新贫困发生，防止规模性返贫风险和消解相对贫困问题，促进乡村振兴与脱贫攻坚的有机衔接，发挥出贫困治理体制机制的积极功能。

二、精准扶贫方略的四要件

精准扶贫是脱贫攻坚的基本方略，对实现在2020年底全面脱贫目标具有非常重要的意义，这一反贫困的顶层设计主要针对"扶持谁""谁来扶""怎么扶""怎么退"四个关键问题，由此针对性地建立起精准识别、精准管理、精准帮扶和精准考核四个重要机制。[①]

精准识别实际上是精细化、准确的农村贫困"瞄准"机制。建立精细化且准确的贫困瞄准机制，要求在脱贫攻坚过程中，精确地掌握扶贫对象及其具体贫困状况的基本信息，同时有即时的跟踪和反馈系统。

贫困的瞄准机制是推进精准扶贫的前提基础，只有准确把握农村贫困人群，才能真正达到扶贫到户、扶贫到人的目的，才能准确把握扶贫的真正效果。建立和完善精准扶贫的瞄准机制，需要在已有贫困人口建档立卡的基础上，结合基层申报和基线调查，把农村贫困人口的基本信息建成可操控的扶贫开发GIS系统（地理信息系统）。通过这个系统，可以更加有效地把握农村贫困人口的状况、扶贫责任方、扶贫进展、面临问题、扶贫效果等信息。

---

① 汪三贵，等. 中国式农村现代化之路：从脱贫攻坚到乡村振兴. 北京：中国言实出版社，2023：39-43.

精准识别不仅指技术和数据上的精准，而且包括程序上的精细，各省按照县为单位、规模控制、分级负责、精准识别、动态管理的原则，建立起贫困县、贫困村、贫困户、贫困个人的识别体系，并采取民主、公开、公正的程序，严格把控贫困识别。

精准管理是按照精细的扶贫脱贫计划，实施系统、科学和精准的管理。在明确需要扶贫的对象及其具体信息之后，需要针对贫困对象的特征和致贫原因，制订出详细、可行的扶贫方案或计划。

具体的扶贫方案需要落实扶贫责任者、必要的扶贫资源、扶贫资源的供给者、扶贫脱贫的措施和阶段等。此外，精细的扶贫脱贫计划还要体现在精确到贫困户，即针对每一个农村贫困户都有具体的扶贫脱贫方案，方案的内容在扶贫开发GIS系统中可以追踪到。

精准管理的对象包括扶贫对象、参与扶贫的主体、扶贫资金财物、扶贫项目等。管理的方式是层层问责，协同管理，既要落实责任分工，又要加强协同配合。实施精准管理，基本目标是确保扶贫资源真正用于扶贫脱贫事业上，扶贫行动真正发挥实际效能。

精准帮扶其实就是开展有效的扶贫脱贫行动。精准扶贫方略需要有效的扶贫脱贫行动作为支撑，与以往扶贫开发战略不同，精准扶贫的基本目标是要全部消除农村绝对贫困问题，要让这些贫困人口的生活得以改善，年收入水平得以增长，达到"两不愁三保障"的目标。在2020年底实现这个目标，必须有具体、切实有效的扶贫脱贫行动，也就是要针对那些已建档立卡的贫困人口，实施对应的具体帮扶、支持、救助和保障行动，让这部分农村贫困人群确实能在限定的期限内摆脱贫困的生活状态。

精准扶贫不等同于驻村或驻户扶贫。将农村精准扶贫视为驻村扶贫，甚或驻户扶贫，其实是一种认识上的误区。在一些驻村扶贫实践中，有一些确实能达到理想的精准扶贫效果，但扶贫效果往往取决于派出单位和驻村人员能够利用的资源，有一些驻村扶贫也会流于形式，因为派出单位和驻村人员难以协调和调动必要的扶贫资源。因此，要使精准扶贫的行动达到实际效果，需要有科学合理的扶贫资源的协调和调用机制，让扶贫行动实施者能有效调动扶贫资源。

精准帮扶在宏观层面主要反映在"五个一批"政策上：一是发展生产脱贫一批，二是易地搬迁脱贫一批，三是生态补偿脱贫一批，四是发展教育脱贫一批，五是社会保障兜底一批。

精准扶贫的根本目标是全面脱贫，如何衡量是否脱贫，在精准扶贫方略实施中，是通过精准考核机制来实现的。脱贫攻坚阶段，为发挥考核评估的监督和激励作用，严格的考核评估体系已基本建立起来，针对贫困县的摘帽、贫困村的出列、贫困户的脱贫，分别设置了精细化的、可操作的考核评估办法，并设立了严格的督查巡查制度，确保了脱贫退出机制的精准可靠。

三、乡村扶贫脱贫的整合机制

乡村脱贫以及巩固脱贫成果属于复杂的社会工程，贫困治理的战略和策略需要避免单一性、专项性，而应具有综合性。综合性扶贫脱贫或贫困治理战略一定意义上是相对于以往通行的项目制扶贫策略而言的。一些扶贫项目或专项扶贫措施虽取得了一定成效，但也存在较大的局限性，最为突出的两个问题如下：一是大量的扶贫资源耗损在项目的推进与实施过程之中，从而大大降低扶贫的效率；二是扶贫项目有着明显的选择性，从而大大限制了扶贫的对象范围。

在后脱贫时代，乡村要加强巩固脱贫和贫困治理政策措施的创新，而不是仍局限于项目扶贫的老办法。要精准地巩固已取得的脱贫成果，促进乡村振兴，构建综合性乡村扶贫与贫困治理新战略意义重大。新时期乡村贫困治理机制的综合性主要包括：

第一，将政府、市场、社会和社区的治理力量综合起来的机制。巩固脱贫成果、预防返贫风险、治理相对贫困等工作虽然要以政府为主导，但并不意味着仅仅依靠政府力量来解决所有与贫困相关的问题。政府的主导作用要体现在通过建立一种贫困治理的综合机制和相应的治理平台，将政府、市场、社会乃至社区的相关资源有效结合起来，将中央政府的政策措施与地方政府的政策措施、将外部支援力量与农村社区内部的力量有效结合起来，形成巩固脱贫、预防返贫、治理相对贫困以及促进与乡村振兴有机衔接的合力，这样的综合机制将会大大提高贫困治理和衔接乡村振兴的力度，改善后脱贫时代乡村发展状况。

第二，将第一、第二、第三产业融合起来的机制。巩固脱贫、预防返贫、治理相对贫困和促进乡村振兴，产业发展是基础，也是关键。乡村产业发展应朝着三产融合发展方向努力，把农业与农产品加工制造业和乡村文旅服务业有机融合起来，为拓宽乡村居民增收渠道创造条件。"农村三产融合越来越成为增加农民收入的重要手段，其直接作用是延长农业产业链条，使农民分享农产品从生产到消费各个环节的利润。"[1]

第三，将经济、政治、社会与文化措施综合起来的机制。脱贫成果巩固、预防返贫风险、治理相对贫困以及促进乡村振兴是复杂的、系统的社会工程，解决这些问题不能依靠单一性的措施和办法。后脱贫时代乡村贫困治理及其与乡村振兴的衔接工作需要坚持综合性原则，将各种不同的治理措施综合起来，因地制宜、因户制宜，采取灵活多变且又符合实际需要的帮扶、支持、治理和振兴措施。巩固乡村脱贫成果与乡村振兴的有机衔接工作并不存在理想主义的模式和方法，而是需要在具体实践中综合多方面因素，有针对性采取符合实际的措施。例如，对那些居住生活在偏僻山区实施易地扶贫搬迁而脱贫的人口，在理论上看实施整体迁移是理想的脱贫途径，能够拔掉"穷根"。但在实际工作中，一些少数民族聚居区的居民因受文化传统影响，在易地搬迁安置过程中有很多顾虑。因此扶贫脱贫工作、搬迁安置工作、社区重建工作以及后期扶持工作，都需要充分尊重不同民族的文化传统，综合考虑多方面的因

---

[1] 孔祥智，张怡铭，等. 三农蓝图：乡村振兴战略. 重庆：重庆大学出版社，2022：55.

素，将乡村治理、乡村振兴与乡村贫困治理衔接起来，有机统一起来。

第四，将贫困治理与乡村发展综合起来的机制。无论是绝对贫困问题还是相对贫困问题，其产生根源在发展：连片贫困是区域发展存在着问题，个体贫困则是发展过程中的问题，相对贫困是发展中的不平衡问题。因此，有效治理贫困问题，巩固脱贫攻坚成果，促进共同富裕，必须解决贫困治理与乡村发展的关系问题。反贫困或贫困治理工作本质上包含两个方面：一方面要扶贫帮困，扶助处于贫困状态的人群摆脱困境；另一方面开启发展之源，在发展中预防贫困发生、返贫和相对贫困，巩固脱贫成果。综合的贫困治理策略需要把扶贫工作、社会治理与促进发展有机地统一起来、巧妙地结合起来。针对区域不均衡发展诱发的贫困问题，需要将贫困治理工作与均衡发展政策结合起来；针对发展的结构性不平衡导致的结构性贫困问题，需要把贫困治理工作与促进落后部门发展及优惠扶持政策结合起来；针对发展过程中的个体贫困，则要将贫困治理工作与社会保障体制完善等和谐社会建设结合起来。

在后脱贫时代，贫困治理是与社会治理和社会发展相联系的综合性工作，常规社会治理和发展策略可以涵盖贫困治理，如促进消费，拉动发展，既有扶贫功能[1]，也有治理功能，以及防贫作用。

精准扶贫与综合性贫困治理是相互统一的。综合性贫困治理策略并非指笼统的、庞杂的治理措施，而是要求建立能够把多股力量、多种资源、多个主体、多项措施以及多种目的综合起来的，能够有效巩固脱贫成果、预防贫困发生、防范返贫和相对贫困风险的机制，其根本目标仍在于更加有效地、更加精准地治理乡村社会与贫困相关的问题，让乡村社会保持全面脱贫的格局，平稳建设全面小康社会。同样，精准扶贫并非指单一的扶贫措施，而是指要达到切切实实地解决每一个农村贫困户的实际困难这一目标。帮助和扶持每一个农村贫困户真正摆脱贫困，简

---

[1] 班纳吉，迪弗洛. 贫穷的本质：我们为什么摆脱不了贫穷. 景芳，译. 修订版. 北京：中信出版社，2018：182.

单的扶贫办法和机制是难以奏效的，必须依靠新的、综合性贫困治理机制的作用。

四、乡村扶贫脱贫的延展

精准扶贫并非仅仅局限于对现有绝对贫困人口的帮扶和脱贫，更不宜将精准扶贫理解为只是为了实现阶段性的扶贫开发目标。扶贫开发工作的本质意义在于消除社会中的贫困问题，帮助乡村贫困人群摆脱贫困，全面消除乡村贫困问题只是第一步。要让乡村社会告别贫困，且与乡村振兴有机衔接，还需要保障扶贫脱贫效果的可持续性。也就是说，在帮助乡村贫困人口脱贫之后，还要尽可能防止部分贫困人口返贫以及新的贫困人群产生，同时还要为弱势群体继续提供帮扶和社会支持。因此，精准扶贫方略也应是可持续扶贫战略。可持续扶贫战略的基本原则和核心内容可概括为如下几个方面：

首先，维持扶贫机制的可持续性原则。所谓扶贫机制，是指"谁是扶贫对象""由谁去扶贫""怎样去扶贫"的确定机制。保持扶贫机制的可持续，并非要建立一个固定不变的标准，或是增设一些常设机构，而是在社会治理体系中必须有相应的贫困治理机制。在任何时期、任何地区都要有一套机制来确定哪些区域、哪些人群、哪些农户面临贫困发生或返贫风险，同时有相应的机制安排相关部门和人员去帮扶他们摆脱困境，避免贫困问题发生。可持续扶贫机制能弥补项目制扶贫模式的局限，因为在扶贫项目的推进和实施过程中，虽然能对贫困地区的贫困者起到一定的帮扶和脱贫作用，然而，由于扶贫项目一般都是周期性的、选择性的，由此造成扶贫效果的阶段性和局部性，即在项目期和项目地区之内才能达到解决贫困问题的效果。

乡村贫困人口全部脱贫后，虽不存在扶贫脱贫任务，但作为社会救助性的扶贫机制仍有保持延续性的必要。这种救助机制既对脱贫人口保持帮扶作用，有助于巩固脱贫成效，也在社会治理中发挥防范贫困或贫困治理的功能。

其次，不断完善可持续扶贫资源的保障制度。扶贫资源是扶贫开发和贫困治理工作的物质基础，同时也是预防和消除贫困的前提条件。要实现扶贫资源的可持续这一目标，必须在制度与政策安排上构建一套保障体系。在扶贫开发和脱贫攻坚阶段，曾采用地区和个体申请与评定办法。被评定为"贫困地区"的，如贫困县、贫困村，便能享受到扶贫开发或精准脱贫的支持和优待政策。如果没有被评定为"贫困地区"，则往往难以得到扶贫资源，或得到的扶贫资源很少。这套行政评估体系虽能确立扶贫开发和精准扶贫的大方向，能够发挥精准帮扶和有效脱贫的作用，但在脱贫可持续性方面，亦即在巩固脱贫成效方面，仍面临一些挑战。尤其是在对已实现脱贫的地区和贫困人口的影响方面，如果重要的扶贫脱贫政策措施停止实施，亦即"摘帽即摘政策"的话，那么会出现部分地区和部分贫困户在缺少扶贫支持的情况下返贫的问题。而有些贫困地区为了"留住"或想继续享受扶贫优惠政策，则会选择"谨慎的"发展策略。因此，要保障扶贫有实际效果和脱贫成效具有可持续性，需要从制度安排层面确保有可持续的扶贫资源。

保持并不断完善乡村贫困治理制度的连续性，并不排除制度创新与变革。迈入后脱贫时代，乡村贫困治理面临巩固脱贫攻坚成果与乡村振兴有机衔接的任务，为顺利推进战略衔接工作，制度创新将会为新时代乡村贫困治理工作提供新机制、新动能，有利于新的目标和任务的达成。

最后，保持关键性帮扶措施的可持续性。在脱贫攻坚阶段，一些扶贫脱贫工作是以东西协作、对口支援、驻村帮扶等方式进行的，这些精准扶贫的措施明确了扶贫的责任单位和扶贫对象，也对具体扶贫脱贫措施和行动有明确的目标和要求，在很大程度上调动了乡村扶贫工作者的能动性和积极性。例如，驻村干部的直接参与改善了扶贫脱贫效果，对口支援也成为扶贫对象顺利脱贫的关键因素。随着乡村实现全面脱贫，脱贫攻坚阶段的一些关键性帮扶措施也应保持可持续性。仰仗这些关键性帮扶措施，乡村贫困人口得以顺利脱贫，表明这些政策措施的必要性。因此，在巩固脱贫成果阶段以及与乡村振兴相衔接的过渡阶段，保持关键性帮扶措施的延续显得意义重大。

经历扶贫开发和脱贫攻坚，乡村社会长期以来未解决的贫困问题已经得以有效解决。"十三五"时期，乡村扶贫脱贫经过"啃硬骨头""攻坚拔寨"，成功破解乡村扶贫脱贫的难题，夺取了脱贫攻坚战的伟大胜利，创造了人类减贫史上的奇迹。"十四五"时期，在全面建设现代化强国的新征程上，乡村贫困治理工作已转向巩固脱贫成果并与乡村振兴有效衔接。乡村贫困问题已不存在，但仍应预防贫困再发生，防止规模性返贫，缩减相对贫困，积极开展贫困治理，助力和美乡村建设。

中国"三农"发展已进入新时期，农业发展面临着"第三次农业革命"的诸多挑战。按照布鲁内尔（Sylvie Brunel）的观点，第三次农业革命有 6 项基本任务（6F）：养活人类的食物（food）、喂养牲畜的饲料（feed）、维持且创造生物多样性的森林（forest）、符合绿色化学概念的纤维（fiber）、可再生能源（fuel）和可修复地球的再生资源（fix）。[①]优先发展农业，推进农业强国建设，需要走中国式农业现代化道路。全面推进乡村振兴，是实现中国式农业现代化的抓手。促进农民增收，实现共同富裕，是中国式现代化的本质要求。

---

① 布鲁内尔. 第三次农业革命. 李尧，译. 北京：东方出版社，2023：267.

第 7 章 精准有效的社会扶贫机制

贫困问题是由多种复杂因素造成的、有多样形态的社会问题。既然是社会问题,那么单靠一种力量、一种机制来解决问题是很难奏效的,只有充分发挥社会多方力量、运用多种机制,才能更好地控制和解决社会问题。完善政府扶贫、企业扶贫和社会扶贫相结合的"三位一体"扶贫脱贫体制机制,对人类反贫困事业来说尤为重要。从中国的实际情况来看,2020年底绝对贫困人口已全部脱贫,达成全面建成小康社会的战略目标,后脱贫时代的反贫困或贫困治理的重点是预防贫困再发生、防止乡村贫困人口返贫以及消减相对贫困,因而扶贫脱贫体制机制改革创新需要把重点放在社会扶贫这块"短板"上,构建并不断完善社会扶贫机制,使其日臻精准有效,对促进社会均衡协调发展意义重大。

一、社会扶贫及其意义

贫困发生于社会之中,需要在社会之中加以解决,社会扶贫之策是使问题回归本源的解决进路。所谓社会扶贫,是指依靠广泛社会力量,通过社会组织机制,将社会扶贫资源运用于帮助贫困者摆脱贫困境地的扶贫脱贫方式和策略。作为一种扶贫方式,社会扶贫的核心内涵是社会力量和社会组织广泛参与到扶贫脱贫或反贫困事业之中,在扶贫开发中扮演重要角色,以公共参与方式为扶贫脱贫做出贡献;作为一种政策,社会扶贫是发挥和协同社会力量,开展扶贫开发工作的政策体系。"历时地看，社会扶贫政策经历了从无到有、条规数量由少到多、规范内容从粗线条到具体化、由体制内向体制外延展、社会资本参与程度由弱到强的演进。"①

社会扶贫的意义突出地体现在三个方面：一是完善的社会扶贫机制反映出一个社会具有健全的自我修复、自动协调和自发改良的运行机制。这一机制对社会有机体保持健康的运行状态，避免社会问题，促进协调发展来说，有着非常重要的功能，亦即自我完善功能。

二是充分利用强大社会力量和社会资源的扶贫脱贫功效，促进和提高贫困治理的效率和效能。社会是扶贫力量和扶贫资源源源不断的源泉，有效发挥社会机制的作用，便可从社会中获得这些力量和资源，用于反贫困事业和贫困治理之中。例如，在中国扶贫治理实践中，社会组织成为农村扶贫开发行动中重要的社会力量，通过社会信任机制，在社会组织和农民之间建立起扶贫联结关系，以民主的方式建立合理规范的制度内容，生成制度信任的空间和形成以业缘为纽带的圈层结构，从而更加有效地发挥社会组织的乡村扶贫主体作用。② 政府、市场和社会三大部门是扶贫主体的三个来源，扶贫主体有三大类，即政府主体、市场主体和社会主体。在社会扶贫中，扶贫主体便是社会主体。在这个意义上，社会扶贫是扶贫脱贫体系的基本构成，是发挥社会主体作用的基本路径。

三是社会扶贫具有常态化贫困治理的功能，在后脱贫时代有着更有效的治理贫困的作用。社会扶贫的扶贫力量和治贫资源来自社会，具有广泛性、多元性、自发性和及时性等多种特征。当社会中出现致贫风险、返贫风险以及相对贫困风险时，社会扶贫机制可及时调动社会扶贫力量和资源，进行有针对性的、及时的干预，避免风险转化为危机或贫

---

① 陈桂生，文杰.基于"制度-关系-行为"框架的社会扶贫模式研究：以山西省 L 县"1＋3"扶贫模式为例.新疆社会科学，2020 (1)：126-134，152.
② 吴蓉，施国庆.后扶贫时代社会组织参与扶贫的信任培育机理及启示：以 S 社会组织扶贫实践为例.中南民族大学学报（人文社会科学版），2023 (8)：79-86，184.

困事实。相对于政府和市场的扶贫方式，社会扶贫方式更具灵活性、及时性，即根据贫困的动态情况，及时地、灵活地采取干预措施，防范致贫和返贫，及时提供帮扶支持，快速解决贫困问题。

社会扶贫不同于政府扶贫和企业扶贫，主要是由社会多方力量参与、由非营利性社会组织和个人协调并执行的扶贫救助方式。一个完整的社会扶贫机制由三个环节构成：一是社会扶贫资源的筹集，二是社会扶贫资源的传送，三是社会扶贫脱贫的实施（见图7-1）：

扶贫资源 ⇒ 筹集 ⇒ 传送 ⇒ 实施 ⇒ 贫困者

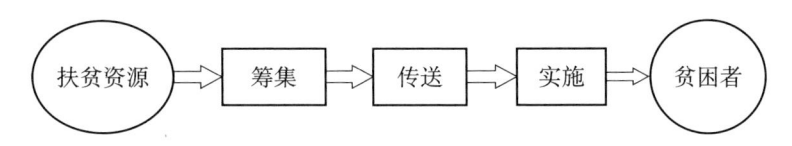

图7-1 社会扶贫机制示意图

通常情况下，社会扶贫的"短板"效应集中体现在社会扶贫资源难以发挥对贫困人群进行帮扶和脱贫的实际作用。也就是说，社会中存有广泛且丰富的扶贫资源，但这些资源未得到开发利用，无法与社会中贫困人群的帮扶和支持需求有效匹配，因而扶贫功能难以充分发挥出来。

社会扶贫机制要达到及时、高效的贫困治理效能，关键看该机制是否具有精准有效的特征。精准表现在对社会中贫困发生、返贫和相对贫困风险信息的精准把握之上，能及时掌握和了解平常社会运行中存在和出现的多种多样的致贫风险。社会扶贫的信息精准把握机制不同于精准扶贫中建档立卡式贫困"瞄准"机制。政府能够利用强大的行政资源和力量，建立起建档立卡贫困户的信息系统。社会扶贫机制要精准把握贫困信息，则需要发挥社会组织、技术和贫困研究的资源，及时、高效地掌握致贫风险信息。社会扶贫机制的有效性表现为社会组织和公共参与在贫困治理行动中的作用。在后脱贫时代的贫困治理中，以往专门负责扶贫脱贫的政府机构扶贫领导小组或扶贫办已经改组为乡村振兴局，由政府主导的统一的扶贫脱贫行动也告一段落。治理社会中的贫困，尤其是个体贫困、返贫和相对贫困等问题，有针对性的社会扶贫机制在其中能够更好地、更及时地解决具体贫困问题，使陷入困境状态的个体或群体能够得到有效的帮扶和支持，从而可快速摆脱或缓解贫困问题，达到高效的贫困治理目的。

二、社会扶贫资源的筹集机制

扶贫资源是指可用于帮助贫困人群摆脱困难的资金、物资、技术和社会支持等资源，是社会扶贫的物质基础和前提条件，没有有效的扶贫资源，扶贫工作就无从谈起。扶贫资源的来源主要有三种途径：政府、企业和社会。对于社会扶贫来说，可以通过这三种途径来获得扶贫资源。

在社会扶贫实践中，通常面临的问题并不是扶贫资源的短缺，因为社会有着广泛且多元的资源可用作扶贫资源，而是有效扶贫资源的筹集问题，亦即社会扶贫的扶贫资源筹集机制存在一定的问题。社会中其实有很多人关心贫困问题，愿意为扶贫济困做出力所能及的贡献，这些是潜在的社会扶贫资源。而要把这些潜在的扶贫资源变为有效的扶贫资源，则需要有一个将分散在社会之中的扶贫资源聚集起来的机制，推动形成能在扶贫脱贫工作发挥效力的资源。因此，社会扶贫资源筹集机制问题的实质是：由谁来筹集社会扶贫资源？如何筹集社会扶贫资源？

在社会扶贫资源筹集主体方面，需要应对的两个关键问题是合法性问题和社会信任问题。所谓合法性问题，是指从社会中筹集扶贫资源能否获得合法性、权威性和正当性的依据。在法治社会，取得合法性是筹集社会资源的前提基础，没有正式的合法性地位，筹集社会扶贫资源就会面临各种各样的问题和挑战。是否有合法性也直接关系到社会成员捐资捐物的行为动机，如果人们怀疑筹集行为的合法性，就不会自愿将自己的资金和物资转变为社会扶贫资源。社会组织是法人单位，具有合法性地位，因而是筹集社会扶贫资源的理想选择。社会组织一方面能有效克服市场的选择偏好①,也能有效解决市场失灵问题,另一方面能弥补政府机构在筹集社会扶贫资源上的刚性和反应迟滞效应。

社会信任问题关系到扶贫资源筹集的范围和效率。社会成员是否自愿将自己的财物捐赠给社会扶贫组织或帮扶对象,实际涉及物权的转移,个人选择将自己所属物权转移他人通常建立在一定的信任基础之上。如果个人信任社会扶贫资源的筹集者及其筹集活动,那么会做出向筹集者捐赠财物的行为;如果缺乏社会信任或社会信任环境不理想,那么社会扶贫资源的筹集活动会很困难。

现有社会扶贫资源筹集机制的"短板"在于筹资主体单一和筹资渠道较少等方面。社会扶贫主要通过非营利性社会组织来筹集扶贫资源,而专门从事扶贫开发的非营利性社会组织又比较少,主要是一些协会和基金会。单一的筹资主体和规模有限的社会扶贫组织显然难以筹集充分的社会扶贫资源,大大制约了社会扶贫在整个扶贫开发中的作用,因而创新社会扶贫资源筹集机制已显得格外重要。

按照现有法律法规,只有非营利性社会组织才是唯一合法的接受社会捐赠的机构,而个人扶贫志愿者则不具有合法的接受扶贫资源的资格。一些实践经验则反映出,一些热心个人在社会扶贫中往往能发挥及时、有效且有针对性的扶贫救困作用。特别是在移动通信技术发达的条件下,部分热心个人甚或贫困者个人可以更有效率地筹集社会扶贫资源,但是他们的筹集行为面临着合法性、规范性和社会信任等问题。要解决这些问题,需要在立法层面和制度设计上根据现实的需要,为个人扶贫者获得法人地位即筹集行为的合法性提供可能和合理的规范。这样,也就在社会组织之外,扩充了社会扶贫资源筹集的主体,让社会上更多热心于扶贫开发的个人能够依法参与到社会扶贫中来。

与此同时,承担社会扶贫资源筹集的社会组织规模较为有限,且在

---

① 黄林,卫兴华. 新形势下社会组织参与精准扶贫的理论与实践研究. 经济问题,2017(9):1-5,12.

农村社会非常少。社会组织的准入门槛较高、准入难是导致这一现状的主要原因之一。社会组织体系不够发达意味着社会扶贫资源的筹集渠道少,这在较大程度上制约了社会扶贫的发展。在现有条件下,社会扶贫资源筹集的合法、可靠渠道主要还是社会组织,要扩大社会扶贫资源的筹集渠道,就需要培育和大力发展非营利性社会组织。

从社会治理协同创新的角度看,为更好地巩固脱贫攻坚成果,实现乡村振兴与脱贫攻坚的有机衔接,更加有效执行后脱贫时代的贫困治理策略,社会管理需要开展协同创新,在对社会组织加强规范化和监管的同时,也需要创新监管方式。对那些致力于扶贫开发的非营利性社会组织,需要加以鼓励,并在行政审批程序上给予便捷的通道,以促进社会扶贫组织的快速发展,改善社会扶贫资源的筹集机制,扩大社会扶贫的作用。

加强社会组织建设,促进社会组织积极参与社会扶贫资源筹集和贫困治理,是提升社会扶贫资源筹集效率的重要途径。与此同时,强化社会信任体系建设,营造良好社会信任环境,能够为社会扶贫资源筹集增添社会资本,大大降低扶贫资源筹集的成本,提高扶贫资源筹集的效率,扩大扶贫资源筹集的范围。

在社会扶贫实践中,时常出现扶贫资源和扶贫力量的"碎片化"问题,大大影响社会扶贫效率,尤其是社会扶贫资源的筹集。这一困境的产生,反映了社会扶贫机制仍需健全和完善,因为受制度、观念的制约[1],许多社会扶贫资源和行动难以有机地联结起来,形成协同作用的完整体系。

此外,由于贫困问题更多地发生在农村社会,因而社会扶贫重点也需要放在农村。然而,农村的社会组织发展非常滞后,需要鼓励非营利性社会组织进农村,允许在农村设立扶贫机构,同时在农村培育和发展

---

[1] 陈成文,王祖霖."碎片化"困境与社会力量扶贫的机制创新.中州学刊,2017(4):81-86.

一些专门从事扶贫事业的公益组织。有些农村成立的村扶贫脱贫协会，在筹集社会扶贫资源方面已经发挥了积极作用。这些经验表明，要广泛筹集社会扶贫资源，要大力扩充社会扶贫主体，构建多主体、多渠道的社会扶贫资源筹集机制。

形成社会扶贫资源筹集的多主体格局，要依靠社会组织的丰富和发展，培育多种类型、多种功能、多个领域的社会组织、社会团体和民间组织，让不同社会组织在不同区域、不同领域和不同扶贫项目中组织、协调和筹集扶贫资源。此外，为构建社会扶贫资源筹集的多主体体系，还需以创新方式让更多的群体、组织、团体和个人获得筹集社会扶贫资源的合法性，培育多元的合法筹集主体。

提升社会扶贫资源筹集的效率，拓宽扶贫资源筹集和调配的渠道也非常重要。分散在社会中的扶贫资源要有效地用于社会扶贫事业，必须依靠畅通的渠道。随着扶贫资源筹集和调配渠道的拓宽，会更加顺畅地汇集各方面的资源，拓展扶贫资源筹集的范围，也使筹集扶贫资源的效率大大提高。

三、社会扶贫资源的传送机制

筹集到有效的社会扶贫资源并不意味着实现了有效的扶贫，只有当有效扶贫资源传送到贫困人群那里，并起到实际帮扶和脱贫的效果，才能实现扶贫脱贫的完整过程。因此，社会扶贫的效率在较大程度上取决于第二个环节，即社会扶贫资源的传送环节。如果建立起高效率的、快捷的社会扶贫资源传送机制，那么社会扶贫资源就能更快地送达贫困者那里。如果缺乏高效的社会扶贫资源传送机制，有效的扶贫资源只会成为账户上的数字，而难以转化为扶贫行动。

构建高效的社会扶贫资源传送机制，关键是要解决两个基本问题，一是向谁传送扶贫资源，二是如何送达扶贫资源。

关于第一个问题实际上涉及贫困问题的精准识别与扶贫信息的快速

传递，解决这一问题的关键在于要搭建起公共的扶贫信息平台。通过这个平台，可以在扶贫开发主体与贫困问题目标人群之间建立起信息联系，由此可解决扶贫主体与贫困人群之间的信息不对称问题，以及两者之间的衔接问题。对于扶贫主体来说，有了扶贫信息平台的支撑，他们就可以根据自己所获得的社会扶贫资源情况，有针对性地找到所要帮扶和脱贫的对象，从而大大提高扶贫资源的传送效率。同样，对于贫困人群来说，也可以从扶贫信息平台了解到可获得的扶贫资源及其获取渠道，进而可以直接从扶贫主体那里申请获得有效扶贫资源，由此减少了许多传送环节，使传送效率得以提高。

第二个问题实际上是社会扶贫如何能高效地执行问题。政府扶贫的执行方式通常包括对口支援、结对帮扶、专项扶贫等，社会扶贫的主要执行方式就是项目扶贫，由非营利性社会组织开展的社会扶贫一般会以设立项目的形式来执行，类似于政府扶贫中的专项扶贫，即由专门扶贫项目来执行。项目制扶贫方式的优点在于规范性，易于监测和评估，但在扶贫资源的传送和使用上则效率有限。要解决社会扶贫执行过程中的效率问题，一条有效的途径就是构建起社会扶贫网络。通过社会扶贫网络，一方面能够更快捷地将有效社会扶贫资源传送出去，另一方面也有助于将尽可能多的贫困人群纳入扶贫对象之中。

扶贫信息平台＋扶贫网络建设是提升社会扶贫资源传送效率的基本途径。扶贫信息平台和扶贫网络建设都需要政府、市场和社会三方力量的共同努力。政府在平台和网络建设中主要发挥引导、激励、协调和监管作用，在建设过程中可以通过市场机制获得资金支持，社会力量主要通过广泛参与来维护平台与网络的运行。

在扶贫信息平台建设中，关键要做好两个方面的重点工作：一是全面且精准地收集社会扶贫信息，其中既要有关于社会扶贫主体和扶贫资源方面的准确信息，同时也要有关于贫困问题的具体信息；二是建立起扶贫信息的联通与共享机制。扶贫信息平台在汇总所有关于社会扶贫信息之后，又能够通过共享机制向扶贫利益相关者提供有效的信息服务，从而提高社会扶贫资源转化为有效扶贫行动的效率。

随着网络社会和数字时代的到来，社会扶贫可以充分发挥和利用网络与数字通信技术，提升社会扶贫资源的传送速度和效率。如在大数据聚焦、创新思维嵌入、模式创新和主体信息反馈等方面，可以大力拓展社会力量深度参与扶贫。[①]

网络结构是信息传递和资源分配效率提升的一种重要结构，社会扶贫网络主要指由相互关联的社会扶贫组织或其他社会扶贫力量组成的网络。社会扶贫网络建设的核心其实是在社会扶贫力量和组织之间建立起稳固的纵向和横向的联系，如果社会扶贫主体之间能够相互联结起来，众多扶贫力量也就组合成网络，而网络无疑为扶贫资源的顺畅、快速传送提供了一个高效的通道。

信息平台和网络结构为社会扶贫资源的传送提供了较为先进的技术支持和物质基础，大量社会扶贫资源通过这些四通八达的渠道和网络，快捷地传递社会扶贫资源的信息，连通扶贫资源的提供者、筹集者与扶贫对象的需求。然而，作为物态的社会扶贫资源，如用于扶贫的财物和服务等，则离不开传送者或传送主体。

传送主体可以是扶贫资源捐助者本人，也可以是扶贫主体，还可以是各种社会组织、社会工作机构以及专业的第三方机构。既然社会扶贫的筹集需要多渠道、多主体，那么传送扶贫资源的主体也要多元化、多样化，一方面扩大社会力量参与扶贫开发的范围，另一方面增强社会扶贫资源的传送力度。在社会扶贫实践经验中，社会组织、社工组织以及专业机构参与到社会扶贫资源的传送工作之中，不仅可以提高社会扶贫工作的分工程度，将具体实际工作分配给专门的组织和专业性组织，从而有利于工作目标的达成，并分担复杂繁重的扶贫任务，而且能大大提升扶贫资源的传送水平和效率。当然，在社会扶贫资源传送过程中，传送

---

① 文丰安. 新时代社会力量参与深度扶贫的价值及创新. 农业经济问题，2018（8）：98-106.

效率还表现为资源耗损率的降低，资源耗损率即已筹集的社会扶贫资源，如财物和服务等资源，在送达帮扶对象之手，发挥实际扶贫功能的过程中，所遗失或损失掉的资源占比情况。社会扶贫资源在传送中耗损越低，则意味着传送效率较高，相反则会影响到扶贫资源的传送效率。影响扶贫资源耗损率的因素复杂多样，其中一个突出的原因可概括为"精英俘获"，亦即在扶贫开发等公益性社会行动中，一些精英在组织和参与活动中可能会俘获一些公共资源，从而导致公益资源的耗损。

四、社会扶贫脱贫的实施机制

将扶贫资源送达贫困者手中，并不意味着扶贫脱贫过程的结束，扶贫脱贫工作仍需实施扶贫帮困的实际行动，让贫困者真正摆脱贫困问题的困扰，这样才算是完整的扶贫脱贫过程。所以，扶贫脱贫工作不是一次性的、专项的救助活动，而应该是可持续的、综合性的扶贫帮困过程。

针对贫困这一社会问题的属性，社会扶贫要想达到实质性扶贫脱贫目标，需要建立起合理的、有效率的扶贫脱贫实施机制。合理的扶贫脱贫实施机制实际上是由谁来具体实施扶贫脱贫行动的问题。

在通常的扶贫开发工作中，对口支援扶贫主要是支援单位派出的驻村干部来实施扶贫脱贫行动，项目制扶贫则是由项目官员来组织实施具体扶贫项目，这些扶贫脱贫行动实施方式受制于实施者的兼职性、暂时性，因而影响到扶贫脱贫的实际效果。

为提高社会扶贫的脱贫效率，实现社会扶贫的理想效果，需要构建起专业化、社会化的扶贫脱贫实施机制，使社会扶贫脱贫机制得以进一步完善。社会扶贫脱贫实施的专业化是指由一些专业性社会工作组织或志愿者组织来承担起扶贫脱贫实施任务。因为具体的扶贫脱贫工作并非扶贫者单方面的行动，而是要与贫困者进行互动。只有将扶贫者的社会支持与贫困者能动性的调动结合起来，才能达到实质性脱贫的目标。与贫困人群的沟通、交流和合作，需要有专业性的社会工作队伍，这样才能提高扶贫脱贫工作的效率，弥补兼职性的扶贫官员在动员社区力量方面的一些不足。扶贫脱贫实施的社会化就是指通过购买服务的方式让专业性扶贫机构或扶贫志愿组织来负责扶贫脱贫的具体实施行动。通过这一社会化机制，不仅不会分散扶贫单位的工作重心，而且会大大提高扶贫脱贫工作的效率。因为扶贫脱贫实施的社会化实际上是利用社会分工的优势，提高扶贫资源的优化配置，由此来促进扶贫脱贫效率的提高。例如，有些村庄的贫困人群可能是一些贫困老人和残疾人，如果派驻村干部去实施扶贫，不仅影响资源使用效率，而且不一定能达到理想效果。而如果在社会扶贫网络基础上构建起村级的社会扶贫志愿者组织，扶贫单位通过购买志愿服务的方式，让那些特殊贫困人群得到更专业化的服务，扶贫救助的实际效果会更好。

专业化、社会化扶贫脱贫实施机制的关键在于培育和发展专业扶贫工作社会组织和专业扶贫工作队伍，这一过程既需要政策创新来加以引导和激励，同时还需要动员更广泛的社会力量的关注和参与，特别是要在社会基层如社区或村庄形成更多的社会扶贫志愿者组织或基层扶贫开发协会，以更好地对接和实施扶贫脱贫的具体措施。

社会扶贫脱贫实施的社会化，必须建立在信任环境良好的基础之上，因为公共信任是贫困治理社会化的基石。[①] 公众、政府将社会扶贫的具体措施委托给社会组织和市场主体去实施和执行，既要有相应的制度作担保，也离不开对市场主体和社会组织的信任，即相信社会组织和市场主体能够顺利实施和执行好扶贫脱贫措施。

专业化的社会扶贫脱贫实施机制是指社会扶贫脱贫措施主要依靠专业机构或组织来实施。首先，专业化体现于实施主体所从事的工作或服务内容具有专业化特征，在所提供的服务或所执行的任务方面属于组织

---

① 陈健，吴惠芳. 贫困治理社会化：路径转向、类型划分与嵌入式设计. 中国农业大学学报（社会科学版），2020（5）：84-93.

或机构的专业领域。其次,专业化也表现在社会扶贫实施和执行机构所采取的方法或手段具有专业化的特点上。正是专业化的实施方法或手段,使得社会扶贫脱贫的实施能够提高效率,这种效率得益于专业分工,由专业扶贫工作者做扶贫专门事务,自然能够发挥专业化的优势。

此外,社会扶贫脱贫实施的专业化还体现在由专业机构和组织实施扶贫措施所产生的扶贫效果,以及在实施社会扶贫脱贫措施过程中所产生的社会效应更加理想上。专业组织实施社会扶贫通常属于第三方机构负责执行和实施具体的措施,一方面分担了社会扶贫主体的部分责任和任务,也使分散的社会扶贫主体能通过第三方机构实现集中和统一,提升主体的统一性和相互协同的水平;另一方面由专门的第三方机构来实施和执行具体的社会扶贫脱贫措施,可在一定程度上规避利益相关者因利益关联而影响执行效率和实施过程中的中立性和公正性,从而也能减少乡村民众对社会扶贫脱贫实施过程的疑虑或不满,避免社会扶贫主体与扶贫对象之间出现沟通不畅乃至矛盾问题。

在后脱贫时代,虽然乡村绝对贫困人口已经全部脱贫,实现了全面建成小康社会的战略目标,但是为了有效开展乡村社会贫困治理,预防新的贫困再发生,防范乡村脱贫人口返贫,消解乡村低收入人群陷入相对贫困的风险,加强和提升社会扶贫在贫困治理中的作用尤为重要。[1] 动员和发挥更为广泛的社会力量参与到扶贫脱贫工作之中,需要一种精准有效的社会扶贫机制。构建起这一机制,可能还要法律法规和制度政策的创新。为社会扶贫创造有利的制度环境,同时还要在扶贫开发实践中不断探索和创新,逐步形成能高效筹集和传送扶贫资源并有效实施扶贫脱贫行动的社会扶贫新机制。

---

[1] 许源源,涂文. 使命、责任及其限度:社会组织参与农村扶贫的反思. 行政论坛,2019(2): 27-33.

第8章 乡村相对贫困的治理机制

关于乡村贫困，有绝对贫困和相对贫困之分。2020年底，乡村绝对贫困人口已全部脱贫，意味着乡村绝对贫困问题已经解决，乡村绝对贫困问题已不复存在，相对贫困可能成为焦点。相对贫困不属于严格意义上的贫困问题，因为乡村全面脱贫已解决了该问题，乡村相对贫困关涉乡村发展与乡村治理。在后脱贫时代，乡村将面临相对贫困的治理。

一、脱贫之后的相对贫困

乡村绝对贫困人口全部脱贫之后，如何巩固脱贫成果，以及如何预防返贫或贫困再发生便成为乡村贫困治理的重要议题。

巩固脱贫成果或预防贫困，某种意义上皆属相对贫困范畴。作为贫困问题的绝对贫困虽已全部消除，但与贫困问题相关的相对贫困会渐渐显现出来。所谓相对贫困，按照一些经济学家的观点，是指个人或家庭通过自己所拥有的资源，可满足基本生活需要，但不能达到社会的平均生活水平，相对贫困是相对于正常生活水平而非最低生活需要而言的。[①]

就对相对贫困的认识和理解而言，一些相对贫困理论倾向于按照绝

---

① 张全红，周强. 中国农村多维贫困的测度与反贫困政策研究. 武汉：华中科技大学出版社，2018：16.

对贫困问题的逻辑来界定和看待相对贫困问题，认为社会中的相对贫困人口可以界定为收入水平在平均收入水平以下的人口。按照这一界定，相对贫困人口会广泛存在于每一个社会。在中国城乡居民收入水平有较大差距的现实背景下，乡村社会的相对贫困会是普遍的，因为乡村居民人均收入大多低于城镇居民的人均收入水平。

很显然，用平均收入水平来衡量和测度乡村相对贫困，会存在这样几个方面的认识误区：一是平均主义的幻象。如果用平均数标准来识别相对贫困，那么给人们带来的乌托邦幻象便是全社会收入平均才能真正消除相对贫困，否则都是相对贫困广泛存在的不理想状态。居民收入的平均水平总是由高收入阶层与低收入阶层的平均之后而得出的，对低收入阶层来说，他们的收入水平低于平均收入水平，但是否与贫困相关，则要看具体情况。二是经济贫困的错觉。按照绝对贫困的逻辑界定相对贫困，一个易发的认识误区是将贫困狭义地理解为经济贫困，甚至仅仅是收入上的贫困。虽然在社会中穷人给人的最直观印象是缺钱或收入很低，以及物质匮乏，如缺乏必要的食物和衣物，即温饱问题得不到保障；但是，在现实社会中贫困问题是复杂的，有着多个维度，意义是多方面的。例如，中国乡村社会中出现的"因学致贫"现象，家庭陷入暂时窘境的原因并不是家庭收入水平低，而是支付多个子女的就学和生活费用。这个情况如果仅用收入水平来衡量，就并未达到贫困标准。而且这种贫困也有特殊的意义，是家庭阶段性的问题。三是贫困问题的泛化。用平均收入水平来衡量相对贫困，显然使贫困问题得以泛化，也将贫困问题扩大化。严格意义上来说，在乡村实现全面脱贫之后，绝对贫困问题已得到全面解决，作为社会问题的贫困已经消解，相对贫困不再是贫困问题，而是与贫困相关联的社会发展状态。针对相对贫困，不再需要扶贫脱贫，更不需要脱贫攻坚，因此划定相对贫困的绝对标准，对理解相对贫困会带来偏差。

相对剥夺论关于相对贫困的解释是，一些发展政策在施行的过程中会产生溢出效应，对部分阶层和群体的既有利益或地位构成一定冲击或影响。对这些阶层和群体来说，他们所受的影响相当于一种相对剥夺，他们的地位变化便是相对剥夺造成的后果。例如，在农业市场化、全球化的大环境下，一些地区传统种植业的小农户受市场波动的冲击，不仅处境面临顺境和逆境的交替局面，而且收入面临增长和减少的波动格局，变动的环境不可避免对农民群体产生影响，其中包括相对剥夺。相对剥夺感通常是在社会比较中产生的，人们会将自己的现实处境和社会地位进行社会比较，并在比较的基础上来看待自己的地位。人们在进行社会比较时，通常有两个维度，一个是横向比较，另一个是纵向比较。横向比较是把自己在特定期间的状态和处境与周围的群体或个人进行比较，如同村人、同乡人或其他参照群体等。如果比较的结果趋于积极，即认为自己的现实状况相较于其他群体或个人有更好的发展，那么会产生相对满足感；如果比较的结果趋于消极，认为自己的处境和发展明显不如其他群体或个人，尤其是认为自己应有的处境不该比所参照的对象差，那么相对剥夺感便由此产生。作为一种主观感受和观念，相对剥夺感既有群体共性，又有个体差异性。受外部环境的共同影响，相对剥夺感可能会在某些群体或阶层中较为普遍地产生，或形成较为相似的社会心态。然而，即便是相同的群体、阶层，并非所有人都会有相对剥夺感，群体中个体的心态是有差异的，较为积极乐观的个体较少有相对剥夺感。

相对剥夺感不等同于相对贫困，但从社会比较的视角看，相对贫困与相对剥夺和相对剥夺感有着某些联系。相对剥夺感虽是社会成员的主观观念，但主观观念是社会比较事实的一种反映，而且主观观念会在一定程度上反作用于人们的社会态度和社会行动。一些相对贫困也是社会比较事实的反映，亦即社会发展进程中的阶层和群体差别，以及相对剥夺现实的存在。从相对剥夺和相对剥夺感的角度来看相对贫困，可以看到相对贫困的复杂性和多维性，相对贫困并非绝对的贫困问题，而在社会现实中相对地存在，这种存在既在客观事实之中，又在主观观念之内。客观事实是动态的社会差别，主观观念则是相对剥夺感。

关于相对贫困，社会排斥论的解释是，相对贫困的根源和本质在于社会排斥。所谓社会排斥，指社会结构中总存在内群体对外群体的排异、拒斥以及差别对待。内群体是人们自我认同和归属的群体，即把与自己相似的人视为群体内成员，而将和自己有差别的人视为群体之外的，即外群体成员。在内群体与外群体之间，有着认同和互动的边界，这种边界所发挥的功能之一便是社会排斥。凭借认同和互动的边界，群体内成员可将其他群体的成员排斥和拒之门外，由此造成群体差别的固化和结构化。例如，费孝通所概括的乡土社会中的"差序格局"[1]，反映出乡土社会群体认同心理和圈层结构的特点，人们根据与自己关系的亲疏远近来选择有差别的互动交往方式。

不可否认，社会排斥现象在每一种社会都不同程度、不同范围内存在。社会排斥可以说是社会不公和社会不平等的产生机制之一。由于受到社会排斥，自然得到了不公的待遇——这一关系本身便是不公正的，因为排斥造成了初始机会的不公平。同样，社会排斥也造成结果的不平等。在社会分配领域的排斥，即把某些群体和阶层排斥在某种分配规则之外，使之享受不到与其他群体同等的待遇，自然而然地形成不平等的分配结果。

社会排斥机制主要有两种类型，一类是结构性排斥，另一类是制度性排斥，也可以说是隐性排斥和显性排斥。结构性排斥是指隐藏于社会结构深处，但又在人们行动中有意无意地被执行的社会排斥，如社会性别与性别排斥现象，通常没有明文规定，但却在实践中常常出现。结构性排斥之所以存在，是因为差别对待和排斥已经内化为社会观念和文化结构之中，从而成为隐性的行动驱动力。

制度性排斥指由具有排斥内容和排斥异己规则的制度或政策导致的社会排斥，在社会分配、就业、社会保障等领域，一些不够完善的制度安排常常会产生社会排斥的效果。例如，一些地方性条例中，通常规定

---

[1] 费孝通. 乡土中国 生育制度. 北京：北京大学出版社，1998：6.

本地人与外地人享有不同的政策待遇，虽然政策原则更多考虑到可操作性和现实需要，但忽视了政策规定所产生的社会排斥效应。又如一些劳动市场上的招聘规定，对性别和户口作出要求，类似于此类规则内容，实际上也会造成社会排斥效果。制度性排斥具有显性特征，因为具有排斥内容和规则的制度通常是公开的、合法的。而具有排斥性的制度之所以得以制定出来并实施，是因为制度价值和制度理念允许或默认这些排斥，或者是制度中的排斥作用并未被认识和重视。所以，制度变革和制度变迁的一个重要方向便是削弱制度中不合理的内容，尤其是社会排斥和社会不平等的规则。

社会排斥有三个构成要件：一是边界，二是阻隔，三是差分。边界是在社会阶层和群体之间建构起来并不断强化的认同和互动界限。边界的产生是社会建构的结果。人们在观念和行动中建构出区分内外群体的界限，影响群体间的关系和社会互动模式，由此为阶层和群体间社会排斥奠定社会心理基础和社会认同机制。边界的社会建构通常是在社会交往互动实践中由群体成员共同参与和达成的，包括命名机制、象征机制和共构机制。群体成员为了保护和维护共同利益，避免共同利益格局被打破或削弱，常常会对这些共同利益标示出本群体的名称，亦即给予一种命名。在命名之后，人们会赋予名称以相应的象征意义，命名由此转化为象征符号，符号化既使名称抽象化，也使名称之间的差别得以强化。有了符号象征的强化和固化作用，社会成员常常也会参与共同建构群体和阶层差别。尽管一些差别是客观存在的，但主观建构的作用也不容忽视。

社会边界产生或被建构起来后，社会运行中自然会出现边界的阻隔现象，其中一些阻隔是由制度或规则系统中明确设置的，一些阻隔则是社会行动中出现的。所谓阻隔，是指人们运用群体和阶层边界，阻止和隔断不同群体和阶层之间相互融合和获得同等机会。阻隔机制使得边界的排斥功能得以实现，因为没有社会阻隔，不同群体和阶层可以自由转换身份，那么边界就名存实亡，难以发挥以边界进行排斥的功能。

差分机制即差别分配的机制,是社会排斥的具体显现。在边界和阻隔的基础上,社会分配在制度上或实践中执行着差别对待的原则,按照给不同群体和阶层以不同的机会、位置和资源等,实际上形成了利益分配的社会排斥。因为依据差别分配原则,其结果是将一些群体和阶层排斥在获得同等利益的机会之外。

从社会排斥角度认识相对贫困,可关注到社会分配和社会治理中存在的不平等问题,重视社会排斥对弱势群体和底层民众的负面影响,强调包容性发展和共建共治共享社会治理机制构建的重要性。

多维贫困理论对贫困有多种界定和解释,其中包含对相对贫困的新的解释。如诺贝尔经济学奖获得者阿马蒂亚·森(Amartya Sen)提出的"能力贫困"概念,认为贫困虽表现为物品的缺乏,但实质上是能力的缺乏。收入低下,物品贫乏,是贫困的具体表现,其根源是能力被剥夺造成的。人们在工作经验、知识获得、健康状况等方面存在差异,获取收入的技能和能力也有差别。不正常死亡、饥饿营养不良、慢性病以及其他方面条件等因素都会影响人们获取收入的能力。因此,对贫困的理解和衡量需要从多维度进行。[①]

在"能力贫困"提出之后,关于多维贫困理论的讨论逐渐增多,以及对贫困的认识和测量趋向于从更多的维度,而非一个维度。例如,联合国开发计划署在《人类发展报告》中提出的"人类贫困指数"(human poverty index,HPI),给人们提供有关贫困的多个维度和多重视角。在此基础上,贫困研究逐渐发展出"多维贫困指数"(multidimensional poverty index,MPI)。

在多维贫困指数测量问题上,又发展出两种方法路线,即非公理化方法和公理化方法。所谓非公理化方法,是指在建立贫困指数时,不要求该指数具有单调性、聚集性、匿名性、复制不变性等公理性假设。所谓公理化方法,是指建立的贫困指数具有较好的聚集性、单调性、转移

[①] Sen A K. Commodities and Capabilities. New York:Oxford University Press,1985.

性、转移敏感性和连续性特征。[①]

多维贫困理论的价值在于提出从多维角度去关注贫困,这对理解和看待相对贫困有一定参考借鉴意义。但是,多维贫困理论所追求的多维贫困指数建立方法,某种意义上偏离了相对贫困的实质,因为相对贫困原本是相对的,非要用绝对化的指数去测量和把握,就不可避免地将相对贫困绝对化,无助于合理应对社会发展和社会治理中的相对贫困。

如果用多维贫困测量评估方法来衡量脱贫之后的相对贫困,那么在区域之间会有一定差别。在三个维度之上,东部地区和中部地区已没有贫困,西部地区和东北地区还有比重很小的贫困(见表8-1)[②],这些贫困可理解为相对贫困。

表8-1 多维贫困测度的区域差异情况

N维贫困	全国 人口(万人)	全国 比重(%)	东部地区 人口(万人)	东部地区 比重(%)	中部地区 人口(万人)	中部地区 比重(%)	西部地区 人口(万人)	西部地区 比重(%)	东北地区 人口(万人)	东北地区 比重(%)
0	3 909	73.39	1 078	86.28	899	74.49	816	64.13	606	67.14
1	780	14.65	124	9.96	193	15.98	201	15.82	160	17.70
2	266	4.99	24	1.94	58	4.79	85	6.70	64	7.06
3	174	3.26	17	1.36	32	2.66	70	5.47	32	3.59
4	129	2.43	6	0.46	25	2.08	52	4.07	30	3.3
5	46	0.87	0	0	0	0	32	2.49	9	0.95
6	18	0.33	0	0	0	0	14	1.09	1	0.17
7	4	0.08	0	0	0	0	3	0.23	1	0.10
合计	5 326	100	1 249	100	1 207	100	1 273	100	903	100

资料来源:陈志钢,吴国宝,毕洁颖,等.从乡村到城乡统筹:2020年后中国扶贫愿景和战略重点.北京:社会科学文献出版社,2019.

对全面脱贫的乡村社会来说,其脱贫之路千差万别,所消除的贫困

[①] 张全红,周强.中国农村多维贫困的测度与反贫困政策研究.武汉:华中科技大学出版社,2018.

[②] 陈志钢,吴国宝,毕洁颖,等.从乡村到城乡统筹:2020年后中国扶贫愿景和战略重点.北京:社会科学文献出版社,2019.

问题多种多样，那么在脱贫之后相对贫困是否会产生，或相对贫困会有什么样的特性，严格说来可能并不存在某种绝对的标准。相对贫困指数能否有效测量出乡村相对贫困的情况，事实上要打上问号，并没有明确的答案。

乡村相对贫困实质上与巩固脱贫成果和乡村发展问题相关。首先，相对于经济社会发展水平较高或者是发达的乡村地区来说，实现脱贫的乡村地区面临的首要任务是怎样更加有效地巩固脱贫成果。在这个意义上，实现脱贫的乡村地区仍面临相对贫困的形势和处境，需要获得更加充分、更加均衡的发展机会。

其次，乡村脱贫解决了乡村贫困问题，脱贫之后又面临与扶贫脱贫相关的新挑战。乡村社会既已全部脱贫，那么与脱贫相关的扶贫脱贫措施该何去何从，脱贫人口将如何发展，这一系列问题实际上皆属于脱贫之后与贫困相关的问题，某种意义上说，也是相对贫困的范畴之一。

此外，乡村相对贫困与乡村发展的关联集中在区域之间和群体之间的均衡协调发展这两个重要方面。东中西部地区、发达地区乡村与发展相对滞后地区、城市与乡村地区，发展上的差异在后脱贫时代依然会存在，缩小乃至消解区域间的发展差距，化解不协调发展问题，将是应对相对贫困的重点。后脱贫时代，依靠脱贫政策支持而脱贫的群体，虽然不存在绝对贫困问题，但可能仍属弱势群体，仍处于发展弱势状态。巩固这些群体的脱贫成果，促进其更好发展，则是应对相对贫困的重要内容。

二、乡村相对贫困的生成机理

乡村相对贫困不同于绝对贫困，绝对贫困可以根据贫困线的划定来测量和识别，相对贫困并非严格意义上的贫困问题，而是一种相对性存在。既然相对贫困会在乡村社会以多种形式相对地存在，那么也需要加以关注和应对。

乡村社会绝对贫困人口全部脱贫之后，贫困问题已经解决，相对贫困的发生并非脱贫人口的返贫，或贫困问题的再发生，而是反映了社会发展的某些不太协调、不太理想的状态。对乡村社会中相对贫困的生成机理的认识，可重点从四个方面加以把握：一是弱势群体的生成机制；二是相对剥夺机制；三是社会排斥机制；四是不均衡发展机制。

弱势群体的生成机制是指乡村相对贫困主要体现在弱势群体的状况和特征上，乡村弱势群体的存在以及弱势群体的生存状态和特征，反映出该群体的相对贫困。弱势群体之为弱势，体现了该群体在市场机会、权力地位和社会阶层等维度处于相对低下的状态，这种弱势状态的存在表明群体之间有着非平等性特征。

后脱贫时代的乡村社会，可能产生的弱势群体主要包括乡村老年人群体、劳动力缺乏的农户、残障群体以及低收入群体等。随着人口老龄化趋势的延续，乡村社会的老龄化问题日益凸显出来，乡村面临着双重老龄化的冲击。一方面，人口的老龄化程度不断提高；另一方面，社会的老龄化也很突出。乡村社会运行以老年人为主体，因为生活在乡村的以老年人群体为主。[①] 迈入双重老龄化的乡村社会，如果乡村养老保障和社会保障体制不健全，不能满足乡村老年人发展需要，乡村老年人就会易于成为明显的弱势群体，其相对贫困也由此生成和显现。因为，对乡村老年人群体来说，既有的养老体系是以家庭养老为主的，其中包括部分老年人以自力养老方式度过老年阶段的生活，社会养老只是辅助。乡村老年人可按照年龄段获得小额养老补贴，而没有养老金。因此，在经济社会发展水平不断提高的大背景下，乡村老年人的收入水平相对来说将面临下降的趋势。如果乡村老年人群体的转移支付性收入得不到有效增长，而随着年龄增长依靠劳动获得的收入却不断减少，就会由此导致他们的总体收入水平趋于下降，产生相对贫困的风险大大加剧。

对一般农户来说，家庭经济收入和生活来源主要依靠劳动。因而，在劳动力缺乏的情况下，农户增收的困难陡然上升。在乡村全面脱贫之

---

① 陆益龙. 后乡土中国. 北京：商务印书馆，2017.

前，贫困户的一项致贫原因便是缺乏劳动力或劳动力不足。通过有效的扶贫行动，一些贫困农户得以实现脱贫，但是部分缺乏劳动力的农户仍面临可持续发展困境。没有充足的劳动增收渠道，家庭如何实现增收则是一个突出问题。所以在后脱贫时代，乡村缺乏劳动力的农户也容易沦为弱势群体，这些家庭不仅面临收入相对低下的状态，而且生活状况也相对窘迫。

残障群体是身体和精神有残缺和障碍的人群，该群体是社会中的特殊群体，也是弱势群体，因为他们与正常人相比，总体处于弱势地位和弱势状态。对残障群体来说，他们的权益保障和发展水平在很大程度上取决于社会残疾人的保障水平和残疾人事业发展状况。在乡村社会，慈善事业和残疾人保障体系的建设与城市相比，还有一定差距。乡村社会福利和社会保障体系的不断完善，是保障和促进乡村残障群体均衡和充分发展的重要条件。否则，作为弱势群体的乡村残障群体在后脱贫时代，也面临较大的相对贫困风险。

从城乡居民收入差距中可以看到，乡村居民的收入水平相对较低，但这并不意味着乡村居民多处于相对贫困状态。然而，不容忽视的事实是，乡村社会中存在收入低下的群体。低收入群体由于收入增长困难，收入水平相对降低，可能导致生活的困境，即收入水平不能有效满足人民日益增长的美好生活需要，乡村低收入群体就会成为弱势群体，他们也可能处于相对贫困的境地。

现实中，乡村社会还可能出现多种弱势群体，这些弱势群体的产生以及弱势状态的存在，从一个侧面反映出乡村社会的相对贫困。多种形态的相对贫困可能因多种因素而陷入弱势状态，但就本质而言，相对贫困的弱势群体生成机制反映的是，特殊群体如得不到有效保障，难以实现均衡、充分发展，出现相对贫困的风险就会明显加剧。

乡村相对贫困虽不是贫困问题，但属于不均衡、不协调范畴。相对贫困的相对剥夺机制是指社会中不合理的结构、设置和制度所造成对某些阶层和群体的相对剥夺，导致这些阶层和群体面临经济社会生活的困境或不协调状态。

国际上一些关于乡村相对剥夺性贫困的观点认为，相对剥夺模式由三个方面构成：(1) 家庭剥夺，(2) 机会剥夺，(3) 流动性剥夺。[①] 家庭剥夺主要包括低收入、住房问题；机会剥夺包括工作、教育、医疗和休闲等机会剥夺；流动性剥夺指交通成本和不可达性以及配给机会剥夺等（见图 8-1）。

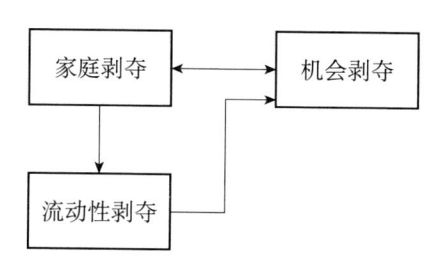

图 8-1 乡村相对剥夺性贫困的构成

从中国乡村的实际情况看，相对剥夺机制主要存在于两个方面：一是乡村社会空间的相对剥夺；二是家庭的相对剥夺。

所谓社会空间的相对剥夺，是指各种相对剥夺多与地理位置和空间格局有密切关系。一些乡村社会空间，不仅地理位置偏僻、交通条件差，而且空间环境和生态条件较为不利，使得生活在那里的人群需要应对自然灾害等不利因素的挑战。这些空间因素通常也是容易造成贫困问题的致贫因素。[②] 即便在全部脱贫之后，致贫机制得到了有效控制，但相对剥夺机制会在一定范围内起作用。在脱贫攻坚阶段，对那些"一方水土养不起一方人"的贫困村，采取了易地扶贫搬迁的措施，以彻底拔掉"穷根"。然而，中国乡村分布的区域广泛，空间跨度大，差异性也大，难以像城市那样进行空间统一规划。因此，脱贫之后的乡村社会，仍可能有区域空间差别带来的不均衡问题。

---

① Cloke P, Goodwin P, Milbourne P, et al. Deprivation, Poverty and Marginalization in Rural Lifestyles in England and Wales. Journal of Rural Studies, 1995, 11 (4): 351-365.
② 任慧子. 乡村贫困的地方性特征及土地利用对乡村发展的影响. 西安：陕西师范大学出版社总社，2016：12.

受人文地理空间因素的制约，一些村庄既要面临脆弱性条件的挑战，又要应对如何实现充分发展问题。当遭遇不利自然和生态条件冲击时，这些乡村更容易陷入经济社会生活的困境。与乡村发展的正常状态相比，其相对剥夺的特征会凸显出来，产生区域性相对贫困的风险也会随之增大。

家庭的相对剥夺是指乡村个别或部分家庭可能遇到的相对剥夺。在经济不发达的乡村地区，较多家庭的应急资本较少。一旦家庭遭遇突发变故，往往缺乏充足的应急资本应对变故，其中一些家庭也就陷入窘迫或困境之中。如事故、疾病、阶段性支出激增等变故因素，容易对一些乡村家庭造成相对剥夺。遭受相对剥夺的乡村家庭，通常会出现收入下降，从而成为低收入群体。

家庭成为低收入群体，意味着家庭收入水平相对较低，与一般家庭有着明显差距。更重要的是，家庭收入降低可能造成两种影响：一方面影响乡村家庭生活水平，导致这些家庭出现生活压力和困境；另一方面给人们带来相对剥夺感，让这些家庭感受到境遇的不利变化以及变化的不合理性。

由家庭相对剥夺而出现的乡村相对贫困具有个别性、偶然性和特殊性，也就是说，家庭的相对剥夺现象并非普遍的，与此相关的相对贫困亦非普遍。个别或部分农户可能因种种特殊原因，而遭遇经济社会生活的困难，在社会救助和社会保障难以跟进预防和保护的情况下，会由此陷入相对贫困境地。

乡村相对贫困的社会排斥机制是指社会结构和体制机制中存在对乡村一些群体获得资源、机会和利益构成排斥影响，从而使这些人群处于资源相对匮乏、机会相对缺乏和收入相对低下的不均衡状态。

就乡村社会现实而言，在现代化、城镇化、工业化和信息化的大趋势下，传统乡村和乡村传统在不同层面、不同程度受到现行结构和体制机制的排斥。例如，城镇化的推进，在将更多人吸引和集中到城市甚至是大城市的同时，无形中构成了城市对乡村社会的结构性排斥。越来越多的人倾向于到城市工作、居住和生活而排斥乡村生活方式和乡村价值，这一社会选择不可避免导致乡村的非均衡发展。城镇化对乡村社会所产生的排斥并非必然，而是城乡体制机制的不合理因素影响所致。人们之所以单向度流入城市而排斥乡村，关键原因在于城市的优势地位。如果城乡是融合发展、一体化发展和包容发展，乡村能够共享城市发展成果，城乡基本公共服务和公共福利达到均等化水平，那么城镇化进程不会构成对乡村的排斥作用，相反会起到促进共同富裕的作用。通过以城带乡、以工促农机制，可以使乡村社会获得更加均衡、更加充分的发展，相对贫困也不会存在。

在数字时代，数字经济成为经济社会发展的新动能、新路径。乡村社会如果在数字乡村建设方面滞后，那么将面临数字社会排斥，即乡村社会将在数字经济时代处于发展相对劣势状态，乡村难以从数字经济发展中获得充分发展。特别是对乡村老年人群体来说，如何解决数字鸿沟问题，将直接关系到数字化对乡村的排斥程度。

乡村社会排斥性相对贫困还来自一些制度设置和政策安排。在制度变迁过程中，一些制度或政策安排上的变化可能会带来对乡村一些群体的排斥。如生态环境保护的加强，对相关区域内乡村产业发展会起到一定规制和约束作用，对相关从业群体实际上产生一定的排斥，使得这些群体成员面临着重新选择的挑战，而这些群体在生计转变过程中往往又面临其他方面的排斥，达到完全适应的状态则困难重重。

在市场化的大环境下，来自市场的排斥对乡村相对贫困的产生也会有一定影响。市场排斥体现在市场逻辑对乡村价值、乡村传统和乡村劳动力的低估和排斥。例如，按照市场体制的逻辑，乡村劳动力的学历和技能相对低下，因而更容易被劳动力市场排斥或劳动价值被大大低估。受市场体制排斥影响，乡村居民在就业和收入机会等诸多方面，可能处于相对劣势的地位，而且经济和生活状况会具有相对贫困的特征。乡村社会排斥性相对贫困，集中反映出社会发展中的不公平、不合理问题，这些问题的产生既是不公正结构和体制机制导致的结果，也有社会建构在其中起作用。

乡村相对贫困的不均衡发展机制是指各种经济社会发展的不平衡、收入分配差距等导致乡村社会处于相对贫困的状态之中。按照世界银行对相对贫困的界定，个人或家庭收入水平在社会平均收入水平三分之一以下的，皆可视为处于相对贫困状态。由此来看，不均衡的发展和收入差距的扩大以及贫富分化都是相对贫困生成的重要机制。

随着脱贫攻坚的全面胜利，乡村绝对贫困问题已经全部消除，贫困可能发生转向，其中包括从绝对贫困向相对贫困的转向。这样，乡村相对贫困可能逐渐凸显。乡村相对贫困，在城乡居民人均可支配收入的差距，东部、中部、东北部和西部四大区域以及相对内部发展不均衡等方面得以集中体现。[①] 城乡之间的不均衡发展问题由来已久，受复杂因素的影响和作用。2022 年，全国居民人均可支配收入 36 883 元，城镇居民人均可支配收入 49 283 元，农村居民人均可支配收入 20 133 元。城镇居民收入水平明显高于农村居民，是农村居民收入水平 2.4 倍以上，可见城乡居民收入差距依然显著，某种意义上反映城乡之间发展的不平衡问题仍很突出，由此引发乡村相对贫困的风险会比较高。

在四大区域之间，发展的不平衡也依然存在。东部地区的乡村发展较快，人均收入水平最高，其次是东北部地区和中部地区，西部地区乡村收入水平最低。区域间发展的不平衡与收入差距的存在，反映的是贫富分化和社会不平等问题。相对贫困与这些问题高度相关，甚至是一致的。

在不均衡发展机制中，相对贫困的发生与落后地区乡村的产业发展不充分密切相关。在中西部偏远的乡村，地理位置、自然环境和交通条件等因素制约着工业化进程，工业产业发展缓慢，在很大程度上影响到区域经济发展水平，进而制约着居民收入水平的增长。发展滞后地区乡村大多维持着以农为主的产业结构，第二、第三产业的发展较为迟缓，

---

① 张永丽，耿小娟. 西北地区反贫困战略与政策研究. 北京：人民出版社，2018：10.

乡村居民的增收渠道由此受限，收入增长缓慢，且处于相对低下的水平，与发达地区相比差距明显，相对贫困的特征也显现出来。此外，在发展滞后的乡村地区，结构调整和产业更新相对较少，缺乏新业态的发展，经济发展的新动能由此不够充分，在很大程度上制约乡村经济发展和居民收入增长。

不均衡发展机制的作用还体现于收入分配结构不均衡导致的贫富分化问题。收入水平的差距与收入分配体制机制是分不开的，不同阶层和群体发展的不平衡，与不同阶层和群体所获得的收入分配机会是密切关联的，而不同阶层和群体分配到什么样的收入，则是由收入分配结构特征和分配原则决定的。对以农为主的农户和农民来说，其收入来源主要依靠小规模的家庭农业，且农业以种植为主，增收的空间非常有限。对小农户来说，除农业收入来源外，工资性收入、财产性收入和资产性收入分配几乎完全缺乏，使得这些小农户在经济发展和收入分配方面总处在相对劣势的状态，不均衡、不平等的格局难以打破。

后脱贫时代的乡村社会，绝对贫困已全部消除，相对贫困则成为需要关注和应对的新问题。乡村相对贫困在本质上有别于绝对贫困，尽管人们也用一些指标来衡量和界定相对贫困，或以收入差距来反映相对贫困，但乡村相对贫困其实是复杂的社会现象，与多维的因素密切相关。因此，乡村相对贫困的生成机制多种多样，或者说是动态的、变化的。乡村弱势群体、相对剥夺、社会排斥以及不均衡发展为我们理解和认识乡村相对贫困提供了几种重要的参照系，但这几种生成机制不等同于致贫原因，因为相对贫困本身并没有绝对的标准。已有关于相对贫困的讨论，更加注重从收入的维度来看贫富分化，或是用基尼系数来衡量相对贫困的程度，由此把相对贫困与社会经济不平等相提并论。

对乡村相对贫困生成机理的把握，关键还是要从发展的视角出发，关注乡村弱势群体的发展状态和发展中出现的不均衡不充分问题。某种意义上说，脱贫之后的乡村相对贫困本质上是乡村发展变迁过程中产生的不平等，以及乡村不协调发展的结果。当然，相对贫困也是一种贫困，相对贫困之为贫困，主要是因为不协调关系已影响到相对弱势人群的正常生活和正常发展。

三、相对贫困对乡村振兴的影响

进入新时代，"三农"工作的中心转移至巩固脱贫攻坚成果与乡村振兴的衔接上，这一过程既包括战略的转换，也包含战略性衔接。顺利地实现衔接，必须有坚实、可靠的衔接载体。结合乡村脱贫攻坚与乡村振兴的性质和特征，治理乡村相对贫困是有效衔接机制中的重要组成部分。

乡村社会在实现全部脱贫后，绝对贫困问题已全面消除，但这并不意味着贫困治理已彻底终结。在新时代乡村振兴之路上，首先需要巩固脱贫成果，此项工作实质上仍属贫困治理的范畴。更重要的是，防止返贫、预防贫困和治理相对贫困等是后脱贫时代贫困治理的基本任务。贫困治理是社会治理的重要构成，具有长期性、常规性。全面脱贫后的乡村贫困治理不再指向绝对贫困问题，而是治理乡村相对贫困。预防、应对和治理乡村相对贫困，既是巩固脱贫攻坚成果的任务之一，也是促进乡村振兴的重要基础。乡村相对贫困的出现和存在，会在多个方面对推动乡村振兴产生相应的影响。具体来说，乡村相对贫困的影响体现在人才支撑、文化重建、产业发展、治理有效和城乡融合五个方面（见图 8-2）。

乡村振兴需要人才来振兴，没有人才的支撑，乡村振兴会缺乏必要的主体和推动力。在工业化、城镇化推进过程中，乡村出现的衰落和凋敝现象与乡村人口的大量外流有着不可分割的关系。大量乡村劳动力进城打工，在城镇寻求更理想的非农业就业机会。乡村人口和劳动力的单向外流，既是乡村发展滞后导致的结果，又是加剧乡村发展问题的重要因素，成为恶性循环的重要环节。为扭转这一局面，实现乡村振兴战略目标，必须实施乡村人才振兴计划。在 2021 年出台的《中华人民共和

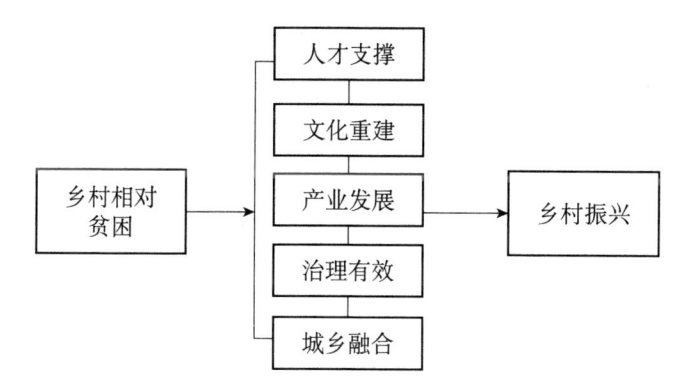

图 8-2 相对贫困对乡村振兴的影响

国乡村振兴促进法》中，明确提出："国家健全乡村人才工作体制机制，采取措施鼓励和支持社会各方面提供教育培训、技术支持、创业指导等服务，培养本土人才，引导城市人才下乡，推动专业人才服务乡村，促进农业农村人才队伍建设。"

为顺利落实人才支撑乡村振兴的政策措施，首先需要有效预防和治理乡村相对贫困，因为乡村社会能否留住本地人才，能否更好吸引外来人才，关键条件之一是乡村社会的收入水平和生活条件达到小康乃至富裕程度，即达到生活富裕的状态。如果乡村发生和存在相对贫困，意味着乡村与城市、本地与外地存在收入差距和贫富差别。对个体来说，微观经济社会行动选择遵循理性选择的原则，即倾向于选择收益或利益最大化的行为。这样，乡村居民仍会选择生活条件更好和收入水平更高的地方。对外地人才来说，也不倾向于选择到乡村社会发展。

乡村社会如出现相对贫困，会影响人们对乡村未来发展和乡村振兴的期望和信心，难以根本扭转乡村人口单向外流的局面，乡村振兴的人才支撑计划及各项政策措施难以落实。乡村内部的劳动力和乡村各方面精英在对乡村未来信心不足时，会选择向外迁移和流动，以期获得更为理想、收入更高的机会。通常情况下，乡村精英或人才更倾向于到城市发展，而非在乡村创业，其中一个重要原因是乡村发展不平衡状态影响人们的社会预期。

乡村相对贫困对人才引入的影响会更大。人才一般倾向于选择有更好发展状况和更理想发展前景的工作地,若相对贫困在乡村广泛存在,意味着乡村发展的不均衡、不充分问题仍突出,这会大大降低外来人才下乡的动机。尽管国家有一系列人才下乡支持和补贴政策措施,也有动员体制鼓励外部人才下乡创业和干事业,这些政策措施会在一定范围、一定阶段内产生激励和推动作用,但没有均衡充分发展作为基础,这些政策措施的持续效应会受到限制,特别是相对贫困状态的出现将大大抵消鼓励和支持性政策措施的正向作用。

文化振兴是乡村振兴的核心内容,又是乡村实现振兴的重要前提。乡村文化及其传统可以说是乡村社会系统的灵魂,乡村社会的存续和振兴,离不开乡村文化的重建和复兴。乡村之为乡村,是因其有自身特色的文化,即乡村本土文化。

在现代化、城镇化浪潮的冲击下,乡村文化被严重侵蚀,甚至濒临消亡。乡村居民对乡村文化、乡村价值的认同感大大降低。尤其是乡村人口在大流动的过程中,几乎丢失了乡村文化传统,且迷失了文化方向。

文化在社会系统中具有整合功能,也是凝聚社会的重要机制。乡村振兴需要凝聚和整合多方面的力量,致力于变革、创新和发展。因此,乡村振兴不仅仅要在物质方面实现振兴,使乡村生活富裕起来,而且要在精神方面实现振兴,使乡村文化繁荣起来。

乡村文化并非空中楼阁,亦非抽象范畴,而是与乡村社会生活和乡村建设的方方面面紧密相关。乡村相对贫困的发生和存在,会从多个方面影响乡村文化建设和文化繁荣。首先,乡村相对贫困状态意味着乡村物质基础和物质条件的相对薄弱,这在较大程度上制约乡村文化建设和发展,因为文化建设必须有良好的物质条件作基础,需要相应的经济与财力支持。相对贫困的乡村难以不断满足人民日益增长的美好生活需要,包括文化生活方面的需要。一方面,重建乡村文化的动力不强,因为在相对贫困状态下,人们仍会继续关注基本生活需要的满足,尤其是物质方面的需要,而对精神文化生活需要并不十分关注。另一方面,相对贫困状态难以为乡村文化重建提供坚实的物质支撑。乡村相对不平衡的发展状态意味着基础设施和物质条件有限,而文化建设需要物质和财政投入,且没有直接的经济收益,而是一种长期投资,其收益效应是潜在的、无形的。

其次,乡村相对贫困状态既包括收入物质方面的相对贫困,也包括精神文化方面的相对贫困。收入差距是影响乡村振兴和均衡发展的重要因素,文化上的相对贫困所起的负面影响也不容忽视。特别是在乡村全面脱贫之后,贫困从绝对贫困向相对贫困转变,物质相对贫困逐渐转向文化相对贫困。相对贫困向文化的渗透,某种意义上说,其产生的负面影响甚至超过物质方面的相对贫困,因为文化贫困不仅动摇乡村社会核心价值观,动摇乡村文化传统的根基,而且导致贫困文化的产生。随着贫困文化的产生,"等、靠、要"的福利依赖心态将在乡村社会盛行,乡村振兴的主体性、能动性会严重受挫。乡村主体成员不是积极主动投身于乡村振兴事业,而是等待"外面世界"的扶助。在乡村社会内生动力严重匮乏的情况下,振兴计划难以得到充分执行,振兴效果会大打折扣。此外,乡村文化贫困会直接影响到乡村居民的文化认同、文化自觉和文化自信,由此导致乡村文化重建缺乏必要的基础和社会支持。越来越多的乡村居民特别是外出流动的群体,对乡村本土文化的认同感越来越低,更谈不上对乡村文化的自信,因而对乡村文化重建和文化繁荣发展的支持有限。这些因素反映出乡村相对贫困状态会波及乡村文化建设,进而对乡村文化振兴以及乡村振兴产生不利影响。

产业发展对于乡村振兴来说至关重要,相对贫困影响乡村振兴的机制之一便是对乡村产业发展的负面作用。当然,乡村相对贫困与产业发展之间并非单向因果关系,而可能是双向影响的关系。一方面,乡村产业发展的相对滞后性会直接作用于相对贫困,因为没有产业的支撑,乡村收入水平难以得到提升,乡村社会生活条件也得不到充分改善,不均衡、不协调的特征会凸显出来,相对贫困的风险很高。另一方面,相对贫困也会反作用于乡村产业发展，这种反作用机制通常是潜在性的而非显性的。相对性是相对贫困的重要特征，相对性主要相对于社会成员的主观感受、主观认知和主观态度。当较多的人主观感受到不平衡、不协调、不平等或贫富分化时，实际上意味着相对贫困已发生，因为人们的主观观念是对客观事实的反映，尽管主观反映具有相对性和个体差异性，但如果主观观念是以群体心态反映出来的，那么则表明人们所反映的客观事实具有一定的共性特征。相对贫困之所以反作用于乡村产业发展，其关键在对社会心态和社会预期的负面作用。当乡村相对贫困状态出现时，就意味着关于乡村经济社会发展的消极社会心态已经显现，甚至流行开来，这类消极社会心态以及对乡村发展的相对较低预期可能造成人们对乡村产业发展的推动和支持动力的降低或缺乏。

乡村相对贫困对乡村产业发展的影响机制主要是需求制约机制。在相对贫困的乡村地区，意味着其发展水平处在相对较低状态，这一发展状态制约了社会需求的提高和升级。即便在脱贫之后，如果维持着相对较低的收入状况，即刚刚满足基本生活需求，那么区域内的需求结构将处在单一和较低层次状态。产业发展的动力有两大类，一类是投资驱动，另一类是需求驱动，投资与需求之间又有相互影响的关系。区域内生性需求结构和需求层次如果维持不变，或处于刚性状态，甚至是单一的、低层次的，那么对区域内产业发展的推动作用会明显受限。需求制约包括需求结构对新业态发展构成约束，当区域内的社会需求结构保持不变，意味着对乡村新兴业态的需求也很有限。在对新业态有效需求不充分的环境下，新业态的发育和成长都比较困难。相对贫困乡村区域内社会需求不足不仅制约新业态的发展，而且影响产业发展的总体动能。一个区域的经济与产业发展，首先要立足于区域内生需求，当然，市场需求量能够起到导向作用，但区域性需求的影响更为直接。更为重要的是，乡村区域内的需求水平反映的不仅是需求问题，而且在一定意义上代表发展环境和条件，有限的社会需求难以为区域内产业发展提供有利的环境和条件。改变乡村相对贫困状态，其意义不仅在反贫困，而且对促进乡村产业发展具有积极的功能。

治理有效是乡村振兴的重要内容，也是衡量乡村振兴的重要维度。乡村相对贫困影响乡村振兴也体现在治理方面，表明贫困治理的有效性仍有限。相对贫困治理虽有别于脱贫攻坚，但仍在贫困治理的范畴之内。在乡村治理中，发展是治理的核心内容之一，如何推动乡村社会取得良好发展成就是乡村治理需要应对的问题。乡村相对贫困的存在，反映乡村治理未能有效解决乡村发展问题，导致乡村处于不均衡发展状态。

乡村相对贫困影响乡村有效治理，其原因可从三个方面来把握：其一是相对贫困影响着乡村发展的均衡性。在相对贫困状态之中，乡村的不均衡不充分发展的矛盾得不到有效解决，社会差别和主要矛盾未有效解决，意味着治理的效能和效果并不理想。有效的乡村治理需要达到促进乡村充分均衡发展的目标，这样才会推动乡村振兴。

其二是相对贫困影响乡村居民的满意度。乡村相对贫困虽不是绝对的，但其相对性更多地反映出居民的主观感受、主观认知和主观态度，这些主观观念一般是消极、负面的，表明人们对发展现状和分配格局的满意度相对较低。有效的乡村治理需让乡村居民公平分享到发展成果，使其对现实状况有较高的满意度。乡村治理有效会使民众产生较高的安全感、秩序感、满足感和幸福感，人们从有效治理中得到多方面的需求满足。但低效或无效的治理容易引发消极社会情绪，让人产生不满心态，这些消极社会心态会对乡村振兴产生消极影响。

其三是相对贫困影响着乡村民众参与治理的积极性。当乡村出现或存在相对贫困时，低收入水平和贫富分化明显，人们不仅在观念上产生不满，而且在行动上做出相应的反应。乡村治理效能的提高，效果的改善，都离不开民众的参与和积极配合。如果基层民众参与治理的积极性很低，缺乏治理的主体性和主动性，必然影响着乡村治理的过程和效果。乡村治理有效既要求治理主体的有效组织、有效实施治理措施，也需要治理对象的积极行动。乡村治理如能有效地动员起、协调好、组织好乡村基层民众，充分调动广大群众的积极性、能动性和创造性，会给乡村振兴增添巨大活力，增强发展与振兴的动力。

在推进乡村振兴战略的过程中，城乡融合、城乡统筹和城乡一体化发展等是重要的策略选择。也就是说，乡村振兴并不仅仅从乡村单向发力，而且需要城乡互动，双轮驱动，双向发力。要从城乡关系变革和创新发展的视角来认识、看待和推进乡村振兴。在这个意义上，城乡融合发展对实现乡村振兴起到重要推动作用。

如果说相对贫困影响着乡村振兴，那么其中一个重要机制便是相对贫困影响城乡融合。乡村相对贫困的突出形态是城乡收入差距拉大，城乡基础设施及基本公共服务水平和生活条件产生巨大差别，乡村发展的滞后性显著增强。如果出现这样的局面，那意味着乡村社会的相对贫困特征已经凸显。处在相对贫困之中的乡村，由于与城市发展的分化和差距较大，会在很多方面自然产生结构性的和体制性的隔阂与对立，城乡关系更容易走向二元分割和对立，而不是城乡融合，因为两个差别很大的实体难以融合到一体化结构之中。

此外，乡村相对贫困的出现也反映出城市与乡村之间发展状态的不均衡、不协调，乡村发展存在不充分问题，这一状态影响着城乡之间的相互融合。在城乡融合水平较低的情况下，乡村受排斥的风险其实在增大，乡村发展可能进一步受到制约，因为以城带乡、以工促农以及城乡联动的发展机制所发挥的功能将受到制约，乡村振兴的推进也会受到负面的影响。

四、有效治理乡村相对贫困的路径

乡村绝对贫困全部消除后，反贫困和贫困治理转向脱贫成果巩固和相对贫困治理。防范和治理乡村相对贫困，需要政府、市场和乡村社区等主要治理主体联动起来，形成合力，协同合作，选择合理有效路径，实施有效治理措施，共同行动，助力乡村振兴。在治理乡村相对贫困过程中，不同治理主体可选择重点治理领域，选择更有效的路径，以发挥更高的治理效能（见图8-3）。

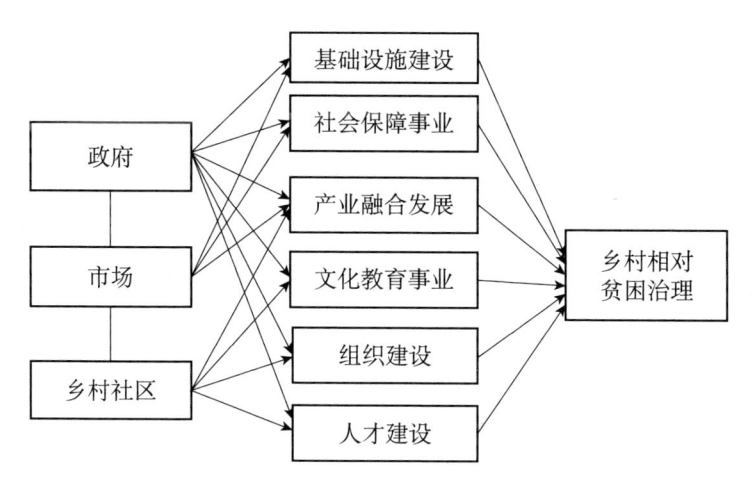

图 8-3 乡村相对贫困治理路径示意图

总体来看，有效防范和治理乡村相对贫困的路径主要包括六条：投资基础设施建设路径、发展社会保障事业路径、促进乡村产业融合发展路径、投资文化教育事业路径、组织建设路径和人才建设路径。

受多种复杂因素影响，如乡村地理位置、自然条件以及经济条件和体制机制等，乡村基础设施建设一直以来是块短板。在乡村基础设施建设方面，公共投入和市场投资相对不足，从而使乡村基础设施建设的薄弱和滞后在较大程度上制约乡村其他方面的发展，包括相对贫困的发生和存在。尽管增加乡村基础设施建设的投入可能在短期内不会直接带来农户的增收，但实际上可彻底改变乡村不充分发展的根基，从而消除相对贫困发生的一个主要根源。因此，向乡村基础设施建设的投资是治理乡村相对贫困的一条重要且非常有效的路径。

在乡村基础设施建设中，政府和市场是两大主体。向乡村基础设施建设加大投资，需要依靠政府主导和市场参与。政府的主导作用体现在乡村基础设施建设的规划、设计和建设阶段，各级政府需要协同起来，发挥引领和指导作用，对涉及乡村社会重大民生发展的基础设施，如水、电、路、住和数字通信等基础设施，政府要制定合理的投资建设规划，有计划分步骤地实施建设，为改善乡村群众的生活条件奠定物质基础。政府还可通过政策引导，广泛利用市场机制吸引社会资金投资乡村基础设施建设。

在乡村基础设施的建设、运营和维护阶段，市场主体的参与会发挥更大作用、更高效率，也是保障乡村基础设施建设可持续发展的重要机制。一方面，政府可通过市场购买服务的方式将市场机制引入乡村基础设施建设和治理之中，以加大对乡村基础设施建设的投入，提高乡村基础设施的供给效率。另一方面，也要发挥政策的引导作用，鼓励和激励市场主体积极投资乡村基础设施建设领域。

乡村基础设施建设的改善，会大大改善乡村经济发展的基础和环境，为乡村发展创造更多的机会和可能。如在数字时代，如果乡村的数字基础设施建设仍处于落后状态，就会在数字经济发展上失去机会，导致新业态难以培育、成长。乡村基础设施建设投入的增多，也能给乡村劳动力增收创造机会，因为乡村劳动力在参与基础设施建设中能够获得新的就业岗位和收入来源。乡村基础设施建设短板的补齐，为乡村获得均衡充分发展奠定基础，对预防和治理乡村相对贫困创造更加有利的条件。

发展社会保障事业是治理乡村相对贫困的有效路径之一。在精准扶贫和脱贫攻坚阶段，社会保障的兜底作用已经对解决农村绝对贫困做出过巨大贡献。脱贫后的乡村治理相对贫困，仍然需要不断完善和发展乡村社会保障体系，为防范和治理相对贫困编织起安全保障网。构筑起完善的社会保障体系，同样需要政府在其中发挥主导和主要作用，政府也可引入市场机制以创新保障体制，提供更多更丰富的资源，更有效地治理相对贫困。例如，河北省魏县推行实施的"防贫保"措施，就通过采用政府购买商业保险的模式，实现政府与市场的合作，发挥商业保险对扶贫和巩固脱贫成果以及防范乡村相对贫困的积极功能。

[案例8-1：河北省魏县"防贫保"机制①]

魏县是河北省国家级贫困县，2017年底，全县农村建档立卡贫困户24 270户，贫困人口94 252人，其中累计已脱贫22 446户89 022人，贫困发生率降至0.86%。

2017年6月，魏县成为"防贫保"机制的试点县，中国太平洋财产保险股份有限公司对接政府和防贫需求，参与魏县试点工作。

"防贫保"机制的具体运作方式是：魏县政府每年拿出400万元财政资金作为防贫保险金，按每人每年50元保费标准，为80万农村户籍人口的10%即8万人统一购买防贫保险。魏县防贫保险保障对象为"两非户"：一类是"非高标准脱贫户"，即已达到脱贫标准，但收入不稳定容易返贫户；另一类是"非贫低收入户"，即非建档立卡贫困户但家庭收入处于贫困线边缘的农户。

"防贫保"瞄准五大重点，即预防和保障"因病""因学""因灾""因就业""因产业"返贫。魏县防贫保险制度实施以来，共监测相关对象13 383人，纳入防贫救助1 084人，支付救助金1 430万余元。2018年魏县摘掉贫困县帽子后，没有出现新增返贫对象。

由政府主导，市场参与，政府与市场协同建设和完善乡村社会保障体系的路径，对防范和治理乡村相对贫困有着非常重要的意义。通过这一路径，乡村低收入人群或脱贫后的农户在制度上有了安全可靠的保障，返贫的风险可以大大降低甚至全面消除。而且这一路径实际为欠发达地区乡村提供了一种收入来源，在转移支付性收入的支持下，低收入人群的相对贫困可在一定程度上得到消解，至少社会保障体系能在一定程度上降低人们的相对剥夺感。

随着社会经济水平的不断提高，社会保障体系也需要与时俱进，不

---

① 谭诗斌，陈平路，洪绍华. 精准扶贫实践创新研究. 武汉：华中科技大学出版社，2021：304-314.

断创新，不断提高保障水平，提升民众的社会安全感和相对满足感。特别是在均衡和协调社会关系方面，社会保障可通过体制创新，增强对弱势群体保障的同时，发挥向弱势群体赋能的作用，为弱势群体获得均衡充分发展提供强有力的社会支持。

乡村产业发展在治理乡村相对贫困中具有基础性、决定性的地位，因为经济是基础，如果乡村经济得以均衡有效发展，贫困和相对贫困问题就会迎刃而解。在新的历史时期，乡村产业发展面临结构调整和高质量发展的巨大挑战，以往单一农业结构或以农为主的乡村经济，在工业化、全球化大背景下，必须得到创新和变革，才能有效提高经济效益。

实现乡村产业振兴，乡村需要走产业融合发展之路，融合发展是产业发展的大趋势、大方向，乡村产业发展亦如此。乡村的农业要与第二、第三产业融合起来发展，才能有效促进乡村居民增收，对预防和治理乡村相对贫困发挥积极作用。

乡村产业融合发展的路径选择，需要政府在其中扮演引导角色，引导广大小农户求变、求新，积极发展新产业，促进农业与第二、第三产业融合。与此同时，政府还可实施一些支持性政策措施，激励和支持乡村居民或小农户创业发展，为小农户发展第二、第三产业提供一定资金、信息和技术等方面的支持。市场主体在乡村产业融合发展中要发挥积极参与和配合的作用：一方面，各种市场主体可结合国家乡村振兴战略，积极参与到乡村经济建设和产业发展之中，创建乡村发展和企业发展的共赢格局；另一方面，市场主体需配合乡村产业发展，为乡村产业融合和新产业的发展提供更多的市场机会，并给予市场机制的配合和支持。对乡村社区来说，需要广泛动员乡村居民积极主动地投身于产业融合发展之中，充分发挥社区的组织和协调功能，调动广大乡村居民在乡村经济结构调整和产业融合发展方面的主体性、主动性和创造性。小农户是乡村产业融合的真正主体，只有将小农户的积极性调动起来，产业融合发展的内生动力才能得以增强。此外，在推进乡村产业融合发展过程中，政府、市场和乡村社区三方面治理主体还需协同起来，形成合力，这对产业融合发展有效机制的构建至关重要。

加强乡村文化教育事业的发展，也是有效防范和治理乡村相对贫困的有效路径之一。乡村文化事业发展包含两个方面，一是乡村文化建设，即通过各种文化活动，提升乡村文化资本，丰富并积累乡村文化资源，增强乡村文化软实力。二是乡村公共文化服务，即向乡村提供公共文化服务，如"农家书屋""老年活动中心""送戏下乡"等，通过增加服务供给，满足乡村居民的文化生活需求，改善乡村生活条件。无论是文化建设还是公共文化服务，乡村文化事业的发展，都有助于乡村文化资源的丰富和增长，对乡村发展新型文化产业，促进经济发展和居民生活水平的提高都具有积极的作用。

教育是乡村居民实现上升流动、获得更好发展机会的重要渠道。通过提高受教育水平，乡村居民在市场化大背景下能够获得更高的人力资本，由此收入增长的机会得以增多。因此，教育扶贫是有效扶贫脱贫方式之一，对预防相对贫困也是有效的。

通过发展文化教育事业治理乡村相对贫困，主要治理主体是政府和乡村社区。政府在此项治理路径中的作用体现在组织、协调、动员和提供资源，不论是乡村文化事业还是教育事业，都需要政府来主导推动，并提供充足的资源以支持其发展。而且，乡村文化教育事业要得到更好发展，也需要政府来协调多方面的关系，为乡村文化教育事业发展创造有利的环境。乡村社区则要积极、主动地参与到文化建设和教育发展之中，更加有效地动员和利用乡村文化资源，不断提高社区居民的受教育水平和人力资本，积极探索文化富民之路和教育富民之路，使文化教育资源在促进共同富裕、防范相对贫困方面发挥积极功能。

组织建设、组织振兴是乡村振兴的重要途径，对防范和治理乡村相对贫困来说，也是有效路径之一。组织建设既是乡村建设范畴，也是乡村治理的重要内容。乡村组织化程度的提高、组织发展水平的提升，会促进乡村治理体系的完善和治理能力的提高，对实现乡村治理有效的战略目标有重要贡献。

进一步加强乡村组织建设，促进组织振兴，一方面需要政府将治理重心下移，强化基层政权组织建设，积极引导社会组织参与乡村发展和乡村振兴。另一方面，基层社区需要发挥主体性作用，加强基层自治组织建设，提升基层自治组织在基层治理和乡村建设中的组织能力。此外，政府和乡村社区在推动乡村组织建设方面，需要注重协调机制建设。乡村基层组织建设必须遵循共建共治共享的基本原则，共同地、协调一致地参与乡村治理，共同为乡村建设和乡村振兴做贡献。这样，组织建设便会促进乡村治理，同时也有效治理乡村相对贫困。

促进乡村均衡充分发展，必须有人才支撑。乡村出现的发展不平衡不充分问题，与劳动力和人才净外流分不开。大量人口的流出，使得乡村内生发展动力难以聚集和增强，各项事业发展没有相应人才支撑。预防和治理乡村相对贫困，增强脱贫后乡村的发展能力，还需要加强乡村振兴的人才队伍建设，推动乡村人才振兴。某种意义上，扭转乡村人才建设的不利局面是推动乡村均衡充分发展的关键所在。

新时代的乡村人才建设，其大环境、大背景已发生巨变，因此建设路径也需要调整和创新。在乡村内部，需要有效的人才培育、使用、激励和留住机制，保障乡村内部人才有用武之地，这样才能留住人才。在乡村人才留住机制失灵的情况下，如果建立起并不断完善乡村人才支持机制，从外部向乡村输入人才，助力乡村建设、乡村治理和乡村发展，则也能避免乡村人才缺乏导致的恶性循环局面。

建立和完善乡村人才支持机制，鼓励更多人才下乡，需要政府在乡村人才建设中发挥主导作用。一方面，要制定合理有效的人才下乡的激励和保障政策措施，要让合适的人才能下得去、留得住和干得了，确保下乡人才能够真正发挥在乡村干事创业的带头引领作用。另一方面，要完善乡村人才建设体制机制，加大对乡村人才建设的投入力度，促进城乡人才良性、协调的交流互动。

对乡村社区来说，需要在乡村人才建设方面发挥主动性、主体性作用。在基层治理中，必须注重内部人才的培养和使用，动员和调动各类人才的积极性，为人才干事创业和人才发展营造和谐、良好的环境。社区在人才组织、协调方面具有自治的优势，能根据自身的特点和需要，构建和完善社区人才振兴机制，组织人才留乡和返乡创业发展。

乡村在全面脱贫之后，防范和治理相对贫困依然任重道远。已脱贫但处于低收入状态或收入差距以及发展不平衡问题，仍在乡村一定范围内存在。因此，治理乡村相对贫困的关键仍是如何促进相对弱势群体增收，支持欠发达地区获得更加充分、更加均衡的发展机会。

第 9 章　脆弱性区域的返贫风险防范

脆弱性原本指个体在未来陷入贫困的可能性，与贫困密切相关，但并非指个体当前的收入和福利水平。[①] 在扶贫和社会发展研究领域，脆弱性概念已延伸为对区域发展条件和致贫因素的一种概括。有脆弱性特征的区域，意味着经济社会发展易受到自然条件和外部因素的制约和阻碍，陷入困难和特殊状况的风险较大。在脱贫攻坚阶段，脆弱性区域是扶贫脱贫的重点地区。在巩固脱贫成果阶段，脆弱性区域仍是需要重点关注的区域，因为脆弱性特征仍是脱贫地区返贫的重要风险。

一、自然及社会脆弱性区域

中国乡村的分布区域广阔，差异性很大，很多乡村地处非常特殊的区域，不仅地理位置和自然条件特殊，而且文化传统和社会经济发展状况存在差别。乡村反贫困、巩固脱贫成果、防范返贫风险、推进乡村振兴，更需要把重点放在这些特殊的区域。较为特殊的乡村区域一般也可视为脆弱性区域，即生存、发展的环境和条件较为脆弱，易于发生危机和困境。

关于脆弱性问题，世界银行确立了两个分析维度：风险暴露和响应

---

① 张永丽，耿小娟. 西北地区反贫困战略与政策研究. 北京：人民出版社，2018：181.

能力[①]，意指在影响个体和群体生产生活的自然灾害或危机风险发生概率和频率很高的情况下，而人们响应能力很有限，这表明个体或群体的脆弱性高（见表9-1）。

表9-1 脆弱性的两个维度

		响应能力	
		低	高
风险暴露	低	低脆弱性	无脆弱性
	高	高脆弱性	自然脆弱性

对一个区域的乡村来说，如果发生各类自然灾害、恶性事件的风险或可能性低，但其自身的响应能力也低，那么，这一情况属于低脆弱性状态。因为即便外部的风险和影响较小，环境和条件并不恶劣，但由于自身响应能力低，仍会具有一定的脆弱性。当突发事件或灾害危机出现后，缺乏应有的响应能力也可能造成严重的后果。在暴露风险低的区域内，如果社会响应能力高，那么该地区就不属于脆弱性区域。

在各类风险暴露概率和频率高的区域，一般来说存在着不同程度的脆弱性。如果区域内的社会响应能力低，那么会有高脆弱性，因为区域内发生灾害危机及突发事件的风险高，而社会又缺乏足够的应对能力，生产生活陷入困境的可能性会很高。即便区域内社会具有较强的响应能力，恶劣的自然环境及灾害频发的情况仍会给人类社会经济活动和发展带来巨大挑战和影响，因而在区域自然条件方面，具有脆弱性特征。特殊的、不利的地理及自然因素在一定时期内不会改变，这种来自自然条件方面的不利影响也就会持续存在，自然脆弱性特征会延续，人们只能通过提升响应能力来对冲自然脆弱性的负面作用，更好地适应具有自然脆弱性的环境。

从脆弱性视角来考量巩固脱贫攻坚成果，防范返贫风险，治理相对

[①] 朱明熙，郭佩霞. 西南民族地区农村脆弱性贫困与反贫困研究：基于云贵川民族地区农村的田野调查. 北京：中国财政经济出版社，2018：20.

贫困，促进乡村振兴，主要是因为脆弱性问题关系到这些乡村发展战略任务的执行和完成情况，而且是一个需要重点应对的问题。脆弱性虽不等同于贫困，但与贫困发生和返贫现象有着高度相关。

乡村区域脆弱性体现在两个方面：自然脆弱性和社会脆弱性。在生态学领域，脆弱性通常用来指生态系统的脆弱性。生态是由每一个物种联结起来的有机系统，每一个构成要素的突变都可能给系统带来一定的影响。而脆弱性生态系统则指系统中的构成易发生突变，且这种突变容易给整个系统带来颠覆性的或破坏性极强的影响，导致系统失去平衡的可能性很大。对一些区域的乡村来说，自然脆弱性大体分为五个维度（见图9-1）。

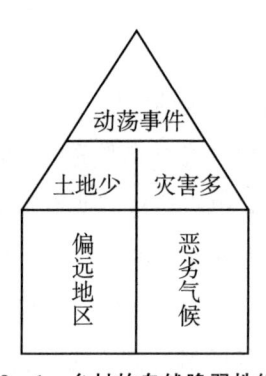

图9-1 乡村的自然脆弱性维度

具有较高脆弱性的乡村地处偏远地区，其中多为偏僻的山区。地处偏远地区反映的是地理位置的脆弱性，其脆弱之处主要包括：偏远位置限制交通发展，制约区域内居民与外界联系，或大大增加外出通行的成本和难度；地处偏僻山区的乡村遭受地质灾害的风险高，自然灾害成为导致区域脆弱的重要因素；此外，偏远地区乡村的脆弱性还表现为地理位置决定了资源禀赋，特殊的位置导致生产生活资源的特殊和单一。尽管人类通常有"靠山吃山，靠水吃水"的智慧，但在交通条件落后的情况下，依靠单一的、特色的资源也难改善生产生活。

例如，在西南川西地区，有很多乡村分布在高寒山区，不仅交通条件非常恶劣，而且地震、泥石流等自然灾害发生风险高，这些区域曾是典型的脆弱性致贫的贫困地区。

[**案例 9－1：西南地区脆弱性乡村**[①]]

四川省甘孜藏族自治州地处川、滇、藏、青四省交界处，5 个县与西藏一江之隔，18 个县中 17 个县为红军长征途经之地，素有"老、少、边、远、高、大、穷、弱"之称，全州海拔 5 000 米以上地区占总面积 11.3%，3 000～5 000 米地区占总面积 77.9%，18 个县城与省会成都平均距离 733 公里。

2012 年，甘孜藏族自治州不具备生存条件、急需搬迁的农户有 28 237 户 122 470 人；未通公路的自然村有 4 648 个，占自然村总数 83.7%；未通电的自然村 2 702 个，占总数 48.7%；未通广播电视的自然村有 1 770 个；未通自来水的自然村有 211 个，占 58%；未通网络的自然村 5 176 个，占 93%。

甘孜藏族自治州农村人均耕地面积 2.59 亩，耕地多分布于高原峡谷带，地形破碎，水源奇缺，全州能够实现有效灌溉的耕地面积在 23% 左右。

从四川省甘孜藏族自治州的情况来看，许多贫困村所处的地理位置都比较特殊，海拔高，地形特殊，基础设施建设困难，成本非常高。生存条件很艰难，自然脆弱性明显突出，在巩固脱贫和防范返贫过程中仍是需要重点支持的区域。

恶劣气候属常见的自然脆弱性特征。由于适宜的气候条件是人类生存的基本条件，又是农业生产的重要条件，因此农业生产状况及发展水平受气候条件影响较大。特殊的气候条件通常影响到人类生存生活所必需的水资源情况：降雨量过多容易发生洪涝灾害，不仅危及生存安全，也容易对农业生产造成破坏性影响；降雨量太少的干旱、半干旱地区，发生旱灾的风险很高。水资源的短缺导致生存危机、生态危机和生产危

---

① 朱明熙，郭佩霞. 西南民族地区农村脆弱性贫困与反贫困研究：基于云贵川民族地区农村的田野调查. 北京：中国财政经济出版社，2018：31－40.

机，从而危及社会经济系统，使得社会经济系统具有很高的脆弱性。例如，在西北地区，干旱、半干旱气候导致一些乡村处于脆弱状态。不利的气候条件使得农业生产的效率和效益较低，广大农户难以依靠农业经营收入来维持家庭生活，更难从农业中获得充分发展，改变发展滞后的状态。

> **[案例 9 - 2：西北地区脆弱性乡村[①]]**
>
> 甘肃省 14 个样本村属于黄土高原干旱、半干旱的区域，平均海拔 1 200～2 100 米，年降雨量仅为 200～500 毫米，平均气温 5～8 摄氏度，耕地多以山地为主，兼有少量的川地，人均耕地多在 5 亩以下，山地面积占总耕地面积的 45% 左右。
>
> 14 个脱贫村户均人口为 4.8 人，家庭人口中的 22.8% 外出务工，32.4% 从事农业生产。家庭全年收入的 64.61% 来自务工收入。农业收入仅占 19.36%，非农经营的收入为 15.76%。
>
> 土地是农户的基本生产资料，也是其获得生活资料和收入的基础。土地少是一些乡村脆弱性的显著表现，因为对乡村居民来说，太少的土地意味着其应对不利冲击的弹性空间不大。在太少的土地上，广大农户很难开展充分的、多样化的发展。有限的土地资源会在很大程度上制约着这些乡村的发展，而且在其他自然条件不利的情况下，土地少的脆弱性特征会进一步强化。
>
> 灾害多意味着一个区域发生自然灾害的概率和频率较高。自然灾害的破坏力强，对乡村社会生产生活的冲击很大，而且一些破坏性灾害甚至具有毁灭性影响，如洪涝灾害、地震灾害、泥石流等自然灾害，有时会将一些村庄的大部分甚至全部毁灭。这种严重的灾害影响对区域内乡村发展来说，无疑是一个突出脆弱性因素。灾害风险存在于区域自然环境之中，是不可改变的自然条件。这种不利的自然条件对区域内乡村发

[①] 张永丽，耿小娟. 西北地区反贫困战略与政策研究. 北京：人民出版社，2018：86 - 87.

展来说，是脆弱性的一种表现和来源。

动荡事件主要指战争和瘟疫等。战争动乱和瘟疫流行对一个区域或一个社会来说冲击巨大。虽然战争爆发与社会性因素密切相关，但是考虑到战争根源的深层次性和复杂性，所以把战争带来的动荡事件视为与自然因素相似的脆弱性特征之一。战争动荡类似自然灾害，给整个区域造成的破坏性后果一般很严重，而且战争创伤的恢复和战后重建非常艰难，是导致贫困等诸多问题的关键因素。瘟疫通常与战争并列，同样是对人类社会系统造成巨大威胁的脆弱性因素。如新冠病毒在全球大流行，直到2023年5月世界卫生组织宣布疫情大流行结束，疫情期间世界有千万人死于新冠肺炎，全球经济受疫情冲击，出现高通胀、明显衰退和饥荒等问题。可见，瘟疫所造成的社会动荡让一些贫困地区和弱势群体更加脆弱，致贫、返贫风险大大加剧。

区域的社会脆弱性来自社会因素，即由种种社会系统和社会主体的结构特征与能动性因素导致的系统脆弱性。对乡村社会来说，如果处于脆弱性的状态，通常表现为社会系统中个体、群体及系统在不同能力维度上具有脆弱特征（见图9-2）。

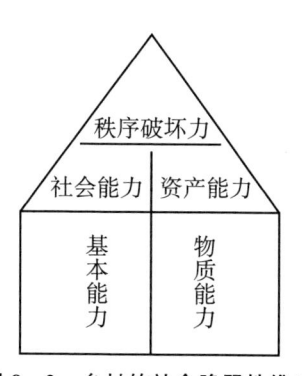

图 9-2 乡村的社会脆弱性维度

乡村的社会脆弱性体现在社会中个体或群体的基本能力的脆弱。所谓基本能力的脆弱，是指社会成员在基本生产生活和社会发展方面的能力很弱，甚至完全缺乏。例如，农村家庭缺乏足够劳动力，个人由于疾病或健康原因丧失劳动能力，以及社区内贫困文化导致内生发展能力较低等。基本能力的低下或缺乏属于严重脆弱性因素,其致贫、返贫风险非常高,因为贫困问题在很大程度上是由能力贫困造成的。

物质能力的脆弱是指个体或群体所获得的物质资本较为匮乏。由于缺乏充足的物质资本的储存和积累,因而在面对外部冲击或应对变故的时候,没有能力适应变动的环境,从而容易陷入困境或危机之中。

社会能力的脆弱是指区域内个体或群体获得社会支持和援助的能力低下,某种意义上,也是指社会资本拥有量低。在缺乏必要的社会资本的情况下,如果区域内发生灾害和危机,居民难以得到社会支持和帮助,应对灾害影响的能力很有限,由此区域的脆弱性会大大提高。

资产能力一般指个体或群体拥有资产资本的情况。拥有的资产资本越多,表明获得资产的能力越高;相反,如果拥有非常少的资产资本,则意味着资产能力贫乏或低下。由于缺乏足够的资产,个体或群体在应对困难情境或自然灾害的余地和能力将大大降低。因为如果个体或群体拥有较为富足的资产,其市场机会大大增多,即便在危机状态下,也可以凭借充裕的资产资本,有效应对突发的外部冲击。所以,资产能力的低下或匮乏也会导致区域内个体或群体陷入脆弱状态。

在乡村社会脆弱性方面,秩序破坏力是重要维度之一。在乡村社会内,秩序破坏力越大,意味着社会脆弱性越强;秩序破坏力越弱,则表明社会秩序能够维持和谐稳定,社会系统也能保持良性正常的运行,社会稳定方面的脆弱性就不显著。社会秩序破坏力来自社会系统内部,系统内的各种关系如不协调,处于严重的冲突之中,正常社会秩序就易于陷入对抗乃至动乱状态,冲突力量越强,表明秩序破坏力越大。秩序破坏力之所以导致社会系统的脆弱,是因为在不稳定秩序中,一些弱势个体或群体更容易受到严重冲击,也更易于陷入危机之中,从而变得更加脆弱。

二、脆弱性区域的社会支持

对脆弱性区域来说,脆弱性风险虽来自自然因素和社会因素两个方面，然而，应对和化解脆弱性风险则主要依靠社会的力量，因为一些自然脆弱性是客观的大环境，或是自然规律所决定，不以人的意志为转移。如来自大自然的灾害风险，社会只能提升自己的防灾、抗灾、减灾能力，把灾害的破坏性降至最低，但无法阻止自然灾害的发生。比较脆弱性的风险暴露和响应能力两个维度，相对而言，我们可能需要更多地关注第二个维度，即响应能力。尽管提升响应能力也要有针对性，针对不同区域的自然脆弱性特征而采取积极有效的应对策略和应对方法，但从根本上则要探讨区域内响应能力的提升之路。

在现实中，即便经历了脱贫攻坚阶段的易地扶贫搬迁，让部分"一方水土养不起一方人"的村落社区实行整村推进式的搬迁，并顺利实现脱贫，但仍然有大量的村落分布在有脆弱性特征的区域，特别是一些农牧业村落地处生态脆弱区。

中国是世界上生态脆弱区分布面积最大、脆弱生态类型最多、生态脆弱性表现最明显的国家之一。全国有八大类型生态脆弱区：第一类是东北林草交错生态脆弱区，第二类为北方农牧交错生态脆弱区，第三类是西北荒漠绿洲交接生态脆弱区，第四类是南方红壤丘陵山地生态脆弱区，第五类是西南岩溶山地石漠化生态脆弱区，第六类为西南山地农牧交错生态脆弱区，第七类是青藏高原复合侵蚀生态脆弱区，第八类为沿海水路交接带生态脆弱区。[①] 由此可见，生态脆弱区内大多居住生活着从事农林牧渔的乡村人口。地处生态脆弱区的乡村居民在均衡充分发展方面，会面临脆弱性问题的挑战。

在生态脆弱区内，乡村居民的生产生活原本已受到特殊自然条件和生态环境的制约，处于发展艰难境地。再加上宏观政策对生态保护的更高要求，地处生态脆弱区的开发进一步受到政策安排的限制。生态脆弱区的产业规划、开发项目和经济活动受到生态保护相关法律法规的严格

---

① 沈茂英. 西南生态脆弱民族地区农牧民增收问题与对策研究. 成都：巴蜀书社，2017：294.

限制。这一系列保护措施对生态脆弱区的经济发展无疑增加难度，生态脆弱区内的经济社会脆弱性特征进一步凸显。

为巩固脆弱性区域乡村脱贫成果，防范系统性返贫风险，有效治理乡村相对贫困，向脆弱性区域的乡村提供有力的社会支持显得格外重要。从社会支持的生态补偿理论视角看，由于地处生态脆弱区的乡村发展受生态保护需要的限制，区域内乡村居民为生态保护无形中做出了一定牺牲，他们将自己的部分发展权益和发展机会让渡给了公共的生态保护利益。因此，生态脆弱区内的乡村居民应得到生态补偿的支持。生态脆弱区居民为生态效益而牺牲的经济效益，需要通过生态补偿机制给予补偿和支持。

生态补偿性支持属于政策性支持，主要靠公共财政设立的生态补偿基金，对处于生态脆弱区的居民进行相应的收入补偿，以规制和引导区域内居民积极参与生态保护行动，并按照区域生态保护规则行动，而不能违反生态保护的政策措施。此外，生态补偿性支持具有"一箭双雕"的特点，不仅有利于脆弱性区域生态保护效益和目标的实现，而且对脆弱性区域居民增收有促进作用。生态补偿的形式，实际上向生态脆弱区内居民提供了转移支付的收入，这无形中为区域内居民提供了一个增收渠道。

如果说生态补偿性支持是垂直的、自上而下的社会支持模式，那么对口支援和结对帮扶则是横向的社会支持模式。从精准扶贫和脱贫攻坚的实践经验看，对口支援和结对帮扶的支持既有正式的、官方的社会支持，也有非正式的、民间的社会支持。例如，东西部扶贫协作机制是按照中央关于脱贫攻坚工作的方针政策，由东西部地区各级政府通过协调、沟通，达成扶贫脱贫的协作计划，然后根据政策计划有序推进协同行动，以提供更加有效的社会支持。同时，还有很多社会支持来自社会组织、民间团体以及个体人士，他们通常按照志愿支援的方式，向脆弱性区域及弱势群体提供非官方的、社会性的帮扶和支持。尽管非正式的社会支持主要依赖志愿行动，且支持的力度相对有限，但这些来自社会部门的支持力量，对增强社会支持的整体力量，促进社会支持主体的多元化，完善社会支持机制，都具有积极的功能。市场主体直接参与脆弱性区域的社会支持相对较少，其原因一方面是一些市场主体以不同形式的企业社会履责方式给予间接支持，另一方面则是市场提供支持的机制尚未完善，可能是未来需要创新和努力发展的领域。

对脆弱性区域乡村的社会支持，如从支持形式来看，包括有形的社会支持和无形的社会支持。有形的社会支持是向脆弱性区域及其居民提供物质、收入、资产上的支持，如物资的支援、收入和补贴的增加、资产的扶持等。无形的社会支持是指帮助脆弱性区域进行各种能力建设、制度建设，向脆弱性区域提供治理支持和技术支持。无形的社会支持通过增强脆弱性区域的基本能力和发展能力，有助于脆弱性区域发展能力的提升，由此降低脆弱性风险以及贫困风险。通常情况下，社会支持需要兼顾有形支持和无形支持，并将两者有机结合起来，发挥两者相互促进的作用，使得脆弱性区域乡村的社会支持机制更加完善，社会支持的效率更高。

在乡村巩固脱贫成果与乡村振兴有机衔接过程中，必须向脆弱性区域提供可持续的社会支持。某种意义上，脆弱性区域的乡村振兴属于支持性发展进程。也就是说，对于推进脆弱性区域乡村振兴，社会支持机制在其中具有重要功能。因为脆弱性区域乡村发展不可能走大开发之路，这些地区的乡村产业振兴不宜依靠工业化产业的大发展来实现，而是依靠大保护和生态补偿机制来实现。

支持脆弱性区域的乡村发展和乡村振兴，必须构建起有效的、合理的社会支持机制，对脆弱性区域乡村持续发挥支持作用。从社会支持理论视角看，有效的社会支持需要多元的支持主体，即提供支持的支持者。此外，为保障支持的有效性，支持方式也需要多样化方式。结合中国乡村脆弱性区域的复杂特征，合理有效的社会支持机制是政府主导和引导，市场主体和社会力量广泛参与，社区居民积极响应和接应，通过社会保障体制机制、社会保险体系、生态环境补偿机制、社会应急机制和社会救助体系等多样化的支持渠道，向脆弱性区域乡村提供基础设施建设支持、福利保障支持、社会保险支持、经济补偿支持以及多种应急社会救助和对口援助。

脆弱性区域乡村有着多样化的地方性，不仅自然条件和生态环境的脆弱性多样化，而且土地资源特征和利用方式多样。[①] 因此，构建对这些地区乡村的社会支持机制，还需要相应的针对性方案。

为使向脆弱性区域乡村的社会支持高效顺畅地传递到支持对象，接受支持的乡村地区需要发挥主体性、能动性，建立起有效的接应机制，以对接相应的社会支持。社区接应机制的功能具有两个方面：一是可以动员、调动起乡村成员的积极性和主体性，使之参与到共建共同发展和共享富裕的社会支持行动体系之中；二是可以有效将社会支持的资源加以转化，转化为社区发展的新资源、新动能，以提升社区的响应能力和应对各种自然脆弱性的能力。

对脆弱性区域乡村的社会支持，主要有三种支持路径：一是能力支持路径，二是工具性支持路径，三是制度性支持路径。能力支持路径指以提升脆弱性区域乡村建设和乡村发展能力为目标的支持路径，社会支持的重点放在脆弱性区域的各项能力建设上，包括区域生产能力、治理能力、发展能力、应急能力以及个体和群体的经济活力等。例如，在脱贫攻坚阶段采取的驻村帮扶和结对帮扶等扶贫脱贫措施，是能力支持的典型形式。

工具性支持路径是指以向脆弱性区域乡村提供社会支持为工具或手段，用来防范和降低区域的脆弱性风险及各种危机风险。在工具性支持路径中，物资的捐赠、资金的援助、人员的扶助等是主要内容。向脆弱性区域乡村提供物资方面的支援，可增加支持对象的物质资本，增加物质拥有和储备量，增强应对脆弱性的基础。提供资金方面的支持，则可

---

① 任慧子. 乡村贫困的地方性特征及土地利用对乡村发展的影响. 西安：陕西师范大学出版总社，2016：12.

提高脆弱性区域乡村居民的资产拥有量，提升人们响应各种风险的能力。人员扶助方面的支持可提高被支持者的社会资本拥有量，通过提供人员帮助，增强脆弱性区域的响应能力。

制度性支持路径主要指为脆弱性区域的乡村提供各种体制机制方面的支持。制度之于乡村发展和乡村振兴来说，具有基础性、规制性的功能，因为制度提供的选择集会影响社会成员的行动选择。如果制度规则为应对乡村脆弱性、促进乡村发展提供有利的激励措施，那么制度的支持作用会反映在对乡村均衡充分发展的帮助和促进之上。脆弱性区域乡村在有利或创新制度的作用下，获得较为充分、较为均衡的发展机会，由此降低区域脆弱性风险。

三、向脆弱性群体赋能

巩固脱贫攻坚成果，有效防范返贫风险，顺利推进乡村振兴，既要重点关注脆弱性区域，更要重视脆弱性群体，此类群体是返贫风险相对较高的群体，因而是贫困治理的重点对象。脆弱性群体由在社会生产生活方面具有贫弱特征且应对不利事件的能力较低的个体构成，这一群体的成员在遭遇各种外部不利因素的冲击后，陷入危困状态的可能性很大。

反贫困和防范返贫最终是通过脆弱性群体或社会主体的状况表现出来的，如果脆弱性群体的规模很小，甚至完全消除了脆弱性群体，或者使脆弱性群体能够摆脱危机和困难状态，不发生贫困问题，那么，反贫困和巩固脱贫的行动就达到预定目标。脆弱性群体与脆弱性区域有着一定关联和交叉，在脆弱性区域总会有一定规模的脆弱性群体。一方面该群体的形成与区域脆弱性相关，受区域脆弱因素影响所致；另一方面，该群体适应区域环境和在区域条件下的发展能力相对较贫弱。此外，脆弱性群体可能不仅存在于脆弱性区域之中，因为在一定程度上有脆弱特征的个体一般在不同区域都会存在。

对脆弱性群体来说，其致贫、返贫的根本原因是主体应对能力的贫弱，亦即能力贫困论所认为的缺乏足够的能力来应对不利处境[①]，而无法避免陷入绝对贫困境地。既然能力问题是贫困的根本问题，那么向脆弱性群体赋能，提升他们的基本能力和发展能力，对反贫困和巩固脱贫成果来说，就是关键性的举措和进路。

赋能概念在诸多领域中广泛使用，如在社会组织、社会工作、产业经济学、心理学等领域，通常用来表达向组织和个人赋予某些能量和能力。向脆弱性群体赋能是针对巩固脱贫成果和防范返贫风险的需要，对相对贫弱的个体提供重要的反贫困能量和能力。基于防范返贫风险的需要，赋予脆弱性群体的能量和能力必须具有针对性和实效性。从致贫、返贫以及相对贫困的产生机理来看，社会主体成员的人力资本、物质资本、货币资本、社会资本和文化资本的拥有情况，往往在很大程度上反映出主体的能动性和能力状况，也集中体现个体的生活状态，以及贫困发生风险的高低。从现实需要和未来展望的角度看，有四个方面的能量和能力对脆弱性群体发展来说尤为重要，因而，在巩固脱贫攻坚成果与乡村振兴相衔接阶段，可重点从四个方面向脆弱性群体赋能：通过教育培训来赋能、通过保障保险来赋能、通过数字化建设来赋能和运用金融来赋能。

（一）教育培训赋能

为脆弱性群体提供更多的公共教育和技能培训机会，有助于该群体成员人力资本的提升，从而增强该群体抗逆境能力和发展的动能，达到赋能的效果。从实际经验看，受教育水平较低是脆弱性群体的共性特征之一。这一因素不仅影响上学年限长短的问题，而且影响个体的基本素质和人力资本拥有量。

就乡村社会现实而言，教育赋能的途径有两种：一是增加并优化乡

---

① 森.贫困与饥荒.王宇,王文玉,译.北京：商务印书馆，2001.

村教育资源配置，特别是对脆弱性区域的乡村教育需要加大投入和扶持力度，为脆弱性区域乡村人口提供更多的受教育机会，使脆弱性群体成员中一部分能通过教育阶梯获得更好的发展，以摆脱脆弱性困境。二是加强对乡村脆弱性群体的非学历教育，提升脆弱性群体的文化资本水平。例如，在乡村开展通用语言教育，提高脆弱性群体与外部世界的交流沟通能力，加强乡村文化通识教育，提高脆弱性群体适应现代社会生活的基本能力。

为提高脆弱性群体在劳动力市场上的竞争力和就业能力，有目的、有针对性地进行职业技能培训非常重要。例如，在精准扶贫和脱贫攻坚阶段，大量的扶贫车间在乡村建立起来。这些车间所使用的劳动力都是当地农民，其中有许多老年人和妇女。为让这些留守群体就地就近工作，增加收入来源，促进家庭增收，扶贫车间通常要组织用工对象进行系统的职业技能培训。职业技能培训不仅向这些弱势群体提供了就业新技能和新的发展能量，而且促进了收入水平提升。促进就业尤其充分就业是脆弱性群体避免陷入危机和困境的关键途径，有能力获得就业机会，就会有一定收入保障，进而具有一定经济资本抵御不确定的风险。因此，在向脆弱性群体赋能过程中，可把职业技能培训作为公共品供给，让脆弱性群体更容易获得职业技能培训提供的支持。

（二）保障保险赋能

对脆弱性群体来说，在自身响应或应对危机状态的能力有限时，社会保障和社会保险的重要性凸显，有了相应的社会保障和社会保险，遭遇困境的脆弱性群体就能够具备维持基本生计的能力和能量。在这个意义上，保障保险也可向脆弱性群体赋能。

社会保障构筑起脆弱性群体的安全保障网，凭借这一网络，脆弱性群体的基本需要和生产安全能够得以保障。社会保障赋能属于政府性、政策性赋能，对脆弱性群体的各种保障措施需要政府主导、政策规制和行政执行。

社会保障向脆弱性群体的赋能作用体现在两个方面：一是社会保障给脆弱性群体增强了安全感，由此也增强了他们发展的自信心；二是社会保障向脆弱性群体提供了安全保障，对其生产生活起到兜底作用，无形中给脆弱性群体增加了发展动能，为其进一步发展提供了有效的支持。

社会保险通过向脆弱性群体提供商业保险服务的形式达到赋能目的，通过政府、市场和农户共同分担一部分风险，能够让脆弱性群体获得最大化的利益保障和保险赔付。当农户遭遇严重危机事件时，即出现相应风险暴露后，保险公司要按照保险合同承担赔付责任，从而使脆弱性群体所遭受的损失和困难得到保险的赔偿和救助，由此可大大提升他们的应对能力，避免贫困发生或返贫。

（三）数字赋能

在快速变迁的新时代，乡村发展的大背景、大环境已发生大转型。特别是数字时代的来临，数字经济的迅猛发展，重新形塑了经济发展格局，数字化催生了众多新产业，形成了新业态。如果乡村社会跟不上数字化发展的步伐，发展性贫困就可能随之产生。[1] 所谓发展性贫困，是指在发展过程中个体或群体会遇到发展瓶颈的制约，难以跟上发展步伐。

数字化发展实际也给乡村社会带来新的机遇，乡村能否把握和利用这种机遇，关键取决于自身的数字化建设基础。如果数字乡村建设有效推进，乡村社会将能跟上数字化发展的步伐，并在其中获得发展数字经济的新机会。

向脆弱性群体进行数字赋能，首先要在脆弱性区域加大数字化基础设施建设，为此类区域的数字化发展奠定坚实的物质基础，避免出现区域间数字鸿沟，降低新的不均衡发展发生风险。其次要加大脆弱性群体

---

[1] 张永丽，耿小娟. 西北地区反贫困战略与政策研究. 北京：人民出版社，2018：178.

的数字能力建设，加强该群体数字技能培训，让他们能够充分掌握数字技能。再次要增加数字技术服务和数字能力保障，使脆弱性群体拥有数字时代发展的新能量和新技能。最后，还要为脆弱性群体参与数字经济的创业和发展提供激励和社会支持，推动乡村数字产业的均衡充分发展，让脆弱性群体在此过程中获得新的发展动能。

（四）金融赋能

脆弱性群体之所以脆弱，一个重要原因是他们拥有的资产资本或能够获得的资产支持比较少，而资产资本对群体应对能力的提升来说格外重要。如果农户资产资本积累较少，不仅再生产的能力受到限制，而且应对外界变化特别是危困状态的余地很小，容易发生贫困或返贫。相反，农户如果有相对充裕的资产资本，那么在遭遇灾害或物资短缺的突发情况下可以动用资产资本，购买生活所需物资，也能依靠资产资本恢复生产生活的正常状态。如果脆弱性群体在遇到困难的情况下，能够获得金融支持，通过金融渠道获得相应的社会支持，即获得一定的应急资产资本，那么，也能弥补他们自身资产资本不足问题，使得他们应对困难的能力得到一定程度的增强，从而帮助他们渡过难关，避免致贫或返贫。

从金融排斥论的视角看，金融系统有"嫌贫爱富"倾向，对低收入人群往往会排斥，因为低收入人群没有充足的抵押财产和资产，因而金融系统不倾向于向无抵押对象提供金融产品或信贷服务。例如，银行在普通农户不能提供金融系统所要求的抵押品时，并不愿意向农户提供贷款。银行积极鼓励广大农户在银行系统存款，但对有需求无担保或无抵押品的农户并不积极提供信贷服务。所以，脆弱性群体通常情况下难以获得金融支持。

向脆弱性群体进行金融赋能，就是要打破这一局面，消解金融排斥，发挥金融在巩固脱贫成果和乡村振兴中的积极作用，让金融系统为脆弱性群体的响应能力提升和充分发展提供金融支持，促进脆弱性群体在新的历史时期享有均衡充分的发展机会。金融赋能实际上是一种金融创新，通过创新机制脆弱性群体能够更加便捷地得到金融系统的支持，从而可以扩大资产资本的获取机会，提升应对种种危机风险的能力，以更好地规避致贫或返贫的风险，提高发展水平。

四、可持续生计资本提升之路

在应对脆弱性问题方面，可持续生计资本通常备受关注。可持续生计资本的分析框架，是用来分析个体或群体脆弱性风险的基本指标，这些指标反映个体或群体生存和可持续发展所需资本的拥有情况。拥有可持续生计资本的水平越低下甚至匮乏，那么脆弱性风险程度会越高。

在防范脆弱性区域乡村返贫风险方面，提升广大农户特别是脱贫户的可持续生计资本水平非常重要。在可持续生计资本分析框架中，主要包括五种可持续生计资本，分别是自然资本、物质资本、社会资本、金融资本和人力资本（见图9-3）。

图9-3 可持续生计资本的构成

可持续生计资本的分析框架由五个部分组成：脆弱性背景、生计资本构成、结构与制度转变、生计战略以及生计输出。[①] 脆弱性背景包括外部冲击、趋势和季节性冲击的情况；生计资本构成是指农户五种生计资本的基本状况；结构与制度转变反映的是政府管理水平、政策和制度

---

① 洪名勇，等. 西部农村贫困与反贫困研究. 北京：中国财政经济出版社，2018：62.

等因素对农户生计状况的改变情况；生计战略与生计输出反映农户在生计策略和生计状况方面的输出结果，包括利用自然资源的情况、收入增长情况、生活水平的改变情况、脆弱性降低情况以及食物获得情况等。

农户的自然资本是指农户维持生计的自然和生态条件，较为重要的自然资本包括农户拥有的土地情况、水资源状况、气候条件、生物资源如植物和动物资源、自然环境情况。农户自然资本的拥有情况在较大程度上反映其生计状况。自然和生态条件具有先决性，不以人的意志而改变。某种意义上说，良好的自然和生态条件能够为农户良好的生计状况奠定基础，而不利的自然和生态条件意味着人们拥有较低的自然资本。这在很大程度上影响着人们的生产生活，也成为产生脆弱性问题的重要原因，因为恶劣的自然和生态条件会给区域内人群的生计及可持续发展带来重重困难，甚至导致部分人群陷入困境。

由于农户拥有自然资本的情况受制于自然和生态条件，这些外部的客观条件具有决定性特征，难以改变。因此，提升农户自然资本拥有量，一般有两种进路可选择：一是实施易地搬迁，将处在自然条件恶劣、自然禀赋差、自然脆弱性突出的农户搬迁到其他地方，使得他们的自然资本拥有状况得以改善，彻底改变脆弱性生存生活环境；二是通过替代性方法和策略，来提升农户自然资本的拥有状况。在自然和生态条件不能改变的情况下，农户能够获得的自然资本是有限的，那么只能通过一些替代性自然资本来改善农户所处的环境状况。例如，在水资源严重缺乏地区，农户能够获得的有效水资源很少，这在很大程度上增大了他们的脆弱性风险。在水资源条件不变的情况下，可通过节水技术供给为农户间接地增加自然资本。

农户的物质资本是指农户拥有实物的状况，较为重要的实物包括：农户衣食住行方面的实物，如住房面积、穿着消费水平、食物消费水平和交通条件等；农户拥有工具性实物的情况，如拥有各种生产工具的状况；农村基础设施的建设状况，如硬化道路、通信设施、水利设施、公共文化设施等。农户物质资本的拥有状况是他们维持生计和发展的物质基础，物质资本拥有量越大，意味着他们具有越坚实的物质基础，可以更好地应对一些危机和困境的挑战，避免陷入脆弱性状态或导致贫困发生。

提升农户物质资本之路主要有：加大乡村基础设施建设，增加乡村公共品供给，强化农机具购置补贴制度等。随着乡村基础设施的不断改善，广大农户会享受到更加便利的交通带来的资本增长，以及更多的增收致富渠道。基础设施建设的投入加大，也会为乡村产业发展创造更好的物质条件。乡村公共品的增加可为农户特别是脆弱性群体提供必要的物质保障，能够有效预防贫困发生或返贫问题。向农户提供农机具购置补贴，既是支持和辅助困难农户提高生产能力的有效途径，也是推进中国式农业现代化、促进农业强国建设的重要举措。对广大小农户来说，要获得现代化的农业生产工具和技术，必须付出超过其支付能力和承担风险范围的代价。许多农户之所以选择不购买先进农业生产工具，正是出于这一原因。因此，为使更多农户拥有先进农业生产工具，提供政策性补贴和支持，会起到显著激励作用。

农户的社会资本拥有情况是指农户通过各种社会联系或社会网络途径获得资源和支持的情况。衡量农户拥有社会资本量的指标主要包括：交往亲属的规模和交往频率、社会网络的结构和特征、参加社会组织的情况以及社会信任环境的基本情况等。有学者用就业渠道和协会参与两项指标来考察农户社会资本的拥有情况。[①] 不论运用何种指标，反映农户社会资本情况的本质是他们究竟能从社会联系和社会团结中得到什么样的社会支持和援助。社会资本越多，意味着获得支持帮助的可能性越大，陷入脆弱性困境的可能性就越降低。

要提升农户的社会资本水平，增强他们的社会支持体系，提升应对脆弱性冲击的能力，有效的路径包括：首先，要注重乡村社会信任体系

---

① 沈茂英. 西南生态脆弱民族地区农牧民增收问题与对策研究. 成都：巴蜀书社，2017：104.

的建设。良好的社会信任环境是农户获得充分社会支持和社会援助的重要基础，在这个意义上社会信任是重要的社会资本。其次，要不断健全和完善乡村社会就业促进机制，以拓宽乡村劳动力的就业渠道。合理有效的就业促进机制能够向更多农户扩大就业机会，从而增强农户的经济实力，提高应对种种冲击的能力。此外，还要加强乡村社会的组织建设和社区治理，提升乡村的组织化水平，为农户提供更多组织服务的机会，从而增强农户特别是较脆弱农户应对风险的能力。

农户拥有的金融资本包括家庭的存款、现金、金融资产以及借贷情况。农户金融资本量与其脆弱性之间是负相关关系：农户金融资本拥有量越大，脆弱性越小；相反，金融资本越少，脆弱性风险越高。在拥有很少甚至缺乏金融资本的情况下，农户一旦遭遇自然灾害或重大意外事件，没有充足的积蓄来应对家庭新增的紧急支出，就容易陷入危机和困境之中，致贫或返贫的风险大大提升。在经济欠发达的乡村地区，许多农户的收入处于较低水平，金融资本的拥有情况一般来说也不理想。而且在现实中，金融系统对低收入人群和乡村居民有一定的排斥倾向。广大农户通常难以从金融系统获得贷款的支持，主要原因是低收入农户难以满足金融系统的制度化规则和要求，即很少有抵押担保的物质资本和社会资本。尽管一系列惠农支农的金融政策相继出台和实施，但现实情况是脆弱性越高的农户越少问津金融系统。

农户金融资本的提升之路是一条相对困难的路，因为增加农户的金融资本在很大程度上受制于乡村产业发展、收入水平和现行制度体系。比较有效可行的路径是推进乡村金融创新，拓展农户集体资产、集体产权的收益渠道，为农户增加资产性收入。此外，实施包容性金融政策，向脆弱性农户提供更加有效、更加便捷的金融支持，对其信任担保和偿付能力可利用保险机制来分担和包容风险。

人力资本是影响农户脆弱性的关键性因素，也可以说是最为重要的可持续生计资本。农户的人力资本主要包括家庭劳动力的健康状态、家庭劳动力的教育培训经验、家庭劳动力的劳动技能和掌握的技术、家庭成员的受教育水平和知识水平等。对广大农户来说，维持可持续生计，关键在于家庭成员能够获得必要的生活资料和生产资料。人力资本是能力的基础，也是生计能力的重要构成。个人或家庭为实现生计目标，降低生计脆弱性，必须具备足够的生计能力。在农户人力资本构成中，成员的健康状况直接关系到农户劳动能力水平，健康良好的身体是提高劳动能力的保证。农户的劳动能力受教育培训、知识和技术技能掌握情况的影响，掌握的知识、技术和技能越多，劳动能力越会随之提高，从而使生计能力得以相应提升。

提升农户的人力资本水平，有效的进路是加大乡村教育的投入，尤其要增加职业教育的投资。乡村教育作为一种公共品供给，会带来农户人力资本增长的效应。随着乡村教育的发展，农户成员的受教育水平、知识水平、能力和技能会得到提高。此外，还需要建立并不断完善乡村劳动力的培训体系，为乡村劳动力的劳动技能和技术培训提供健全的公共平台，促进乡村劳动力劳动技能和技术水平的提升。

生计脆弱性是脱贫农户返贫的重要原因，有效降低和防范脆弱性农户的返贫风险，需要采取增加农户可持续生计资本的措施，从五个方面提升农户的生计资本水平，提高农户应对种种冲击的能力。

第10章　易地扶贫搬迁：怒江模式

易地扶贫搬迁是决胜脱贫攻坚战的重要策略与脱贫的有效途径，特别是针对"三区三州"深度贫困地区，存在着较大的"一方水土养不起一方人"的贫困问题，亦即自然条件禀赋性的贫困，采取易地扶贫搬迁的策略可以有效地解决贫困问题，并可从根本上拔掉"穷根"，让贫困人口快速摆脱贫困状态。作为全国深度贫困地区"三区三州"之一，怒江傈僳族自治州在脱贫攻坚的决胜阶段，加大了易地扶贫搬迁的建设力度，到2020年4月，完成了建档立卡贫困人口25 185户95 859人的易地扶贫搬迁任务。怒江州在认真贯彻执行习近平总书记对怒江工作的重要指示批示精神的基础上，结合本州的实际情况，形成了有怒江特色的易地扶贫搬迁模式和经验。

一、怒江的易地扶贫搬迁

在决胜脱贫攻坚战的过程中，易地扶贫搬迁是重要的扶贫方式之一。相对于产业扶贫、项目扶贫、保障兜底扶贫、就业扶贫等扶贫方式，易地扶贫搬迁在深度贫困地区的脱贫攻坚工作中有着见效快、脱贫彻底等优势，因而备受重视，也被广泛采用。怒江州根据自身贫困问题的特点，以及脱贫攻坚工作的难点，把易地扶贫搬迁作为精准扶贫的重点策略，积极稳妥地推进了易地扶贫搬迁工作，形成了与本地区扶贫工作实际相吻合的模式。根据怒江州易地扶贫搬迁工作的实践经验，可以总结概括出以下几种主要模式：

1. 整乡位移模式

对于"三区三州"深度贫困地区来说，贫困发生率之所以非常高，一个重要原因就是贫困人口居住生活在高山深处，耕地稀少，交通闭塞，自然条件恶劣，居民与外部世界联系较少，受教育程度普遍偏低。解决这些地方的贫困问题，让此类贫困户和贫困人口摆脱贫困，采取易地扶贫搬迁的方式显得既重要，也尤为必要。

然而，在易地扶贫搬迁模式选择上，则仍需要根据贫困人口的愿望和实际需要，以及不同地区文化历史传统和客观条件，尽可能采取科学合理的易地搬迁模式。

在怒江，整乡位移的易地扶贫搬迁模式主要是在贡山独龙族怒族自治县独龙族乡施行的扶贫方式，也是让独龙族整族脱贫的重要扶贫策略。整乡位移就是让以往居住在高山上的居民整体性地迁移到交通相对便利的山谷或河岸边，让以往相对分散居住的村民整体性地向新的居住地集中。

从实际效果来看，整乡位移的易地搬迁模式有效地实现了特困人口的脱贫目标，达到独龙族整族脱贫的效果。搬迁至新居住地的独龙族百姓，居住条件、生活水平、文化素质以及社区治理等各个方面明显得到大幅度改善，群众对搬迁后的生活状况普遍感到满意，对此种易地搬迁的扶贫方式高度认同。

整乡位移的易地扶贫搬迁模式之所以能够有效实现整体脱贫目标，而且还让广大搬迁的群众普遍感到满意和赞许，是因为这一扶贫模式的策划和实施源自独龙族当地干部。当地干部一方面能深切体会到群众期盼脱贫、改善生活的心理需求，另一方面也理解本民族的生活方式特点和文化心理需求，所以在推进脱贫攻坚工作的过程中，能够将有效解决贫困问题与保护民族地区社会文化传统有机统一起来。

在深度贫困地区的脱贫攻坚进程中，整乡位移模式的优势主要体现在以下方面：（1）整乡位移充分体现贫困户和贫困人口的主体性，有效保护少数民族文化传统；（2）整乡位移尽最大努力维持了贫困地区社会结构和关系网络的完整性，将搬迁群众的生活与社会交往遭受的冲击降到最低；（3）整乡位移实际上对贫困地区社会生活空间进行优化改良，让区域内的资源得以更有效地、更合理地配置和利用；（4）整乡位移主要通过居民从山上向山下搬迁，从分散居住向集中居住过渡，大大降低了易地搬迁的成本，同时也提高了公共品供给和服务供给的效率；（5）整乡位移的扶贫模式对保护山区生态系统均衡也会起到一定积极作用，搬迁后的村民在获得生计技能后，不再过于依赖对山林资源的开发，从而使生态环境得到修复和改善。

2. 整村易地模式

作为深度贫困地区，怒江州有大量建档立卡贫困户和贫困人口居住在自然条件特别恶劣、灾害频发、环境恶化、交通闭塞的贫困村庄。为了让这些贫困村实现脱贫，易地扶贫搬迁可能是一个合理的选择。易地扶贫搬迁模式往往受多方面因素的影响和制约。整村易地模式主要是指针对一些贫困村现有居住生活环境难以满足脱贫的需要，或是贫困村的原有住地严重制约着脱贫成效，而大规模大范围搬迁又存在一些约束因素，为使贫困村整体脱贫，政府为这些贫困村在附近选择了交通更便捷、环境更适宜的地方，建设起集中居住的新址，然后让贫困村人口整体搬迁至新址居住生活。

整村易地模式在范围上比整乡位移模式要小，主要针对条件较为特殊和困难的贫困村，通过整村就近迁址的方式，改变村民居住和生产的困境，同时又避免了村民全面搬迁带来的挑战及后顾之忧，因而在一定程度上保障村民能够部分维持原有的生计和生活方式。

通过整村易地的搬迁模式，贫困村实际上就近改善了居住生活条件和环境，由扶贫资金资助建设起来的新居为贫困户解决了住房安全问题，即住房保障的问题。而且在新的住址上还建设起相应的扶贫车间，为就业扶贫搭建了平台。扶贫车间的设置，一方面解决了村民外出打工难的问题，另一方面为贫困户增收增设了新渠道。这样，整村搬入新址的村民既可以维持已有的农业生产和生计方式，同时又增加了非农就业作为补充，在快速脱贫方面起到了明显的效果。

整村易地的扶贫搬迁模式，其特点在于维持贫困村整体存续的前提下，使贫困问题得以解决，脱贫目标得以实现，贫困人口生产与生活条件得以明显改善。整村易地只是就近改变居住地，避免了全面、彻底的搬迁。对于较多贫困村民来说，尽管他们处于贫困状态，但让他们彻底搬离长期生活的家乡，他们也会面临诸多不适和挑战。整村易地模式让贫困村民不是彻底搬离，而是帮助他们重建新家园，这对于很多贫困户来说更容易认可和接受。

整村易地模式的另一个优势就在于能够使贫困村原有的资源继续得到利用，从而在一定程度上降低了脱贫的成本。在那些尚未达到"一方水土养不起一方人"程度，而已有的生产生活条件又难以保障脱贫目标实现的贫困村，采取整村易地模式，可能是一种比较合理有效的选择。

3. 贫困户社区安置模式

在易地扶贫搬迁过程中，贫困户社区安置模式是较为常见的一种扶贫模式。为了提高建档立卡贫困户和贫困人口脱贫效率，在较快时间实现全面脱贫的目标，采取让贫困户易地搬迁的方式往往可以达到较好的脱贫效果。

怒江州在推进脱贫攻坚工作过程中，所采取的易地扶贫搬迁政策措施主要为贫困户社区安置模式。贫困户社区安置模式就是让建档立卡贫困户和贫困人口从农村搬迁到集中安置社区之中，集中安置社区是按照严格的易地扶贫搬迁程序建设的，较多社区建于各项条件更好的城镇。贫困户在集中安置社区中的住房是按照家庭户籍人口分配的，贫困户无须交纳任何费用。愿意易地搬迁的贫困户需要与政府签订搬迁协议，同意将原先的旧房拆除，将宅基地纳入复耕地，政府提供一定的拆旧房的补贴和奖励。

通过城镇社区集中安置的贫困户，首先解决了住房问题。在解决贫困户的收入来源问题上，政府主要采取三种政策措施协助贫困户脱贫和增收：一是政府通过招商渠道大力发展集中安置社区的扶贫车间，贫困户中部分劳动力可以在扶贫车间就业，获得一定收入。二是政府通过设立公益性就业岗位，如护林员、小区环卫工等，解决部分贫困户劳动力就业问题。三是组织协调转移就业，通过劳动力技能培训，设立就业创业服务站，为搬迁安置贫困户劳动力拓展就业渠道，保障安置贫困户有相应的收入来源。

贫困户社区安置模式在精准扶贫、精准脱贫方面确实发挥着见效快、成果显著、解决贫困问题彻底等作用。那些搬迁安置到新型社区的贫困户和贫困人口会随着扶贫搬迁而走出绝对贫困状态，贫困问题得到一揽子且彻底解决，因为有劳动力的贫困户可通过转移就业而实现收入增长，没有劳动力的贫困户可通过社会保障兜底来实现脱贫。

贫困户社区安置的易地扶贫搬迁模式属于通过城镇化的途径来推进扶贫脱贫工作，在集中安置社区生活的贫困户，开启了新型社区生活，他们的后代可以在城镇接受条件更好的教育，从而可通过教育获得更好的发展前景。所以，贫困户社区安置模式受到农村中青年人的广泛认可和接受。这些群体为了下一代能接受更好的教育，有更好的生活学习环境，大多愿意离开贫穷的村庄，搬迁至新型社区。

但是，对于农村老年人来说，他们长期生活在农村，对周围的环境非常熟悉，且习惯了农村生活方式，尽管贫穷，却能承受。对搬迁至城镇新型社区，而且要拆除村庄的老房子，一些老人其实难以接受，也需要较长时间来适应。

贫困户社区安置的易地扶贫搬迁模式具有"手术切除式"扶贫脱贫特征，即根据建档立卡信息对农村贫困户的贫困问题加以直接"手术切除"，从而解决农村贫困问题。从短期效果看，脱贫攻坚效率高。但是，"手术切除"是否会留下"后遗症"，以及是否会将现有的农村贫困问题转移至城镇社区，都需要密切关注和跟踪观察。

4. 跨越式搬迁模式

在规划和推进易地扶贫搬迁工作中，怒江州确立的基本原则就是通过城镇化来促进脱贫攻坚目标的实现。因而在易地扶贫搬迁的实施过程中，采取了"进城抵边"的策略，也就是将搬迁贫困户的安置点、安置社区建在县城、集镇和边境，一方面发挥城镇在脱贫攻坚阶段的中心地位和功能，另一方面在脱贫攻坚中提升城镇化水平。怒江州2018年的城镇化率为32.9%，实施易地扶贫搬迁后，城镇化率提高到48%。

跨越式搬迁模式是指贫困户跨区域的易地扶贫搬迁与集中安置的方式，如泸水市的同心社区，集中安置了来自全州各个县市的搬迁贫困户。跨越式搬迁模式的跨越性不仅仅体现为搬迁和安置的跨区域，而且还体现于贫困户脱贫与发展的跨越性。易地搬迁的贫困户和贫困人口从贫困农村搬迁至外地城镇，实现了从绝对贫困的农民跨越到小康的城镇居民状态，完成了跨越式发展任务。

在集中安置社区的治理方面，由于跨越式搬迁模式将来自不同行政区域的贫困户和贫困人口集中统一安置在一个社区，而扶贫工作责任则又存在行政区域划分，因此负责和参与集中安置社区治理的组织架构也就具有跨区域性，即由来自不同县市选派的工作人员共同治理集中安置社区。

跨越式搬迁模式在易地扶贫搬迁工作中所发挥的主要功能体现在两个方面：一是推动深度贫困地区的贫困人口实现从贫穷到城镇化的跨越式发展。对于那些集中安置在扶贫安置社区的贫困户来说，通过易地搬迁，他们不仅直接实现脱贫，而且在城市分配到了住房，享受到城镇居民的待遇，拥有了在城镇持续发展的基础。二是有效解决区域内易地扶贫搬迁安置点供给不足问题，加快了易地扶贫搬迁的步伐，为如期实现2020年脱贫目标发挥了重要作用。怒江州的各个县市在扶贫搬迁安置点建设方面存在着规模、建设和搬迁安置进度等方面的差异。有些县市在一定阶段内可能难以安置急需安置的搬迁贫困户，那就需要在全州范围内进行统一协调，以保证易地扶贫搬迁的计划任务顺利完成，通过跨越式模式有效缓解易地扶贫搬迁安置的需求与供给之间的矛盾。

二、易地扶贫搬迁的怒江经验

怒江州在较短的时间内,顺利完成对 25 000 多户近 10 万人的易地扶贫搬迁任务,对"三区三州"的脱贫攻坚作出了巨大贡献,同时也在易地扶贫搬迁实践中,形成了具有怒江特色的经验,这些概括起来主要如下:

1. 整体谋划机制

易地扶贫搬迁工作是一项复杂的系统工程,内部各个环节、各项任务要达到顺畅的衔接,系统正常运行,首先就需要在整体上加以科学地谋划。

怒江州在推进易地扶贫搬迁工作中,各级党委和政府高度重视,给予易地扶贫搬迁以重要战略地位,建立起了政府主导、整体谋划的机制。就具体经验而言,在自治州一级,州委州政府形成了较为完善的易地扶贫搬迁指挥体系,从整体上统筹、谋划、指挥和落实易地扶贫搬迁所关涉的各个方面、各项任务和各个环节,夯实了易地扶贫搬迁的顶层设计工作。在各个县市一级,怒江州实行了易地扶贫搬迁工作党委和政府一把手负责制,加大了对易地扶贫搬迁落实的整体谋划,为易地扶贫搬迁的具体实施打造了整体框架。

从怒江州的具体实践经验来看,整体谋划机制主要包括这样一些构件:首先,地方党委和政府从区域内脱贫攻坚的总体布局来谋划易地扶贫搬迁工作,亦即根据脱贫攻坚的总目标来规划和设计易地扶贫搬迁的扶贫策略。其次,易地扶贫搬迁指挥体系对区域内易地扶贫搬迁总体情况进行把握,在此基础上精心制订出总体性的易地扶贫搬迁规划,使得易地扶贫搬迁的各项政策措施尽可能具备衔接性和系统性。此外,整体谋划机制还包括对落实和实施易地扶贫搬迁工作组织体系的筹建和运行。易地扶贫搬迁虽然在脱贫攻坚战中能够发挥"攻城拔寨"的作用,大大提高脱贫的效率，有效预防返贫现象发生，但易地扶贫搬迁工作的艰巨性和复杂性在各种扶贫策略中也较为突出。顺利推进易地扶贫搬迁工作，既要做好"搬得出"，又要做到"稳得住"。为落实艰巨的易地扶贫搬迁任务，就必须有强有力的组织体系保障，仅仅靠某个机关、某个部门或某个层级的组织来承担所有易地扶贫搬迁的具体工作，那基本上是不可能的。必须通过整体谋划机制，建立起完善的政策实施的组织保障体系，才能保障易地扶贫搬迁的主要工作内容有相应的组织来执行和完成。另外，整体谋划机制实际上还包含对易地扶贫搬迁过程中可能遇到的困难和障碍加以全面预计，并对相应的应对策略加以整体谋划。这样，当易地扶贫搬迁的具体行动出现问题之时，如安置点建设资金、建设用地、贫困户诉求、搬迁安置中的矛盾纠纷等，都会有规划好的应急处理方案，以便及时、有效地解决相关问题。

2. 高效动员机制

易地扶贫搬迁工作的顺利推进和实施，必须有贫困户的全面参与。只有易地搬迁政策得到贫困户的了解、认识、接受和支持，易地扶贫搬迁的各项措施才能顺利落地，发挥作用。在具体的易地扶贫搬迁安置实践中，还要依赖于贫困户的全面参与，最后才能真正完成易地扶贫搬迁任务。

在脱贫攻坚工作推进初期，很多扶贫帮困措施在轰轰烈烈地开展，而一些贫困户和贫困人口可能并没有认识到扶贫脱贫的紧迫性和重要性，处于观望和等待的状态，并未积极主动地参与到脱贫攻坚具体行动之中，这大大地制约了扶贫政策的实施效率，也使脱贫攻坚工作面临主体性缺失问题。针对易地扶贫搬迁工作可能出现的这种问题，怒江州建立起了有效动员机制，将广大人民群众特别是贫困户和贫困人口的脱贫积极性调动起来，让他们广泛参与到易地扶贫搬迁的行动之中，由此奠定易地扶贫搬迁目标任务完成的群众基础。

在怒江州的易地扶贫搬迁动员机制中，主要经验包括：一是宣传式动员。做好向群众的宣传工作一直是党和政府群众工作的优良传统，通过对群众的宣传动员，不仅可以让广大群众充分了解党和政府的方针政策，而且也是政府部门了解广大群众实际需求的重要途径，由此可以在实际工作中不断调整方法和策略，充分调动广大群众的积极性、主动性。怒江州是少数民族聚居区，也是边疆地区，群众动员工作既很重要，但难度也很大，因为少数民族群众在语言、风俗习惯和生活方式等方面都有较大差异性，要发挥宣传的作用就需要采取正确合理的传播方式和策略。在实践中，怒江州委和州政府确立周密系统的宣传动员方案，利用各种传播媒介，包括传统媒介和新媒体，大力宣传党和国家的脱贫攻坚战略，以及当地的易地扶贫搬迁政策规划。二是工作队式动员。为使广大群众理解易地扶贫搬迁的政策措施，让建档立卡贫困户积极配合易地扶贫搬迁工作，怒江州各个县市都成立了专门的工作队，在落实和实施易地扶贫搬迁工作之前，走遍各村各户。一方面详细向村民宣讲易地扶贫搬迁政策措施的具体内容，为群众释疑解惑，让群众理解政策，消除顾虑；另一方面积极地动员贫困户参与易地扶贫搬迁工作的各个环节、各项任务，把易地扶贫搬迁工作的各个细节、各项措施做实、做细，避免遗留问题的产生。三是党员干部引领式动员。在怒江州可以看到这样一个标语口号："苦干、实干、亲自干，坚决打赢脱贫攻坚战！"宣传标语反映出的是一种动员机制和动员策略。州委和州政府一方面动员起广大党员干部积极地投身到脱贫攻坚战之中，为人民群众树立榜样，同时带领群众为脱贫摘帽而刻苦奋斗。另一方面，党员干部通过"亲自干"，参与到基层易地扶贫搬迁的各项具体工作之中，以身作则，与广大群众打成一片，这种行动的动员力量作用很大。在党员干部的行动引领下，广大群众特别是贫困户的主体性和能动性得以有效地调动起来，促进了易地扶贫搬迁工作的顺利推行。

3. 对口联动机制

怒江州易地扶贫搬迁工作所取得的成效与对口联动机制有着密不可分的关系。所谓对口联动机制，是指参与脱贫攻坚对口支援的各个主体与帮扶对象之间形成密切关联、及时互动和有效合作的机制。

对于对口支援扶贫模式来说，对口支援方与扶贫对象之间能否协调一致行动显得非常重要。如果这一扶贫模式没有建立起有效的协调联动机制，或者说对口支援方只是单方面地施援，而帮扶对象则是被动接受，那么对口支援扶贫就容易落入形式主义的陷阱，扶贫脱贫的效果会大打折扣。怒江州在推进易地扶贫搬迁过程中，构建起了有效的对口联动机制，使对口帮扶的力量和作用达到优化。

对口联动机制的构成主要包括：一是制度化的对口支援方与帮扶对象联动工作机制。要让参与易地扶贫搬迁的多方力量联动起来，必须有机制上的保障，设置并建立制度化的联动工作机制，让扶贫工作的多方主体能够明确具体的行动路线，从而达到行动上的协调一致。例如，对口支援怒江州的是珠海市，珠海市对怒江州的帮扶并不仅仅通过一个项目，或是援助一笔资金和一些物资来实施对口扶贫，而且两地之间建立起了正式的联动工作机制，从而促进了两地之间在脱贫攻坚中的密切合作，大大提高了对口支援扶贫的效率，也保障了对口支援扶贫的可持续性。二是对口支援单位与帮扶对象之间建立起有效的交流和互动机制。在怒江州脱贫攻坚过程中，有许多单位参与了对口支援，不同单位对口支援不同的县市和帮扶对象。为了全面脱贫的共同目标，他们探索建立了有效的交流沟通渠道，并在精准扶贫实践中进行多种互动互促的活动。在易地扶贫搬迁工作推进和实施方面，很多对口支援单位在资金援助、建设项目规划设计、基础设施建设、社区治理等多个方面，正是依靠对口联动机制发挥了重要作用。

4. 合力共建机制

易地扶贫搬迁工作之所以复杂，任务艰巨，是因为此项工作不仅仅有扶贫脱贫任务，实际上还包括强制性移民以及移民安置与稳定任务。所以，要顺利推进易地扶贫搬迁工作，既离不开党委的正确领导和政府的主导推动，也离不开社会的、市场的、基层社区的以及民众特别是贫困户共同参与的建设性活动。

从怒江的易地扶贫搬迁经验来看，各个方面力量合力共建机制在实践中发挥了显著的作用。某种意义上，合力共建机制的形成得益于我国社会主义制度的优势，也就是集中力量办大事的优势。为打赢脱贫攻坚战，来自全国的各方力量能够迅速团结起来，形成合力，为实现国家发展重要战略目标而共同努力。制度的凝聚力是促使各种力量成为合力的重要因素，国家战略目标则成为合力聚合的方向。

合力共建机制是指多方力量朝着共同目标，共同参与、相互协调、相互合作、共同建设的行动机制。例如，在易地扶贫搬迁的每个阶段、每个环节以及每项内容上，都体现出有多方力量共同参与、相互合作的特点。易地扶贫搬迁的规划、设计，集中安置点的建设，贫困户的搬迁安置，安置社区的管理等，单靠某种力量是难以完成任务的。正是通过多方的共建行动，才较为成功地实施了近10万贫困人口的易地扶贫搬迁。

怒江州脱贫攻坚的合力共建机制的中心协调与聚力建设功能主要是通过建立完整的共建体系来实现的。为有效地推进深度贫困地区易地扶贫搬迁工作，怒江州建立了"州有领导小组，县市有指挥部，乡镇有工作大队长，村有工作队，户有帮扶人"的指挥协调体系，调动起各方面力量参与到各个共建项目和共建活动之中。同样，合力共建机制也促进了基层民众特别是贫困户积极地配合易地扶贫搬迁的政策实施，并参与到搬迁安置和脱贫致富的建设行动之中，成为易地扶贫搬迁共建实践的主力。

5. 有效治理机制

易地扶贫搬迁工作的两大难点是：一要"搬得出"，二要"稳得住"。这两方面的工作实际上都和社会治理有着密切关系，因为社会治理的核心要素就是发展和秩序，也就是一方面要让贫困人口得以发展，另一方面又要维护社会秩序的稳定。对于深度贫困地区的贫困人口而言，有些贫困村落只有搬出"穷窝"才能消除"穷根"，摆脱贫困，因而易地扶贫搬迁是脱贫的必要选择。

在推进和实施易地扶贫搬迁之后，安置在新社区的贫困户和贫困人口还面临着能否"稳得住"的挑战。那些从偏僻贫困村落搬迁至城镇居住生活的贫困户，需要经历社会重建的过程，因为他们随着搬迁而进入一种全新的社会环境。搬迁安置的贫困户适应新环境的程度取决于社会治理与社会重建的水平。要实现搬迁安置的贫困户稳得住，有就业，能致富，就需要提升安置社区的社会治理能力。怒江州在集中安置社区的社会治理方面，通过基层党建引领，基层组织建设，文化建设，构建起一套有效的治理体系，大大提升了基层治理的能力和水平，确保了搬迁安置的贫困户"稳得住"。

有效治理机制在易地扶贫搬迁工作过程中所发挥的重要功能也主要体现在两个方面：一是为实施贫困户的搬迁安置政策措施奠定社会基础。要让繁杂的搬迁安置措施落地，让建档立卡贫困户"搬得出"，就需要通过细致的社会治理来做好群众工作，这样才能保障易地扶贫搬迁顺利推进。二是为搬迁贫困户的后期支持创造了有利条件。易地扶贫搬迁的贫困户进入新的社区生活之后，不可避免地会遇到各种各样的新问题，要解决他们的这些问题，就必须有完善的社会治理体系和机制，为贫困户更好地适应新环境、尽快实现致富提供有力的后期支持。

三、巩固脱贫成果的怒江路径

到2020年底，随着脱贫攻坚战略任务的全部完成，现行贫困线下的绝对贫困人口全部脱贫，怒江州也就全面迈入小康社会。在新的时代，将面临小康社会建设的新任务。就怒江州经济社会发展的实际情况而言，在推进小康社会建设、促进社会现代化的进程中，可能需要选择正确合理的建设与发展路径。也就是说，要因地制宜，不断通过改革创新，探索符合自身特点的怒江路径。

1. 巩固脱贫成果与维续扶贫机制

脱贫攻坚战全面胜利之后，深度贫困地区的绝对贫困人口已经全部脱贫。然而，这并不意味着贫困问题不再发生，脱贫攻坚不是一劳永逸的事，而是需要不断巩固成果，提高反贫困的能力。特别是对于怒江州这样具有特殊性和脆弱性的地区来说，依然存在相对较高的返贫风险，因而，如何巩固脱贫成果显得尤为重要。

由于脆弱性地区和弱势群体依然存在，为防止贫困地区和脱贫人口返贫，扶贫工作将仍是小康社会建设的重要任务之一，只不过扶贫重点和中心有所转移，就是要转向有效巩固已有的脱贫成效，并在进一步发展中促进脱贫成效的可持续。

要巩固全部脱贫的成果，一方面需要维持已有精准扶贫措施的持续推进，避免因帮扶措施中断而导致脱贫的前功尽弃。另一方面，乡村发展要加强原先贫困地区和贫困人口的内生发展能力，乡村扶贫的重点需放在造血式扶贫之上，即通过扶贫工作来恢复和不断提升弱势人群自身的造血功能或发展能力。

在未实现全面脱贫之前，扶贫工作属于应对型扶贫，亦即扶贫工作需要应对贫困问题，要帮助贫困人口摆脱贫困的生活状态。在全面脱贫之后，以往深度贫困地区和贫困人口的贫困状态或贫困问题得以解决，但并不代表着扶贫工作彻底终结。如果完全撤离扶贫工作，贫困问题可能又显现出来。因此，在全面建成小康社会的过程中，怒江州的扶贫工作机制需要转向维持性与预防型扶贫机制。

预防型扶贫是指在社会经济发展过程中建立和完善反贫困机制，有效地预防和应对各种形式贫困的发生。脱贫攻坚主要是通过精准扶贫等有效手段，解决深度贫困地区和贫困人口的贫困问题，帮助这些地区和人口摆脱绝对贫困的状态。与脱贫攻坚不同，预防型扶贫主要是为了预防和应对绝对贫困和相对贫困、连片贫困和个体贫困的发生，以及对各种贫困问题加以及时有效解决。预防型扶贫可以说是后脱贫时代的扶贫工作主体方式和任务，也是精准扶贫的延续和转变。在预防型扶贫工作中，一方面，既要维持和保证脱贫攻坚阶段的各项扶贫脱贫政策措施的连续性，也就是对脱贫摘帽的贫困县、贫困村和贫困户，仍需要保持扶贫政策的连续性，以保证脱贫攻坚的政策措施能够持续发挥脱贫功效，避免帮扶政策措施退出后贫困问题大范围反复和再现。所以，后脱贫时代并不意味着扶贫的终结，而是需要在一定时期内延续既有的扶贫政策措施，部分脱贫攻坚阶段的强化措施可在科学评估之后逐步谨慎退出。另一方面，还需要转变扶贫工作方式和内容，在脱贫基础上建立起贫困预防机制。为有效预防较大范围的返贫，可以通过"设立脱贫攻坚过渡期"[①]，保持帮扶政策的总体稳定，同时建立预防性的监测和应对机制，针对脆弱性较大的、返贫风险较高的地区和脱贫户，需要提前采取积极有效的帮扶措施。

2. 构建精准扶贫与乡村振兴的衔接机制

党的十九届五中全会提出："优先发展农业农村，全面推进乡村振兴。"作为"十四五"时期的重要战略规划，全面推进乡村振兴需要与精准扶贫有机衔接，以更好推进"三农"工作。在小康社会建成与发展的新时代，只有乡村振兴，才能巩固脱贫攻坚取得的成果，才能保障乡村持续发展。

怒江在实现全面脱贫之后，需要在精准扶贫与乡村振兴之间建立起有效的衔接机制。一方面需要维持并不断巩固精准扶贫所取得的发展成果基础，另一方面更需要通过改革创新进一步推进乡村振兴。从脱贫攻坚到乡村振兴，是一个重要战略转换，因而需要在体制机制上作出相应调整。

乡村振兴之路将是复杂而艰巨的系统工程，充分发挥和调动广大农民群体的主体性与创造性既必要也重要，因为只有乡村主体认识到振兴乡村的价值，并积极参与到乡村振兴的实践之中，才能有效地推进乡村振兴。与此同时，乡村振兴的目标仅仅依靠乡村内部力量是无法实现的。就像脱贫攻坚一样，乡村振兴仍需要国家主导的乡村建设力量不断进入与增强。怒江州在全面推进乡村振兴的过程中，可能仍在一定程度

---

① 黄承伟. 中国特色减贫道路论纲. 求索，2020（4）：91-98.

上离不开政府推行和实施具有扶持性、保护性和建设性的政策措施，为新形势下乡村特别是边区注入和补充新的动力。此外，乡村振兴还需更好地发挥市场机制的积极功能，通过体制机制的创新，进一步扩大乡村开放程度，让市场的力量助推乡村振兴。

3. 完善易地搬迁新型社区的社会治理机制

在易地扶贫搬迁任务全部完成之后，集中安置社区的社会治理将变得越来越重要，此项工作不仅关系到脱贫攻坚成果能否得以巩固，而且还直接影响着集中安置社区的社会稳定，亦即搬迁安置贫困户能否"稳得住"。

提升扶贫安置新型社区的社会治理水平，提高社区治理效率，关键是要在治理体系基础之上，不断完善社会治理机制。基层社区党建引领、政府主导的自上而下治理机制在社会动员、公共服务等方面已发挥积极作用。进一步完善新型社区的社会治理机制，重点是要把基层群众的主体性、能动性调动起来，激发社区自治的活力。

完善社会治理机制，需要聚焦于两个核心任务：一是就业与增收，二是保障兜底。随着较多易地搬迁贫困户迈入新的生活环境，他们的生计方式已发生转变，从农业与兼业的生计转向完全依靠非农就业的生计。因此，对于易地搬迁的贫困户来说，保就业就显得特别重要。而且随着生活方式的转变，对收入增长的需要更为强烈，因而在保就业的同时还需要大力发展产业来拓展群众的增收渠道。在维持搬迁安置贫困户稳定方面，做好社会保障工作很重要。一些贫困户随着搬迁安置而脱贫，但如果后期扶持保障未能及时跟进，则有可能陷入新的贫困境地。因此，为确保搬迁贫困户在新的生活环境中能够"稳得住"，就必须通过社会保障发挥兜底作用，让所有搬迁贫困户能够保持脱贫的状态。

4. 加快推进生态旅游业的发展

怒江州98%以上的土地面积是高山峡谷，70%以上的耕地在坡度25度以上。山多、山大、山高、谷深，是怒江州生态环境的基本特征。交通基础设施不发达、开发程度低是怒江发展的基本现状。虽然这些客观条件对怒江州贫困发生率高有直接的影响，但如果换个角度看，原生态、环境美也可成为怒江发展的特色和优势。按照"绿水青山就是金山银山"的理念，怒江州的高山、峡谷、大江、大河就是未来发展的重要资源。

在现代化、城镇化、市场化、全球化的大背景下，要让绿水青山成为金山银山，就需要将生态资源转化为生态产品。怒江州有丰富的生态资源，将这些特色资源转化为生态产品，有效的途径就是大力推动生态旅游业的发展，让丰富的生态资源变为富集的旅游资源。加快推进大滇西旅游环线建设，大力发展"美丽村寨"、原生态民宿、乡村旅游等生态旅游业。

在推进生态旅游业发展的过程中，需要正确处理好开发发展与生态保护的关系，坚持创新、协调、绿色、开放、共享的新发展理念，走旅游业高质量发展路径。在科学、整体规划的基础上，应加大旅游业的投入，改善交通通信等基础设施建设条件，深化旅游业供给侧结构改革，把怒江州建设成为世界级旅游目的地。

5.发挥特色文化在全面建成小康社会中的功能

怒江州属于边疆少数民族聚居区，有丰富多彩的少数民族文化，区域文化特色鲜明。在新时代全面建成小康社会进程中，可以充分发挥地方特色文化的功能，走文化富民之路。走文化富民之路就是开发利用区域特色文化资源，推动文化旅游业的发展，促进第一、第二和第三产业实现融合。

走文化富民之路首先要立足于对特色文化、文化多样性和历史传统的保护，要提高文化自觉和非物质文化遗产保护意识，加大对区域、民族特色文化和传统的保护力度。在社会现代化的大背景下，对少数民族的特色文化及其传统的保护，必须建立起有效的、与现代化相适应的传承机制。

当然，要将特色文化转化为发展资源，就需要在保护和传承特色文化的同时，加强文化创新和开发，根据社会需要和市场需求的变化，将特色文化转化为文化旅游业产品。例如，一些少数民族地区可以在保持其民族文化特色的同时，通过一些文化重建、文化创新的方式，为文化资源在现代市场中找到相应的位置和价值。

此外，大力发展乡村文化旅游业是走文化富民之路的重要内容。在全面推进乡村振兴的实践中，文化振兴是重要内容。特别是在乡村产业振兴方面，要提升农业的效益和质量水平，就需要把握市场经济和社会需求变化的规律，提高文化旅游业与农业发展的融合度。把乡村在人文、生态方面的特质转化为能够满足人们日益增长的文化性需求的文化产品，如发展起特色餐饮、文化民宿、农业体验、休闲度假、观光娱乐等多种形式的文化旅游服务业。

总之，加强文化建设，保护少数民族和地方文化特色与传统，加快推进文化事业和文化产业的发展，既符合"五位一体"总体布局的要求，也是顺应新时代高质量发展的需要。对于具有非常鲜明文化特色的怒江州来说，在全面推进社会主义现代化的征程中，需要通过改革创新，转变思路观念，将特色文化转化为致富的优势资源。

第 11 章 脱贫成果的巩固机制

2020年底，中国乡村绝对贫困人口已全部实现脱贫。"可以说，中国乡村正面临千年未有之大变局。"[①] 在乡村千年巨变的时代，最大最重要的变化是乡村绝对贫困人口全部脱贫，实现这一重要的历史性转变，意味着巩固脱贫成果具有特别重要的战略意义。全面脱贫的历史性成就不是一劳永逸的成果，而是要不断探索合理有效的体制机制来巩固。

一、脱贫与返贫问题

乡村绝对贫困人口的全部脱贫，是指所有农户的家庭人均收入水平超过了现行的贫困线标准。在绝对贫困的标准线不变的情况下，农户脱贫的关键指标便是家庭人均收入。由此看来，能否脱贫，实际上是贫困户能否增收问题，即在已有收入水平基础上，增加收入以超过绝对贫困线。

从脱贫方式看，农户脱贫大体可分为两类：一类是扶贫脱贫，另一类是发展脱贫。扶贫脱贫指通过扶贫方式实现的脱贫，扶贫方式是以各种帮扶支持措施直接增加贫困户的生计资本，尤其是帮助贫困户增加收入。发展脱贫是指通过发展的途径带动贫困户实现脱贫目标，贫困家庭

---

① 韩长赋．走向振兴的中国村庄．北京：人民出版社，2022：2．

受益于整体发展，特别是区域经济与产业发展，获得更充分和新的市场机会，从而实现收入的增长和生活水平的提高，并由此摆脱贫困。当然，发展脱贫并非不需要帮扶和支持，而是在帮扶发展中实现脱贫目标，帮扶的对象、方式、内容和目标指向发展，即帮扶贫困地区和贫困户的经济、社会和文化发展。

类似于输血式扶贫与造血式扶贫的关系，输血式扶贫以输出直接帮扶解困措施解决贫困对象的即时性问题或困难，造血式扶贫则注重帮助和扶持贫困对象的中长期发展以达到彻底解决贫困问题。学界关于输血式扶贫和造血式扶贫的讨论，常常倾向于倡导造血式扶贫，主张将输血式扶贫转变为造血式扶贫。其实这种观点有失偏颇，在扶贫开发过程中，输血式扶贫和造血式扶贫是相互关联、相互作用的有机构成，两种方式所针对的贫困问题不同，发挥的作用不同，且作用方式不一样，而不存在其中某个单一方式是最优的、最有效的情况。输血式扶贫针对性强，见效快，解决问题及时，帮扶作用明显，是应急阶段必要的和有效的扶贫方式；造血式扶贫注重长远发展，着力解决根源问题，有助于建立起反贫困的长效机制，也有利于贫困地区和贫困人口的长远发展。

在乡村脱贫的具体实践中，扶贫脱贫和发展脱贫是相互结合、共同作用的两种脱贫方式。不容忽视的事实是，在深度贫困地区的乡村，农户在短期内难以达到产业发展和收入增长的理想目标，直接的帮扶增收措施既能让贫困农户得到具体实惠，而且对如期实现全面脱贫的战略目标有着显著作用。对那些欠发达的乡村地区来说，则需要探寻新的发展路径，突破发展滞后的困局，用长远眼光看待乡村脱贫，既要解决眼下紧急贫困问题，又要从长计议，谋求新发展，用发展办法从根本上消除贫困。

在巩固脱贫成果阶段，构建起有效的脱贫成果巩固机制，需充分考虑脱贫的不同方式和实现路径的差别，做到有针对性地巩固脱贫成果，更加有效地巩固脱贫成果。

针对主要依靠扶贫实现脱贫的区域、村庄和农户，必须从帮扶者和扶贫对象两个方面来设计和构建巩固脱贫成果的机制。

从扶贫脱贫的历史经验来看，扶贫主体是以国家为中心、政府为主导、企业组织广泛投入、社会力量积极参与而形成的多元协同体制。2020年底现行贫困线下的绝对贫困人口全部脱贫，实现全面建成小康社会，是党和国家"第一个百年"目标。因此，扶贫脱贫、脱贫攻坚体现出国家的重大战略规划，也是国家意志的集中反映。帮助和支持贫困地区和贫困人口在预定时期内实现脱贫，体现出国家反贫困的决心和能力。在巩固脱贫成果阶段，党的领导和国家力量仍是中流砥柱。新的历史时期，国家有能力继续帮助脱贫地区和脱贫人口巩固脱贫成果。

各级政府在扶贫脱贫过程中有着主导作用，政府的保障政策和财政支持以及各项精准扶贫措施，对乡村贫困人口脱贫起到关键性作用。政府既利用公共财政资源向贫困人群提供直接帮扶，而且还在扶贫脱贫中发挥着领导、动员、组织、协调和落实的功能。各级政府所设立的扶贫开发领导机构，掌握了各地的乡村贫困问题基本情况，制定了相应的扶贫开发计划，对扶贫脱贫行动起到引领和指导作用。在巩固脱贫成果阶段，政府仍需发挥主导作用，组织协调市场和社会力量，维续对脱贫地区的帮扶和支持，使脱贫成效得以巩固。

企业组织和市场主体曾广泛参与到扶贫脱贫行动之中，在产业扶贫和定点扶贫中，企业为贫困乡村的脱贫发挥了重要作用。如一些企业的物资援助和资金支持，直接增加了贫困农户的物质资本和资金资本等生计资本。随着许多乡村建设起扶贫车间，企业和贫困地区乡村实现了生产和脱贫的双赢目标，不仅给乡村增加增收渠道，也在一定程度上促进乡村产业结构调整和产业发展。为有效巩固脱贫成果，充分发挥和利用市场机制和市场力量仍十分重要，特别是市场主体帮扶的可持续性方面，可能需要政府的动员、引导，同时也要有相应政策的规制和激励。

社会组织和社会力量在脱贫攻坚中发挥了不可忽视的作用。不仅众多社会组织参加到扶贫脱贫实践之中，而且广大普通民众也参与到脱贫攻坚之中，形成大扶贫脱贫格局。社会力量参与到扶贫脱贫之中，是响应中央号召和在有效动员下积极行动起来的。如普通民众志愿行动、捐资捐物行动以及消费扶贫行动等，为实现全面脱贫目标做出巨大贡献，也增强全社会扶贫脱贫与反贫困的意识。进入巩固脱贫成果与乡村振兴有机衔接阶段，社会帮扶机制仍需要发挥积极作用。

从帮扶脱贫对象的角度看，以扶贫方式实现脱贫，特别是通过脱贫攻坚行动才达到脱贫目标的贫困区域和贫困人口，表明帮扶对象的贫困问题特殊，处于深度贫困状态，脱贫难度特别大。这些帮扶对象在脱贫之后，虽达到了脱贫目标，但在一定时期内他们所处的环境和发展状况不会发生根本性改变，其脆弱性相对而言仍会在较高水平，因此巩固脱贫成果的重点对象仍是该群体。

针对发展脱贫的区域、村庄和农户，巩固脱贫成果的重点需要置于可持续发展机制之上。在扶贫脱贫阶段，一些地区借着脱贫攻坚之"东风"，兴起了相应的扶贫产业，推动了这些地区乡村的产业发展，使得乡村贫困人口在产业发展中实现明显的增收，从而达到脱贫目标。例如，广西壮族自治区西部的贫困村——三百村，与广西金陵农牧集团公司合作，通过"公司＋农户"代管养殖模式，推动了村庄现代养殖业的发展，贫困户从新型养殖业发展中得到增收的机会，对快速实现脱贫起到明显效果。[1]

进入脱贫成果巩固阶段，以发展方式实现脱贫的对象，保持脱贫状态的关键是要让发展起来的产业能够持续下去，防止脱贫产业在脱贫后的中断或终止。发展脱贫的区域和村庄，其脱贫产业的兴起和发展一般有两种情况：一种是在扶贫脱贫大形势下内发的发展，即借助外部扶贫力量而激发内部发展潜能和动能，产生新的产业发展。内发的发展由于具有自然性，因而其可持续性相对较强，因为其有自身内在动力驱动，可保持继续向前发展。另一种是植入性发展，即在扶贫脱贫过程中，由外部力量植入贫困地区和贫困村庄的产业，由此带动乡村产业的发展。

---

[1] 覃志敏. 脱贫攻坚与乡村振兴衔接：基层案例评析. 北京：人民出版社，2020：50.

这种发展的驱动方式和驱动力是由外部力量作用的，因而此类发展是否可持续则在很大程度上受外力影响，需要产业扶贫主体保持对扶贫产业的持续投入，以维护扶贫产业的持续发展。

返贫是指已脱贫区域、村庄、农户和贫困个人因各种致贫原因重新返回贫困状态之中。返贫与贫困发生既相似，又有不同意义。贫困发生反映的是发展和反贫困过程中的问题，而返贫反映的是脱贫成果巩固问题。尽管反贫困包含巩固脱贫成果，防止贫困再发生，但巩固脱贫成果则主要是反贫困新阶段的任务。

就返贫所涉及范围而言，有三个不同程度的问题：无返贫、局部返贫和系统性返贫。无返贫指脱贫人口未出现返贫现象，表明巩固脱贫成果圆满成功；局部返贫反映脱贫区域和脱贫人口出现个别或部分返贫现象，由于脱贫人口中脆弱性人群的比例相对较高，在遭遇一些偶然的、突发事件冲击之后，出现个别返贫现象也是正常的；系统性返贫是指在脱贫区域和脱贫人口中，出现连片或大规模返贫人口，这意味着巩固脱贫成果的机制存在问题或重要漏洞，导致系统性风险发生。某种意义上，巩固脱贫成果的重点任务或关键就是预防发生系统性返贫现象。

返贫风险与脱贫方式之间有一定关联（见表11-1），在依靠扶贫方式实现脱贫的脱贫对象中，存在着一定的返贫风险，尤其是局部返贫和系统性返贫的风险相对较高。对以发展方式实现脱贫的脱贫对象，返贫风险较之前者而言略有降低，但并不能排除系统性返贫风险的发生。

表11-1 脱贫方式与返贫风险的关系

	无返贫	局部返贫	系统性返贫
扶贫脱贫	－	+++	++
发展脱贫	+	0	+

注：－表示负相关，+表示正相关，0表示弱关系。

因此，无论是扶贫脱贫还是发展脱贫的对象，都需要通过相应的巩固脱贫机制，预防系统性返贫风险，尤其是对于通过扶贫脱贫和脱贫攻坚而实现脱贫的对象，必须在巩固脱贫成果的基础上，进一步保持帮扶和发展措施的延续性。

二、脱贫攻坚措施的维续机制

从 2018 年至 2020 年三年脱贫攻坚阶段，在达到"两不愁三保障"的脱贫标准下，确保乡村绝对贫困人口全部脱贫，从中央到地方再到基层，创新并实施了一系列脱贫攻坚措施。这些措施在乡村扶贫脱贫实践中，发挥了积极功能，对实现全面脱贫的战略目标有着巨大贡献。从 2015 年 11 月到 2018 年底，中央和国家机关各部门出台的扶贫脱贫政策文件及措施方案有 200 多份，内容涉及产业扶贫、易地扶贫搬迁、劳务输出扶贫、交通扶贫、教育扶贫、生态扶贫、金融扶贫、水利扶贫、健康扶贫、土地政策扶贫等。[1] 可以说，正是基于这些脱贫攻坚措施，贫困地区和贫困人口才得以脱贫。

进入巩固脱贫攻坚成果阶段，乡村扶贫脱贫机制需要转换为脱贫成果巩固机制，以保障乡村全面脱贫的成果和全面建成小康社会的大格局维持下去，防止出现返贫现象和新的贫困发生。脱贫成果的巩固工作虽不同于扶贫开发工作，但与扶贫脱贫紧密相连，两者具有延伸和衔接的关系。在贫困地区和贫困人口实现全面脱贫之后，各种扶贫措施面临着走向问题，究竟是让脱贫攻坚阶段的扶贫措施告一段落，还是继续保持相关扶贫措施，这是一项关乎脱贫成果巩固的选择问题。既然脱贫成果的取得离不开这些扶贫措施，那么脱贫成果的巩固同样需要这些措施的支持。

在脱贫攻坚阶段，各地针对贫困问题的具体情况和特征，出台并实施了多种多样的政策措施。在巩固脱贫攻坚成果阶段，可重点选取以下六种措施加以维续（见图 11-1）。当然，这并不意味着其他扶贫措施不

---

[1] 刘守英，程国强，等．中国乡村振兴之路：理论、制度与政策．北京：科学出版社，2021：388．

重要。不同地区的差异性大，无论是脱贫攻坚还是巩固脱贫成果，都需要针对各自的实际情况和实际需要，采取针对性强的政策措施，这样能保障政策措施的合理有效性。

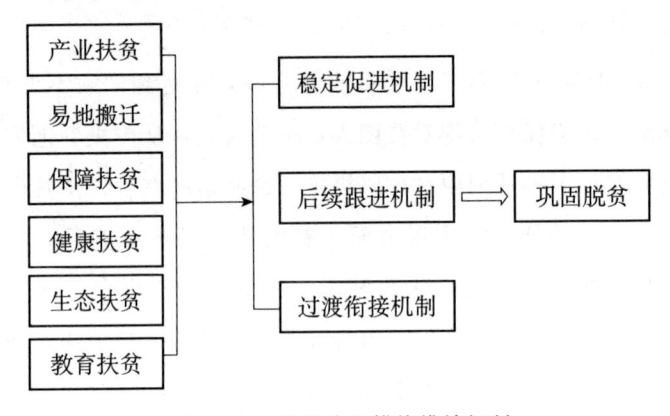

图 11-1　脱贫攻坚措施维续机制

建立起脱贫攻坚措施的维续机制，其根本目标是巩固脱贫，即保持乡村全面脱贫格局的稳定，不出现系统性返贫现象。为此，首先需要考虑的问题是要维续哪些脱贫攻坚措施，这里选择产业扶贫、易地搬迁、保障扶贫、健康扶贫、生态扶贫和教育扶贫等六项政策措施，其中主要的考量是巩固脱贫与脱贫攻坚的衔接关系、扶贫措施的特征和有效性、巩固脱贫的需要。

产业扶贫措施不仅在脱贫攻坚阶段发挥着重要作用，而且是巩固脱贫和乡村振兴的必要之路。乡村的贫困与贫困的乡村，皆集中体现为产业发展出现的困境。小农户单纯依靠传统小农经营，面临着维持低收入水平状态，难以实现增收。不改变乡村产业发展面貌，不利于农户增收和巩固脱贫。脱贫攻坚中采取促进贫困乡村产业发展的帮扶措施，一些特色产业、新产业在贫困地区培育出来，起到了脱贫效应。但依靠帮扶和支持而培育起来的产业，其基础并不十分牢固，特别是在资金、技术和市场等要素方面，脆弱性仍存在，因而巩固脱贫成果，必须确保扶贫产业的可持续发展。促进乡村产业发展，也是巩固脱贫与乡村振兴有效衔接的路径。从国际经验看，日本曾有"造村运动""一村一品""六次产业"等推动乡村产业发展、促进农户收入增长的政策措施[①],其目的是再造乡村活力或内发动力,从根本上解决乡村不平衡发展问题,以彻底消除乡村贫困。

易地搬迁或易地扶贫搬迁措施主要用于解决"一方水土养不起一方人"的乡村贫困问题,这一扶贫脱贫措施通过采取让贫困村的贫困户集体搬迁到集中安置点,一揽子解决脱贫问题,以拔"穷根"的方式使贫困户实现脱贫。易地扶贫搬迁的脱贫方式见效快、效率高,在如期实现全面脱贫和解决深度贫困地区脱贫问题方面,发挥巨大作用。但不容忽视的是,这一扶贫脱贫措施的成本也高,潜在的风险也相对较高。通过易地扶贫搬迁达到脱贫的贫困人口,面临着在集中安置社区的再适应、再社会化以及文化再造问题。因此,对这一脱贫群体,巩固脱贫成果尤其要注重脱贫后的后续维持、保障和建设机制,提升集中安置社区的社会治理水平,力争做到搬迁贫困户"搬得出,稳得住,能致富"。

保障扶贫或社会保障扶贫措施是通过向贫困人口提供最低生活保障、医疗保险、农业保险、养老保障、社会福利、社会救助等一系列社会保障性支持,以兜底方式帮助贫困人口摆脱贫困。在脱贫攻坚阶段,通过社会保障兜底达到脱贫一批的目标。在巩固脱贫成果阶段,向脱贫人群继续提供社会保障仍很重要且必要,此项措施对预防返贫和新的贫困发生都有着显著的作用。

因病致贫在乡村贫困问题中占有较大比例,农户的成员特别是劳动力因病而导致劳动力缺乏,以及为治病而支付的医疗费用,会给收入水平不高的普通农户带来巨大压力,此类家庭通常会由此陷入贫困境地。要使因病致贫农户脱贫,健康扶贫措施针对性强,且是有效的脱贫路径之一。为有效巩固脱贫成果,防范局部和个别返贫现象,保持健康扶贫措施的延续性非常必要,此项措施能够给因病致贫家庭提供及时、有效

---

① 中国国际扶贫中心.从国际经验看乡村振兴与脱贫攻坚的融合.北京:中国农业出版社,2021:98.

的扶持和保障，有良好的反贫困功能。

生态扶贫措施是将生态保护与扶贫脱贫有机结合起来的脱贫攻坚措施之一。由于一些贫困地区的乡村地处生态脆弱区，为加大对生态脆弱区的保护，采取生态移民搬迁补偿措施、退耕还林补偿措施、增加生态环境保护就业岗位等，为贫困户增收拓展新的渠道，在脱贫过程中起到了重要作用。巩固脱贫攻坚成果，对以生态补偿方式脱贫的区域来说，必须维持已有的生态扶贫措施，并根据巩固脱贫的需要，创新补偿和保险机制，提升脱贫人口的可持续生计资本水平和响应能力。

教育扶贫措施是针对贫困问题的代际传递而实施的扶贫脱贫措施，也是提升贫困者人力资本和能力水平的重要措施。贫困户的儿童在教育扶贫的扶持下可以避免因贫辍学而失去受教育权利，由此也阻隔了贫穷的代际传递，贫困户年轻一代可利用教育扶贫阶梯实现上升流动，从而摆脱贫困。此外，教育扶贫还通过教育培训方式，提高贫困户成员的劳动技能及其他能力水平，为收入增长奠定能力基础。教育扶贫措施的维续是脱贫成果巩固机制的重要构成，因为正如能力贫困论所认为的那样，个人能力状况和水平关系到贫困发生的风险。[1] 在乡村发展进程中，加大教育培训的投入，对提升乡村劳动力的人力资本和能力具有积极的贡献。

重点选择脱贫攻坚的主要措施后，接下来的问题是如何保证这些措施得以延续和继续发挥作用，这一问题便关涉到脱贫攻坚措施的维续机制。从机制角度看，脱贫攻坚措施的维续主要可通过三种机制实现，这三种机制分别是稳定促进机制、后续跟进机制和过渡衔接机制。

所谓稳定促进机制，是指在巩固脱贫成果阶段，保持脱贫前的扶贫脱贫政策体系和结构的大体稳定，如贫困县、贫困村"摘帽不摘政策"，贫困户出列后帮扶优惠政策不退出。保持政策体系和结构的稳定，并在稳定基础上结合脱贫后的乡村振兴需要，创新政策措施，以更好促进乡

---

[1] Sen A K. Commodities and Capabilities. New York: Oxford University Press, 1985.

村发展，以乡村发展进一步巩固脱贫成果。

后续跟进机制是指在脱贫后继续跟进脱贫攻坚阶段的重要政策措施。一方面保持乡村扶贫脱贫的连续性和配套性，维持扶贫脱贫成效的不断积累；另一方面根据脱贫后的新需要，跟进相应的更新和变革措施，以使已有脱贫成果得到进一步巩固。例如，针对易地扶贫搬迁和生态脱贫的人群，他们随着扶贫脱贫措施的落实而得以摆脱贫困，但与此同时，他们的生存和生活环境则发生了巨大变迁，如不能更好适应新环境，返贫风险会比较高。因此，后续跟进配套政策措施显得格外重要。对集中安置和补偿的对象，必须做好后续的安置和治理工作，以使集中安置群体维持稳定的秩序，提升发展的能力。

过渡衔接机制是指在巩固脱贫成果阶段，将脱贫攻坚阶段的一些扶贫脱贫政策措施加以适当转换，以过渡性政策措施达到脱贫后与脱贫前的政策衔接，这样既能保持脱贫攻坚措施在较大程度上的延续，也能根据脱贫后的形势和实际需要，实现扶贫脱贫政策体系的转换和调整，促进脱贫成果的巩固，以及与乡村振兴的有机衔接。

脱贫攻坚措施对实现脱贫起到过关键性作用，巩固脱贫成果仍需脱贫攻坚措施保持一定的延续性。重点维持其中重要措施的延续性，需要有效的维续机制，再结合脱贫后的情况和需要，强化对脱贫成果的进一步巩固，有效预防致贫和返贫风险。

三、扶贫措施退出的评估机制

巩固脱贫成果面临着一个重要挑战，那就是扶贫措施退出后会不会导致返贫风险和新贫困发生风险回弹。从脱贫的基本原理看，脱贫能力分为两类：一类是包含扶贫措施的脱贫能力；另一类是独立的脱贫能力。第一类是指脱贫对象所具备的脱贫能力，仍包含扶贫措施赋予的能力，离开这些扶贫措施，他们自身能力可能还不足以达到脱贫状态；第二类是指脱贫对象在获得扶贫帮助和支持之后，自身能力得到明显提升,且具备了独立脱贫的能力。第一类脱贫情况,意味着扶贫措施不能退出,因为一旦退出就会导致脱贫对象抗贫困能力大大降低,返贫风险会大大提高。第二类脱贫情况,则可在不影响脱贫对象能力变化的情况下,适当地、逐步地退出一些扶贫措施。针对两类脱贫情况,巩固脱贫机制在政策措施调整和更新方面,需要采取不同策略。对于脱贫能力对扶贫措施仍有依赖的,要保持和延续已有的扶贫措施;对扶贫后能独立脱贫的,则要在评估的基础上才能做出扶贫措施是否退出的决策。巩固脱贫措施的调整和变动,必须建立在科学合理的评估基础之上,否则可能因扶贫措施退出而导致系统性返贫。

在脱贫成效评估实践中,对贫困县摘帽的评估标准包括四个指标:一是综合贫困发生率,二是脱贫人口错退率,三是贫困人口漏评率,四是群众认可度。对综合贫困发生率低于2%(西部地区低于3%),脱贫人口错退率低于2%,贫困人口漏评率低于2%,群众认可度不低于90%的县,按照政策规定的程序,经过评估审查,可以摘掉贫困县的帽子。

贫困村的出列标准是"一个确保两个完善","一个确保"是指确保综合贫困发生率降至2%以下,"两个完善"是指村庄基础设施基本完善和公共服务基本完善。经过评估符合这两个标准,按照规定程序,贫困村可以申请出列。

对建档立卡贫困户来说,脱贫需要达到"两不愁三保障"标准,"两不愁"指不愁吃、不愁穿,"三保障"指义务教育有保障,医疗有保障和住房有保障。

贫困退出的评估是对脱贫成效的评估和核查,而扶贫措施的评估则是为了更加科学合理地调整巩固脱贫成果的政策,避免跟风式脱贫以及"摘帽摘政策"带来返贫风险的增高。跟风式脱贫是为了跟上脱贫攻坚政策目标,实现全面脱贫而采取一些形式化措施达到脱贫结果,但对脱贫后的巩固措施则缺乏有效的机制跟进。这样在脱贫后很多扶贫措施随脱贫目标实现而自然终止,扶贫措施的退出没有经过严格科学的评估,反映了巩固脱贫成果机制存在明显漏洞。"摘帽摘政策"意味着一些扶贫措施的自动退出，其中潜藏着巨大的返贫风险，因为在扶贫脱贫政策快速巨变的情况下，脱贫成果的巩固也面临巨大挑战。即便达到脱贫标准，扶贫措施仍需保持整体上的稳定性。对政策的调整和更新，特别是扶贫措施的退出，需要经过严格评估和科学论证，在不出现系统性返贫风险的情况下，进行后脱贫的政策安排。

如何对扶贫措施退出做出合理评估？对此问题可借鉴乡村活力评价方法。"乡村活力评价是把乡村当作生命有机体看待，其活力主要来自自身发展能力与外部条件及其相互关系的作用程度。"① 评估扶贫措施是否可退出，需要看扶贫措施与脱贫对象的活力之间的关系。如果脱贫对象具备了较为充分的活力，有较强的生计能力和增收能力，那么扶贫措施的退出造成返贫的风险会很小。如果扶贫措施与脱贫对象的活力有密切关系，而且扶贫措施退出后会大大降低他们的活力，尤其是经济产业活力，那么扶贫措施退出的返贫风险会很高。在此情况下，需要保持扶贫措施的稳定性和连续性。

至于由谁对扶贫措施退出进行评估的问题，主要有两种选择方案：一种是第三方评估，另一种是行政监测评估。第三方评估是政府在计划推进脱贫成果巩固的政策措施调整之前，选聘第三方专业评估机构或团队，对扶贫政策措施调整和变动可能产生的经济、政治、社会和文化效应，尤其是对致贫和返贫风险的影响作用进行系统评估。第三方评估方法通常具有专业性强，评估结果客观中立的特征，对巩固脱贫成果的政策调整和制度设计具有重要的参考和咨询价值。

行政监测评估是在政府系统内部，按照行政审核和评估的程序，并依据相关上报数据信息，对已有的扶贫措施及其实际效果进行监测和评估，并就政策调整和更新提出对策建议。行政监测评估虽由政府主导，

---

① 高世昌，许顺才，吴次芳，等. 中国乡村活力评价理论方法与实践. 北京：地质出版社，2021：96.

在评估视角、评估方法和评估应用方面不同于第三方评估，但其对扶贫措施退出所进行的系统监测和评估，可以作为扶贫措施退出等政策调整的重要参考。而且，行政监测评估的意义还在于，评估能在巩固脱贫成果方面起到相应的督查和管理的作用。

总之，乡村在全面实现脱贫目标后，扶贫措施何去何从，哪些扶贫措施需要保持不变，哪些扶贫措施可以调整，哪些扶贫措施可以退出，针对这些问题采取"一刀切"必然隐藏返贫风险。巩固脱贫成果阶段的政策措施的调整和更新，必须建立在科学合理的评估基础之上，既要保持乡村扶贫政策的适度连续性，又要促进与乡村振兴战略的有效衔接。

四、巩固脱贫的过渡机制

从脱贫攻坚到乡村振兴，其间需要有过渡机制，也可以说是衔接机制。有效的、有机的、精准的衔接，关键在脱贫成果的巩固之上。

巩固脱贫成果顺利地过渡到乡村振兴，需要有相应的机制，这些机制的作用在于解决三个关键问题：一是脱贫的成效如何维持下去；二是维持脱贫成效需要哪些巩固措施；三是脱贫之后如何与乡村振兴相衔接。

针对这三个关键问题，从巩固脱贫到乡村振兴可以建立三种过渡机制：一是后脱贫时代的贫困治理机制；二是多元综合的脱贫成果巩固机制；三是乡村振兴与脱贫攻坚的精准衔接机制。

乡村全面脱贫之后，并非意味着贫困问题已彻底消失，后脱贫时代的乡村贫困有着多样形态，也有多样特征，乡村扶贫脱贫机制已转向贫困治理，即通过多种不同方式和路径，实现巩固脱贫成果的目标。例如，在广西天然村，扶贫脱贫和巩固脱贫成果已形成较为系统的贫困治理机制，对防范新贫困和巩固脱贫成果具有决定性作用。

[案例 11-1：广西天然村的贫困治理机制①]

天然村是广西壮族自治区西北部的一个集"老、少、边、山、穷"于一体的深度贫困村，隶属河池市东兰县大同乡，由 17 个村民小组构成，共 243 户 860 人，其中少数民族 708 人。全村面积 12.8 平方公里，耕地面积 644 亩，林地面积 26 605 亩，果林 170 亩。耕地全为旱地，没有水田，人均耕地面积 0.75 亩。农作物以玉米、红薯为主，养殖业以养鸡、养羊为主。2015 年底精准识别贫困人口 131 户 505 人。

在精准扶贫期间，天然村于 2015 年由村级组织发起探索发展山野葡萄种植业，2017 年山野葡萄种植面积达 300 亩。山野葡萄种植业由县政府免费提供苗木和葡萄架，省农业科学院指导种植技术。经过两年探索，产业的扶贫成效不显著。2018 年天然村开始新的产业扶贫计划，即发展规模化乌鸡养殖业，到 2020 年，建成运营 10 个乌鸡养殖场，年出售乌鸡 10 万只，带动全村 131 户贫困户增收脱贫。

天然村乌鸡产业采取"公司＋党支部＋合作社＋农户"的运作模式，由县政府融资 100 万元，建成 10 个乌鸡养殖场作为村集体资产，整合产业帮扶资金和贫困户扶贫小额贷款 5 万元入股村民合作社作为养殖资本金。村民合作社与龙头企业签订养殖协议，企业提供鸡苗、饲料、技术，并回收成鸡，支付劳务费 15 元/只，其中 8 元给贫困户，5 元给养殖团队，1 元作为村集体经济收入，1 元支付融资平台即农投公司。

天然村的贫困治理实践注重基层党组织的领导核心，充分动员并发挥返乡青年农民和大学生在基层治理中的作用，加强各类教育和培训，提升基层治理能力和发展能力。有了组织保障，在巩固脱贫成果阶段，

---

① 覃志敏. 脱贫攻坚与乡村振兴衔接：基层案例评析. 北京：人民出版社，2020：139-145.

乡村治理将能有效应对种种新问题和新需求。

多元综合的脱贫成果巩固机制包括巩固脱贫主体的多元，即国家的力量、政府的力量、市场组织的力量、社会组织的力量、基层组织的力量和基层群众的力量。在实现全面脱贫之后，向乡村振兴战略目标推进过程中，这些扶贫脱贫的主体需要过渡到新的乡村建设与发展实践之中，一些有效的帮扶措施、支持资源和推进落实机制需要维续和巩固下来。而且，多元的贫困治理和乡村振兴的主体要在脱贫后乡村新场域中融合起来，形成新的发展合力和振兴动能。

乡村全面脱贫不是终点，而是新的起点。在新时期，脱贫乡村又要面临如何推进和实现乡村振兴的战略任务。在刚刚脱贫的乡村地区推进和实施乡村振兴战略，首先要牢牢巩固脱贫攻坚成果，这是基本前提。如果脱贫地区和脱贫人口出现大量返贫现象，或脱贫乡村和广大农户的贫困脆弱性仍很明显，乡村振兴和共同富裕的战略目标就缺乏基本的现实基础。

顺利推进后脱贫时代乡村振兴战略，首先需构建起一套精准衔接脱贫攻坚与乡村振兴的机制。通过乡村振兴与脱贫攻坚的精准衔接机制，实现脱贫的乡村能根据各自实际情况和实际需要，因地制宜地保持和进一步完善巩固脱贫成果的政策措施，更加扎实地巩固脱贫成果，更加有效地防范返贫。与此同时，还要落实创新发展理念，探索创新发展的方向、领域和路径，为脱贫后乡村的发展与振兴开拓新渠道，找到新动能，有效推动脱贫乡村产业结构的调整、新业态的培育、新发展模式的形成，拓宽广大农户增收渠道，助力共同富裕，彻底消除贫困的根源。

巩固脱贫的过渡机制对脱贫乡村的脱贫成效保持和发展振兴来说，起到承上启下的关键作用。过渡机制不仅可以保障关联战略体系中政策措施的顺利过渡和有效衔接，而且可以保持脱贫乡村在不同阶段的平稳过渡，确保脱贫乡村基层社会的稳定有序。此外，过渡机制的合理有效关系到脱贫后的乡村振兴基础和发展前景，合理有效的过渡机制能够为乡村振兴打下良好的制度和物质基础。

五、常态化反贫困机制

社会犹如一个有机体，贫困是有机体运行过程中出现的非正常状态或问题，尤其是绝对贫困问题，会严重影响甚至危及群体和个体的生存和正常生活，所以反贫困是人类社会发展事业的基本构成，全面摆脱贫困、全面消除贫困是反贫困的终极目标，预防和积极应对贫困问题是反贫困的重要内容，扶贫脱贫工作是反贫困的主要任务。

随着乡村绝对贫困人口全部脱贫，乡村反贫困的性质和任务在一定意义上发生了根本转变，但并不意味着反贫困的终结，而是要转向以巩固脱贫成果和预防贫困或返贫为中心的贫困治理。

乡村社会在后脱贫时代，为有效巩固脱贫成果，必须建立起常态化反贫困机制。也就是说，后脱贫时代虽不再有专项的扶贫脱贫行动或扶贫脱贫项目，但需要一种常态化治理机制，能够及时有效地应对脱贫后的乡村和农户出现的返贫风险，因为既然能脱贫，也就潜在返贫风险，常态化反贫困机制的作用是在关键时刻能解决和消除返贫风险。

后脱贫时代的常态化反贫困机制的另一个重要功能是预防和帮扶个体性、偶然性贫困。即便已脱贫乡村不出现系统性返贫风险，但社会中发生个体性、偶然性贫困的可能性依然存在。社会中的某些家庭或个人，因遭遇特殊情况陷入贫困境地，特别是社会中低收入群体以及其他脆弱性群体，因偶然事件或变动情况陷入贫困境地时有发生，因而社会需要常态化反贫困机制来向这些群体和个人提供帮扶和救助，以解决这些个体性、偶然性的贫困问题。

此外，常态化反贫困机制的另一项功能是助力致富。乡村脱贫不是终点，而是阶段性发展目标。脱贫之后的乡村发展是，彻底告别贫困，走向振兴，最终走向共同富裕。在这个意义上，对于脱贫地区乡村或发展相对滞后乡村，常态化反贫困机制与发展致富机制有高度重合之处。乡村发展起来了，农户富起来了，脱贫成果自然牢固地巩固下来，新贫困发生、相对贫困出现以及返贫风险自然而然得以有效消除。例如，江西省的下保村从"鸡窝村"华丽转身成为"凤凰村"，便是通过有效的产业调整和产业融合发展，走出了一条致富路，由此告别贫穷落后的面貌，展现出新时代乡村振兴发展的新面貌。

[案例11-2：江西省下保村的致富经验[①]]

下保村隶属江西省新余市渝水区良山镇，距城区20多公里。下辖7个自然村，352户1 106人，全村面积10.03平方公里，耕地面积2 106亩，山地面积13 000余亩。村庄四周被崇山峻岭、茂密森林围绕，环境优美，生态资源丰富，被誉为"天然氧吧"。

下保村是新余市著名红色村庄，1929年12月，中共党员组织农户会员发动"下保暴动"，深深播撒了红色革命的"种子"。

过去的下保村，由于地处偏远、交通不便、村庄面貌脏乱、房屋破旧，被附近村民唤作"鸡窝村"。村民多以种水稻、养猪养牛为生，或外出打工，生活并不宽裕。

近年来，下保村充分利用丰富的山水自然资源，做足山水文章，将资源优势转化为经济优势，形成了生态果业、花卉苗木、乡村休闲旅游三大支柱产业。2017年，村集体经济收入达80万元，村民人均可支配收入达18 260元。

下保村在致富之路上，首先通过各种筹资渠道，大力改善村容村貌，同时加强乡村文化建设，绘制"主题文化墙"，兴建文化展示馆，搭建村民大舞台，组织农民剧团、秧歌队、锣鼓队，组织"村晚"、元宵灯会和广场表演，提升村民文化素养。不断完善公共服务设施，建设乡村旅游公路，开通旅游公交路线，建设村庄公共文化体育设施等。创新基层治理，为乡村产业和各项事业发展保驾护航。

---

① 韩长赋. 走向振兴的中国村庄. 北京：人民出版社，2022：304-314.

下保村虽不是脱贫攻坚的扶贫对象，但以往村庄发展的落后特征很明显。在实施精准扶贫、乡村振兴等一系列政策的大环境下，下保村探索出一条有效的致富之路、振兴之路，这一路径可以说是乡村治理变革和现代化之路。村庄在建立和不断完善治理的过程中，既实现了面貌焕然一新，也构筑起产业发展新格局。

将常态化反贫困机制纳入社会治理体制机制之中，使反贫困成为社会治理的任务组成，建立并不断完善与贫困相关的预防、救助和应急管理的治理机制。在脱贫地区乡村，把巩固脱贫成果作为重要基层治理工作内容，尤其要把防范系统性返贫风险和新贫困发生作为治理工作的重点，通过常态化反贫困机制，构筑起系统性返贫风险的动态监测、评估、响应和应急处理体系，降低和消除系统性返贫风险。在其他乡村地区，把应对个别性贫困和相对贫困作为基层治理的重要内容，积极做好对个别性贫困的及时扶助和脱贫工作。针对低收入人群和弱势群体，需要构建有效的相对贫困预防和治理体系，防止相对贫困的发生和凸显。

构建常态化反贫困机制，需要因地制宜，结合区域和乡村发展的实际情况、实际需求。不同地区反贫困的重点难点有所不同，因而机制上要有所区别，不适宜用动员式、一刀切的方式推进实施，需要针对区域扶贫脱贫与乡村振兴的过渡、衔接情况，采取精准有效的政策体系，达到重点防范、及时化解的治理效果和治理效能。

第 12 章　后脱贫时代的乡村发展

随着精准扶贫方略的顺利实施，中国的脱贫攻坚完成了历史性任务。2020 年底，如期实现现行标准下的农村贫困人口全部脱贫，标志着乡村社会迈入后脱贫时代，乡村发展也将迎来新机遇和新挑战。那么，在全部脱贫和全面建成小康社会的新时代，乡村发展将向何方？将选择什么样的路径去实现宏观战略设定的目标？基于已有对中国乡村发展的调查经验，结合制度分析的视角，笔者在这里想探讨后脱贫时代背景下，中国乡村可选择怎样的发展路径。

一、后脱贫时代的到来

按照国家"十三五"规划的脱贫攻坚战略目标，2020 年是农村贫困人口全部脱贫和全面建成小康社会的决胜之年。2020 年之后，乡村发展的后脱贫时代随之到来。之所以说中国乡村发展将迈入后脱贫时代，主要是基于四个层面的社会事实而作出的概括与判断：一是中国经济社会发展的"大势"；二是宏观制度安排的结果；三是乡村发展的社会现实；四是精准扶贫的微观实践。

目前，中国仍然处于并长期处在社会主义初级阶段，依然是发展中国家大家庭的一员。但是，中国特色社会主义已进入新时代。经历经济持续快速增长之后，城乡居民的收入水平得到了较大幅度的提高。到 2020 年，农村居民人均可支配收入达到人民币 17 131 元，城镇居民人均可支配收入达到 43 834 元（见图 12-1）。总体来看，居民的经济收入水平基本达到中等收入国家的水平，意味着中国已迈入中等收入国家的行列。虽然经济收入的城乡差别依然较大，但乡村居民的收入水平增长较快，且达到了小康水平。

在新时代，随着改革开放政策的进一步深化和推进，中国经济保持增长的趋势将会持续下去。[①] 经济发展向好、向稳的"大势"为脱贫攻坚创造了条件，也为巩固脱贫成果提供了坚实的经济基础。随着人均收入水平不断提高，步入小康社会就成为大势所趋。即便不均衡不充分发展问题可能还在一定范围内存在，但这些问题并不会改变社会经济发展的总体水平和趋势。因此，对于乡村发展来说，时代背景将发生重要转变，乡村发展将迈入后脱贫时代。

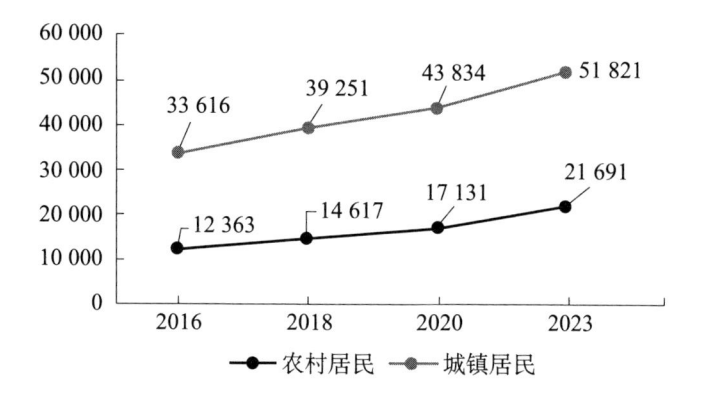

图 12-1　城乡居民人均可支配收入情况（单位：元）

资料来源：国家统计局官方网站。

中国乡村发展新格局也是由国家宏观制度安排带来的。改革开放以来，国家通过一系列制度安排，将农村扶贫开发作为一项长期系统工程稳步、扎实地推进。1986 年，国家成立专门扶贫工作机构，地方各级政府也成立了相应的扶贫部门，负责本地扶贫开发事业。1994 年，国家实施了八七扶贫攻坚计划，主要瞄准区域性贫困，重点开展贫困县的

[①] 林毅夫. 六问中国经济奇迹可否再续. 领导文萃，2015（8）：25-28.

扶贫开发工作。到 2000 年底，农村贫困人口由 1985 年的 1.25 亿减少到 3 000 万，农村贫困发生率由 14.8% 降到 3%。由此可见，国家八七扶贫攻坚计划在农村减贫实践中取得了显著成效。进入 21 世纪，国家颁布了《中国农村扶贫开发纲要（2001—2010 年）》，为新世纪农村减贫事业作了宏观的规划和制度安排，确立了综合性开发式扶贫的主导模式。

党的十八大以来，国家对农村扶贫作了新的部署，提出脱贫攻坚进入关键时期，要求到 2020 年打赢脱贫攻坚战，实现农村贫困人口全部脱贫。为实现全部脱贫的目标，党的十九大进一步提出了精准扶贫的贫困治理机制，并形成了广泛动员、各方参与的精准扶贫行动体系。

从新制度主义理论视角看，国家宏观制度"不仅造就了引导和确定经济活动的激励与非激励系统，而且还决定了社会福利与收入分配的基础"[1]。反贫困的中国奇迹的出现，农村贫困人口的全部脱贫，既是国家向人民群众的庄严承诺，也是国家制度安排与实施所决定的。因此在这个意义上，中国乡村发展后脱贫时代的到来，是国家宏观发展战略和制度安排的重要组成部分。

后脱贫时代的到来也是当前乡村社会发展的现实反映。从社会转型论的角度看，自改革开放以来，中国社会已进入快速转型期，社会结构从传统农业社会快速向工业化社会转型。[2] 在此进程中，乡村社会也不可避免地发生大转型。转型之后乡村已从费孝通所描述的"乡土社会"[3] 逐渐迈向"后乡土社会"[4]。如今的后乡土社会，所面临的基本问题已经不再是农民的"饥饿问题"，或者说，绝对贫困问题已经不是普遍性问题，而是局部性的问题。总体来看，乡村发展已进入后脱贫

---

[1] 诺思. 经济史中的结构与变迁. 陈郁, 罗华平, 等译. 上海: 上海三联书店, 上海人民出版社, 1994: 17.
[2] 郑杭生. 中国特色社会学理论的探索: 社会运行论 社会转型论 学科本土论 社会互构论. 北京: 中国人民大学出版社, 2005: 4.
[3] 费孝通. 乡土中国 生育制度. 北京: 北京大学出版社, 1998: 6.
[4] 陆益龙. 后乡土中国. 北京: 商务印书馆, 2017: 16.

阶段。

就乡村脱贫与发展经验而言，在改革开放初期，农户主要通过生产积极性和自主性的提高，提升农业生产经营的效率，发挥多种经营的效益优势，快速摆脱了温饱问题的困扰。随着市场转型的全面推进，广大农户积极地参与到市场经济之中，通过"闯市场"机制从市场中分享到更多机会。[①] 2015 年有 2.8 亿左右的农民工在向城镇流动的过程中，不仅仅提高了家庭收入水平，而且也给乡村社会发展开创了新的局面。对于大多数农户来说，他们的增收渠道已经扩展，不再局限于农业，而是可以通过劳动力的外出经营，在"大市场"中寻找到增收机会。从流动人口监测数据来看，2015 年农民工的平均月工资水平为 3 200 元左右。如果按此标准来推算，一个农户只要有一个劳动力外出打工，基本上就能保障该农户在现行贫困线上脱贫。这也就意味着，对于大多数农户来说，走出绝对贫困已成为现实，乡村社会将迎来新的发展任务。

从精准扶贫微观实践来看，局部性的或深度贫困地区的农村绝对贫困问题已得到有效应对和解决，农村贫困人口在 2020 年底全部摆脱贫困状态。为保证贫困人口全面脱贫，自 2014 年起，扶贫攻坚的目标对象开始瞄准到户，甚至精准到人。精准扶贫的实践为农村贫困人口建档立卡，一方面提供了较为准确的贫困问题信息，另一方面也明确了帮扶的责任主体和脱贫计划，从而确保了建档立卡贫困户和贫困人口如期脱贫。

在精准扶贫的成效方面，截至 2020 年 3 月，未摘帽的贫困县仅剩下 52 个，脱贫难度大的贫困村 1 113 个。对这些特困地区的扶贫工作，国务院扶贫开发领导小组进行了"挂牌督战"，实施了中央单位定点扶贫、结对帮扶、企业和社会组织对口扶贫等精准扶贫措施，以确保打赢脱贫攻坚战。

随着全社会形成反贫困和精准扶贫的合力，贫困人口全部脱贫、小

---

① 陆益龙.制度、市场与中国农村发展.北京：中国人民大学出版社，2013：208.

康社会全面建成已成为客观事实。在此宏观大背景下，中国乡村发展也会自然而然迈入后脱贫时代，进入新的发展阶段。

二、后脱贫时代乡村发展的新形势

后脱贫时代的到来，意味着乡村发展的形势已发生变化。在新的形势下，乡村社会既迎来新的发展机遇，也面临着新的挑战。无论从发展目标与任务还是从发展条件的角度看，乡村发展都会出现重大转变。

首先，就乡村发展的总体目标而言，后脱贫时代对乡村发展提出了新的目标要求。随着乡村人口的全部脱贫，小康社会的全面建成，扶贫脱贫不再是发展的目标，而是成为发展的新起点。在后脱贫时代，乡村发展总体上不再是以解决温饱问题或满足广大人民群众基本生活需要为目标，而是要以不断满足人民日益增长的美好生活需要、加快推进乡村社会现代化为目标。

中国乡村社会的现代化进程，可能不同于西方发展社会学的现代化理论所认为的那样，就是从传统社会向现代社会过渡的单一路径。中国乡村社会的现代化，所处的时代背景就是现代化、城镇化、工业化、信息化和全球化的大环境，因而并不存在着传统与现代的二元对立，而是面临着如何在现代社会中谋求更好的发展。

同样，后脱贫时代中国乡村现代化发展也不同于依附理论所概括的边缘地区"依附性发展"。尽管在城镇化过程中，城乡差别依然存在，城市在经济社会发展中的中心作用较为凸显，但是伴随着经济社会发展总体水平的不断提高，乡村发展也会发生联动效应，并非依附于中心而取得发展。

作为后脱贫时代乡村发展的目标，中国乡村社会现代化是一种新型的现代化，即以人民为中心的现代化。推进乡村现代化的根本目的在于不断满足人民日益增长的美好生活需要，增进人民群众的福祉。为实现这一目的，可选择的路径、方式、方法都是多样的，而并非只有现代完全取代传统、城市取代乡村的现代化单一模式。乡村社会现代化的核心意义是广大人民群众真正过上美好的生活,至于用什么方法改善生活,或过什么方式的美好生活,实际上有多种可能性、多种选择,因为中国乡村社会本来就具有多样性和差异性的特征,如果按照西方现代化理论来确立标准化、单一化的生活方式、文化价值观,那么,乡村社会现代化不仅会偏离中国实际,而且还可能会以牺牲社会、文化多样性为代价。

驱动中国乡村社会现代化的动力可能并不是依靠资本的积累和扩散,而是需要探索符合中国国情的现代化道路。[①] 从农村改革和农村扶贫的历史经验中可以看到,乡村社会具有自身的能动性和创造性,能够走出具有自己特色的富民之路。因而在新时代,乡村居民在国家制度的支持下,也会充分发挥发展的能动性与创造性,实现乡村社会现代化的目标。

其次,就乡村发展的主要任务而言,后脱贫时代乡村发展的重点显然已发生转变。当乡村人口全面脱贫之后,乡村发展中的扶贫与反贫困任务实际上并未终结,而是发生了转变。这一转变突出体现在三个方面:一是乡村扶贫工作重点从脱贫攻坚向巩固脱贫成果的转变,二是乡村扶贫工作性质从应对型扶贫向预防型扶贫的转变,三是乡村扶贫工作机制从扶贫开发机制向均衡发展机制的转变。

进入后脱贫时代,虽然绝对贫困人口已经全部脱贫,但这并不意味着贫困问题不再发生,脱贫攻坚不是一劳永逸的事,而是需要不断巩固成果,提高反贫困的能力。特别是对于那些通过国家脱贫攻坚政策而摆脱贫困的乡村地区来说,依然存在相对较高的返贫风险,巩固脱贫成果显得尤为重要。虽乡村贫困地区和贫困人口全部摘帽脱贫,但这一发展成果是在强有力的脱贫攻坚行动支持下取得的。脆弱性地区和弱势群体在社会中依然存在,为防止贫困地区和贫困人口返贫,扶贫工作仍将是

---

① 陆学艺. 中国农村现代化的道路. 教学与研究, 1995 (5): 18-24.

后脱贫时代乡村发展的重要任务之一，只不过后脱贫时代的扶贫重点和中心有所转移，就是要转向有效巩固已有的脱贫成效，并在进一步发展中促进乡村脱贫成效的可持续。

要巩固全部脱贫的成果，一方面需要维持已有精准扶贫措施的持续推进，避免因帮扶措施中断而导致脱贫的前功尽弃。另一方面，乡村发展要加强原先贫困地区和贫困人口的内生发展能力，乡村扶贫的重点需放在造血式扶贫之上，即通过扶贫工作来恢复和不断提升弱势人群自身的造血功能或发展能力。

乡村在未实现全面脱贫之前，扶贫工作属于应对型扶贫，亦即乡村扶贫需要应对贫困问题，要帮助贫困人口摆脱贫困的生活状态。在脱贫之后，乡村贫困地区和贫困人口的贫困状态或贫困问题得以解决，但并不代表着扶贫工作彻底终结，因为对于社会中的一些贫困问题，其解决正是依靠扶贫工作得以实现的。如果完全停止扶贫工作，问题可能又显现出来。因此，后脱贫时代的乡村扶贫工作机制需要转向预防型扶贫机制。

预防型扶贫是指在社会经济发展过程中建立和完善反贫困机制，有效地预防和应对各种形式贫困的发生。脱贫攻坚主要是通过精准扶贫等有效手段，解决深度贫困地区和贫困人口的贫困问题，帮助这些地区和人口摆脱绝对贫困的状态。与脱贫攻坚不同，预防型扶贫主要是为了预防和应对绝对贫困和相对贫困、连片贫困和个体贫困的发生，以及对各种贫困问题加以及时有效解决。乡村预防型扶贫是后脱贫时代的扶贫工作主体方式和任务，也是精准扶贫的延续和转变。在预防型扶贫工作中，一方面，既要维持和保证脱贫攻坚阶段的各项扶贫脱贫政策措施的连续性，也就是对脱贫摘帽的贫困县、贫困村和贫困户，仍需要保持扶贫政策的连续性，以保证脱贫攻坚的政策措施能够持续发挥脱贫功效，避免帮扶政策措施退出后贫困问题大范围反复和再现。所以，后脱贫时代并不意味着扶贫的终结，而是需要在一定时期内延续既有的扶贫政策措施，部分脱贫攻坚阶段的强化措施可在科学评估之后逐步谨慎退出。

另一方面，还需要转变扶贫工作方式和内容，在脱贫基础上建立起贫困预防机制。为有效预防较大范围的返贫，可以通过"设立脱贫攻坚过渡期"，保持帮扶政策的总体稳定，同时建立预防性的监测和应对机制，针对脆弱性较大的脱贫地区和脱贫户，提前采取积极有效的帮扶措施。

后脱贫时代的乡村扶贫工作机制也面临着转变的要求。在全面脱贫之前，乡村扶贫工作主要依靠扶贫开发机制来帮助贫困地区和贫困人口走出贫困、解决贫困问题。扶贫开发的工作机制包括脱贫攻坚阶段的精准扶贫机制，如驻村扶贫、结对帮扶、对口支援、产业扶贫、易地扶贫搬迁等。扶贫开发工作机制的着眼点或目标是脱贫，即要实现贫困人口摆脱绝对贫困的状态，其作用方式就是通过帮扶措施达到减贫效果。在实现整体脱贫之后，乡村发展面临的主要任务则是全面建成小康社会。这一发展任务就要求建立起新的乡村扶贫工作机制，因为发展的不平衡不充分问题是新时代社会主要矛盾的重要体现。因此，顺利推进乡村全面建成小康社会，就必须面对发展的不平衡不充分事实，并有效解决乡村发展的不平衡不充分问题。特别是对于脆弱性较高、易致贫的乡村地区和人群，要采取积极的均衡发展措施，增强乡村内生发展动能，降低返贫风险，同时逐步缩小发展差距，缓解相对贫困问题的影响。

此外，后脱贫时代的乡村发展条件也将发生重大转变。随着决胜脱贫攻坚战和全面建成小康社会目标任务的实现，乡村发展将迎来新起点、新形势和新条件。新起点就是乡村人口全部摆脱绝对贫困，实现"两不愁三保障"，即不愁吃、不愁穿，儿童义务教育、基本医疗和住房安全有保障。2020 年，彻底消除了绝对贫困，既表明乡村发展已取得了划时代意义的成就，同时也标志着乡村发展进入崭新阶段，面临新形势、新条件。站在全部脱贫和全面解决温饱问题的新起点，乡村社会需要向另一个更高目标迈进，那就是乡村振兴。

新形势是指乡村发展所处的大环境、大背景和大趋势。乡村发展路径的选择必须根据大环境而作出，后脱贫时代乡村发展的大环境虽然总体上没有大的改变，仍是费孝通所总结概括的"信息社会"，即经历着从"农业社会"到"工业社会"再到"信息社会"的"三级跳"。① 但是，信息技术的更新和升级，特别是5G和人工智能时代的到来，将不可避免地带来产业结构的转型升级。在高度互联互通的信息社会，乡村发展既面临着新的挑战，也有新的机遇。

后脱贫时代乡村发展将在乡村振兴战略的大背景下推进，在精准扶贫目标达成之后，"三农"工作的重心将转向乡村振兴。随着国家乡村振兴战略的推进和实施，乡村社会在产业发展、生态环境、文化建设、基层治理和生活方式等方面，将会迎来新的变革和发展。

新型城镇化与城乡融合发展将是后脱贫时代乡村发展的大趋势。乡村振兴与新型城镇化对于乡村发展来说其实是并行不悖的关系，因为新型城镇化与传统意义上人口进城的城镇化不同，新型城镇化则是人、产业及生活方式的城镇化，有着多元的模式②，所确立的城乡关系是融合发展的关系，亦即城乡居民、城乡产业和城乡生活方式的融合发展。

新条件主要指进入后脱贫时代乡村发展已积累并具备了行之有效的发展经验与机制，这些经验与机制主要包括在脱贫攻坚与精准扶贫阶段形成的城乡联动、东西联动的发展机制。在实施精准扶贫政策的过程中，城市反哺农村、工业反哺农业、东部支援西部、城市与乡村相互促进的协调联动机制对乡村全面脱贫发挥了积极的作用。已有的经验和机制为后脱贫时代的乡村发展提供了新的外部条件，对提升乡村内生发展动力起到一定促进作用。

总体来看，进入后脱贫时代的乡村将在新的形势下迎接新的发展。在乡村振兴战略的推动下，乡村在巩固脱贫攻坚成果的基础上，也会在全面建成小康社会和实现共同富裕的道路上顺利向前迈进。

---

① 费孝通. 从实求知录. 北京：北京大学出版社，1998：385-399.
② 陆益龙. 农民中国：后乡土社会与新农村建设研究. 北京：中国人民大学出版社，2010.

三、后脱贫时代乡村高质量发展之路

在后脱贫时代的新形势下,乡村社会究竟选择什么样的发展路径显得尤为重要。路径选择的合理性与恰当性对于实现新的发展目标而言,不仅可以确保发展方向的正确,而且也有助于提升发展的效率。

合理地选择乡村发展路径,必须科学、准确把握乡村社会的实际情况,充分地认识乡村发展面临的主要矛盾。2020年后,乡村贫困地区和贫困人口虽已全部脱贫,但不平衡不充分发展的主要矛盾依然存在。高质量发展将成为新时代社会经济发展的主旋律,与此同时又必须面对乡村发展不均衡不充分问题。解决这一问题的前提是要补上乡村发展的"短板"。按照"短板效应"原理,如果不能补齐乡村发展中的那些"短板",就难以实现发展的平衡和充分。既然如此,那么就要找出制约乡村发展的"短板"。

从实际情况来看,制约乡村发展水平的主要有三大"短板",分别是基础设施建设、产业发展和乡村教育方面的"短板"。乡村在基础设施建设方面,存在着比较明显的"短板"。尽管从纵向比较的角度看,经过新农村建设和精准扶贫的努力,乡村基础设施建设条件已经得到明显改善。然而,相对于现代化发展的总体水平而言,乡村基础设施建设仍相对滞后。特别是在满足高质量发展的要求方面,乡村基础设施建设可能还需要重点加强。

补齐乡村基础设施建设"短板",要根据全面建成小康社会与乡村社会现代化发展的大趋势,可能需要重点在水基础设施布局、5G网络等数字基础设施的超前布局、基本公共服务设施、社会设施现代化以及文化基础设施建设等方面[1],补齐不均衡不充分发展的"短板"。

---

[1] 顾朝林,曹根榕,顾江,等.中国面向高质量发展的基础设施建设空间布局研究.经济地理,2020 (5):1-9.

对于那些刚刚摆脱绝对贫困的乡村地区来说，产业发展的滞后性与不充分问题可以说是一块较为明显的"短板"。乡村产业发展的"短板"不仅关系到脱贫攻坚成果能否巩固和可持续，而且也涉及后脱贫时代乡村全面建成小康社会。在依靠脱贫攻坚政策支持而实现脱贫的乡村，面临的共性问题就是产业结构的单一，即基本完全依赖于农业。而且在这些地方，农业高质量发展的结构性问题也比较突出。目前，尽管农业绿色水平、农业创新水平和农业共享水平对推动我国农业高质量发展发挥了重要作用，但农业协调水平和农业开放水平发展滞后仍是农业高质量发展的"短板"。[1] 因此，补齐乡村产业发展的"短板"问题，实现后脱贫时代发展滞后地区的乡村产业兴旺，就需要从结构、协调和开放三个重要突破口发力。

首先，在结构方面，补齐乡村产业发展"短板"的主要方式就是解决农业依赖以及农业结构单一问题。在社会快速转型的大背景下，以农业为主的农村经济结构显然难以满足现代社会经济发展的需要，尤其是难以满足农民增收的功能需要。而且农业内部也存在着结构单一和结构刚性的"短板"，亦即一定区域内农业通常依赖于种植业，且种植结构较为单一，较少随市场需求变化而改变。

补齐乡村产业结构的"短板"可能不仅仅是改变农业的生产经营方式，而且需要从供给侧结构性改革方面进行突破，通过改革创新的推动力，促进乡村新产业、新业态的发展。与此同时，需要按照市场机制的原则，调整农业内部的结构，推进农业高质量发展，以提升农业生产经营的市场效益和经济效益。

其次，在协调方面，乡村产业发展的补"短板"需要重点围绕城乡统筹、产业融合的中心，为提升农业的协调水平开辟多种有效路径。乡村产业要实现均衡充分的发展，就必须突破城乡二元经济的瓶颈限制。

---

[1] 刘涛，李继霞，霍静娟．中国农业高质量发展的时空格局与影响因素．干旱区资源与环境，2020（10）：1-8．

在城市与乡村之间，需要建立起一体化的、相互融合的体制机制，消除二元壁垒，提升资源和要素的流动水平与配置效率，以使乡村的优势充分发挥出来，从而激发乡村产业发展的内生动力。同时，城乡统筹与融合发展机制也能利用现代城市发展的拉动作用和传导效应，迅速带动或加快乡村的产业转型和产业发展。

在市场化、现代化转型的大环境下，农业发展也显现出协调方面的问题，亦即农业适应现代市场社会需求的能力与机制方面的问题。特别是在发展相对滞后地区农村，农业缺乏高附加值，经济效益较为低下。在此情况下，农民依靠农业实现收入增长的路径受到较大限制。因此，补齐乡村产业发展的"短板"，还要提升农业与市场的协调水平，推动传统农业向高质量方向发展，提高欠发达地区农业的产业化水平，以及农业与第二、第三产业的融合发展。

最后，在开放方面，乡村产业发展的"短板"主要表现为土地、资金和技术的开放度有限。自农村家庭联产承包责任制改革后，市场向农村劳动力开放程度不断提高，大量农民工可以流向城镇务工和经营，从而大大增加了乡村居民在农业外获得收入的机会。但受体制机制的影响，乡村对外的开放程度则较为有限。农村土地流转、"资本下乡"、"技术下乡"等皆面临着较多障碍和阻力，这在较大程度上制约了乡村产业结构的转型与发展。较低的开放程度实际上也限制了乡村新产业、新业态的发展，同时会约束乡村内生发展动力的更新与加强。补"短板"、扩大乡村开放，关键在改革。需要在农村土地制度方面不断推进创新实践，在乡村市场体制机制方面深化改革，让更多的新要素能够畅通地进入乡村社会，为乡村产业发展提供新动能。

影响乡村均衡发展的又一块"短板"就是乡村教育的发展问题，这块"短板"常常被遮蔽，或是未受到足够的重视。

乡村教育的"短板"问题突出地体现在三个方面：一是乡村教育资源配置的不均衡；二是乡村教育机会的不平衡；三是教育与乡村发展的相背离。在乡村人口大流动背景下，乡村教育资源配置面临着两难困境，一方面优质教育资源短缺，另一方面又出现教育资源有效需求不足，大量农村生源流向城市，乡村学校面临生少师多的不均衡格局。机会均等也是乡村教育发展需要解决的重要问题之一，受体制及资源配置等多种因素的影响，乡村居民的教育机会获得实际上存在着不平衡问题。在乡村转型与发展进程中，乡村的教育不仅越来越脱离而且也越来越背离乡村的发展，这类似于费孝通曾关注到的 20 世纪 40 年代"损蚀冲洗下的乡土"问题，当时的教育不但没能胜任现代化的任务，反而让乡村的孩子再也回不了乡村，从而产生"损蚀了乡土社会"的副作用。[①] 补乡村教育的"短板"具有长远的、结构性的意义，没有乡村居民受教育水平和人口素质的普遍提高，乡村乃至整个社会的高质量发展将缺乏人力资源的基础。补"短板"的关键就是要解决乡村教育发展不均衡不充分的问题，不断增加对乡村教育的投入，不断提升乡村教育的质量。

四、后脱贫时代乡村融合发展之路

进入后脱贫时代，中国乡村发展的"主旋律"将有所变化，在路径选择上也会有所调整。中国乡村幅员辽阔，区域差异性大，因而在发展道路选择上需要坚持因地制宜和多样性的原则，即各地乡村可以根据各自自然、历史及社会文化的特点，选择多种多样适宜的发展道路或发展模式。然而，在路径选择的大方向上，则需要根据乡村发展的大势加以准确把握。

从中国的基本国情以及中国乡村发展的实际情况来看，同时也从制度分析的视角来看，在农村脱贫攻坚战略任务基本完成之后，在全面建成小康社会的大背景下，中国乡村发展在路径选择上需要坚持乡村振兴与新型城镇化融合发展的原则。

---

① 费孝通. 乡土重建. 长沙：岳麓书社，2012：61.

首先，乡村振兴将成为新时期乡村发展的战略重点之一。党的十九大提出乡村振兴这一重要战略，并要求按照"产业兴旺、生态宜居、乡风文明、治理有效、生活富裕"的总体目标，推进新时代的中国乡村建设与发展。作为宏观制度安排，实施乡村振兴战略将成为后脱贫时代乡村发展的大方向，也是"三农"工作的总抓手。

乡村振兴不仅仅是宏观政策的顶层设计，而且也是后脱贫时代乡村社会可持续发展的必然要求。在现代化、城镇化推进的进程中，乡村社会的振兴与发展是保持城乡协调发展和全面实现现代化的基础。只有乡村振兴了，才能巩固脱贫攻坚取得的发展成就，才能保障乡村持续发展，城市与乡村才会和谐共存。因此，乡村振兴的意义不仅仅在于推动乡村的发展，而且对于维持整个社会系统的多样性以及系统的协调运行来说也是不可或缺的。

后脱贫时代乡村社会如要获得高质量发展，那么振兴乡村则是必由之路。在实现全面脱贫之后，乡村一方面具备了更为有利的振兴条件和基础，另一方面也更需要推进进一步的振兴措施。为不断满足人民日益增长的美好生活需要，乡村社会就要在产业发展、收入水平、居住环境和社会治理等方面推进振兴策略，以实现城乡、区域之间的均衡发展，提升乡村社会的发展水平。

乡村振兴之路将是复杂而艰巨的系统工程，充分发挥和调动广大农民群体的主体性与创造性既是必要的也非常重要[①]，因为只有乡村主体认识到振兴乡村的价值并积极参与到乡村振兴的实践之中，才能有效地推进乡村振兴。与此同时，乡村振兴的目标仅仅依靠乡村内部力量是无法实现的。就像脱贫攻坚一样，乡村振兴仍需要国家主导的乡村建设力量的不断进入与增强。在工业化、现代化、城镇化的社会转型进程中，农业、农村和农民"三农"发展处于弱势地位，面临严峻挑战。乡村重建与乡村振兴在一定程度上离不开政府推行和实施具有扶持性、保护性

---

① 王春光. 乡村振兴中的农民主体性问题. 中国乡村发现，2018 (4)：47-53.

和建设性的政策措施，为新形势下乡村发展注入和补充新的动力。此外，振兴乡村还需更好地发挥市场机制的积极功能。通过体制机制的创新，进一步扩大乡村开放程度，让市场的力量助推乡村振兴。

其次，进入后脱贫时代，乡村振兴还要与新型城镇化有机融合起来，共同推动乡村社会新的发展。就整体发展而言，乡村振兴与新型城镇化的关系是并行不悖的。新型城镇化体现出乡村和城镇多元化的发展路径，有李强等提出的"就地城镇化"[1]，也有乡村生活方式的城镇化，还有乡村集镇中心化、中心村、村庄新型社区化等路径。

乡村不完全等同于农村，乡村既包含农村，也包括小城镇。因此，乡村振兴也包括小城镇的发展与振兴。在新时代，小城镇仍是费孝通所提出的"大问题"。[2] 在乡村振兴过程中，仍可以发挥小城镇发展对农村发展的促进作用。在推进农业结构转型升级、乡村产业发展、农民增收和生活条件改善等方面，发展小城镇都会显现出积极的作用。特别是在脱贫攻坚的过程中，一些特困地区农村的贫困户通过易地扶贫搬迁，集中安置在小城镇新型社区。这样，小城镇发展实际上又面临新的任务，亦即把扶贫与反贫困融入城镇化进程之中，通过加大小城镇建设与发展力度，带动农村贫困人口的跨越式发展。

某种意义上，新型城镇化与乡村振兴融合发展的耦合点就在于大力发展小城镇之上。随着越来越多的县城、乡镇和集镇的兴起与繁荣，不仅仅会丰富城镇化的内容、提升城镇化水平，而且也会对乡村振兴和乡村社会现代化起到较大促进作用。所以，新型城镇化战略既要谋划大中城市的高质量发展，更要注重把小城镇发展当作"大问题"来对待。无论从城乡体制变迁的角度看，还是从苏南等东部发达地区乡村发展历史经验来看，小城镇发展既是破解"三农"问题困局的重要突破口，也是实现乡村社会现代化和城乡一体化发展的有效路径。

---

[1] 李强，陈宇琳，刘精明．中国城镇化"推进模式"研究．中国社会科学，2012（7）：82 - 100，204 - 205．

[2] 费孝通．志在富民．上海：上海人民出版社，2004：22．

总之，在后脱贫时代，有效地将乡村振兴和新型城镇化融合起来，形成驱动乡村社会经济发展的"两驾马车"，将会实现乡村发展动能的更新，更好地拉动乡村社会的新发展。

五、结语

社会变迁的历史过程总会具有时代的特征，留下时代的烙印。把握社会发展的未来走向，就要紧扣时代主题，前瞻时代大势。从制度变迁的视角来回溯中国乡村发展所经历的重要时代，大体可分为这样几个时代：一是新中国初期的小农经济时代，二是"人民公社"化运动后的集体经济时代，三是家庭联产承包责任制施行后的改革开放时代，四是税费改革后的新农村建设时代。2020年乡村全部脱贫之后，中国乡村发展也就迈入后脱贫时代。

迈入后脱贫时代，既是"三农"政策与国家制度安排取得阶段性成果的标志之一，同时也让中国乡村发展面临新课题、新机遇。正是在国家一系列强有力的惠农支农政策和精准扶贫措施的作用下，我国才能实现决胜脱贫攻坚战的战略目标，为乡村发展带来新的面貌，同时也提出新的要求和任务。

乡村社会是社会系统的主体构成之一，乡村发展之于社会整体发展和协调运行来说，具有不可替代的功能。乡村发展不仅在较大程度上影响着社会发展的总体水平，而且也是新时期社会经济发展的重要动力源。对于中国这样的人口大国而言，乡村发展的意义更为重要，因为只有在城镇化与乡村协同发展的前提下，人口、资源、环境与社会经济发展才能达到和谐均衡的格局。

乡村社会如何发展的问题是一个经久不衰的议题。在新的时代背景下，在实施乡村振兴战略的进程中，如何巩固脱贫攻坚的成果，如何转变农村反贫困机制和策略以支持农村脆弱性区域的均衡充分发展，如何推进乡村高质量发展以进一步提升乡村发展水平、实现乡村社会现代化，这些都将是后脱贫时代乡村发展需要破解的难题。

路径选择的合理性和有效性对于乡村发展来说至关重要。探讨后脱贫时代乡村发展的路径选择问题，其意义并不局限于寻找一条理想化的、最优或最有效的具体路径，而是要正确把握乡村发展的大方向，明确乡村发展需要践行的合理原则及有效策略。

在全面建设社会主义现代化国家、向第二个百年奋斗目标迈进的新征程中，中国乡村发展也需要朝着现代化目标前进。尽管社会现代化是统一的大趋势，但在推进乡村社会现代化的过程中合理、有效的路径选择可能是根据历史传统和现实情况探索出的有中国特色的道路。对于发展不均衡不充分的中国乡村社会来说，现代化的路径选择既面临补"短板"问题，也面临如何推进高质量发展问题；对于存在较大差异性和多样性的乡村而言，路径选择所要遵循的基本原则是因地制宜，在制度创新和实践创新中摸索出适合自身发展需要的新路径。当然，根据后脱贫时代的特征，乡村发展在路径选择上则要把握发展的大方向，那就是走乡村振兴与新型城镇化融合发展之路，走产业融合发展之路。

主要参考文献

班纳吉，迪弗洛．贫穷的本质：我们为什么摆脱不了贫穷．景芳，译．修订版．北京：中信出版社，2018．

布鲁内尔．第三次农业革命．李尧，译．北京：东方出版社，2023．

曹洪民．扶贫互助社：农村扶贫的重要制度创新：四川省仪陇县"搞好扶贫开发，构建社会主义和谐社会"试点案例分析．中国农村经济，2007（9）．

陈成文，王祖霖．"碎片化"困境与社会力量扶贫的机制创新．中州学刊，2017（4）．

陈桂生，文杰．基于"制度-关系-行为"框架的社会扶贫模式研究：以山西省L县"1+3"扶贫模式为例．新疆社会科学，2020（1）．

陈健，吴惠芳．贫困治理社会化：路径转向、类型划分与嵌入式设计．中国农业大学学报（社会科学版），2020（5）．

陈志钢，吴国宝，毕洁颖，等．从乡村到城乡统筹：2020年后中国扶贫愿景和战略重点．北京：社会科学文献出版社，2019．

邓维杰．精准扶贫的难点、对策与路径选择．农村经济，2014（6）．

段应碧．中国农村扶贫开发：回顾与展望．农业经济问题，2009（11）．

费孝通．从实求知录．北京：北京大学出版社，1998．

费孝通．江村经济．北京：商务印书馆，2005．

费孝通．乡土重建．长沙：岳麓书社，2012．

费孝通．乡土中国 生育制度．北京：北京大学出版社，1998.

费孝通．志在富民．上海：上海人民出版社，2004.

高飞，向德平．社会治理视角下精准扶贫的政策启示．南京农业大学学报（社会科学版），2017（4）.

高军波．基于致贫成因和脱贫机理的乡村振兴路径研究．北京：社会科学文献出版社，2023.

高世昌，许顺才，吴次芳，等．中国乡村活力评价理论方法与实践．北京：地质出版社，2021.

顾朝林，曹根榕，顾江，等．中国面向高质量发展的基础设施建设空间布局研究．经济地理，2020（5）.

国务院扶贫办．全国脱贫攻坚典型案例选．北京：中国农业出版社，2016.

韩斌．推进集中连片特困地区精准扶贫初析：以滇黔桂石漠化片区为例．学术探索，2015（6）.

韩长赋．走向振兴的中国村庄．北京：人民出版社，2022.

洪名勇，等．西部农村贫困与反贫困研究．北京：中国财政经济出版社，2018.

黄承伟．脱贫攻坚省级样本：精准扶贫精准脱贫贵州模式研究．北京：社会科学文献出版社，2016.

黄承伟．深化精准扶贫的路径选择：学习贯彻习近平总书记近期关于脱贫攻坚的重要论述．南京农业大学学报（社会科学版），2017（4）.

黄承伟．中国反贫困：理论 方法 战略．北京：中国财政经济出版社，2002.

黄承伟．中国特色减贫道路论纲，求索，2020（4）.

黄林，卫兴华．新形势下社会组织参与精准扶贫的理论与实践研究．经济问题，2017（9）.

吉登斯．现代性的后果．田禾，译．南京：译林出版社，2000.

康晓光．中国贫困与反贫困理论．南宁：广西人民出版社，1995.

孔祥智，张怡铭，等．三农蓝图：乡村振兴战略．重庆：重庆大学出版社，2022．

李博，左停．精准扶贫视角下农村产业化扶贫政策执行逻辑的探讨：以 Y 村大棚蔬菜产业扶贫为例．西南大学学报（社会科学版），2016（4）．

李强，陈宇琳，刘精明．中国城镇化"推进模式"研究．中国社会科学，2012（7）．

李瑞华，潘斌，韩庆龄．实现精准扶贫必须完善贫困县退出机制．宏观经济管理，2016（2）．

李小云，唐丽霞，许汉泽．论我国的扶贫治理：基于扶贫资源瞄准和传递的分析．吉林大学社会科学学报，2015（4）．

李学术，刘楠，熊辉．面向特殊困难群体和特殊困难区域的农村扶贫开发思路与对策：以云南省为例．经济问题探索，2010（8）．

林聚任，等．社会信任和社会资本重建：当代乡村社会关系研究．济南：山东人民出版社，2007．

林南．社会资本：关于社会结构与行动的理论．张磊，译．上海：上海人民出版社，2005．

林毅夫．六问中国经济奇迹可否再续．领导文萃，2015（8）．

刘守英，程国强，等．中国乡村振兴之路：理论、制度与政策．北京：科学出版社，2021．

刘涛，李继霞，霍静娟．中国农业高质量发展的时空格局与影响因素．干旱区资源与环境，2020（10）．

刘小泯．乡村精英带动扶贫：湖南追高来村实践//精准扶贫精准脱贫百村调研·案例卷：村庄脱贫十八例．北京：社会科学文献出版社，2020．

陆汉文，黄承伟．中国精准扶贫发展报告（2017）：精准扶贫的顶层设计与具体实践．北京：社会科学文献出版社，2017．

陆学艺．中国农村现代化的道路．教学与研究，1995（5）．

陆益龙．构建精准、综合与可持续的农村扶贫新战略．行政管理改革，2016（2）．

陆益龙．后乡土中国．北京：商务印书馆，2017．

陆益龙．农村的个体贫困、连片贫困与精准扶贫．甘肃社会科学，2016（4）．

陆益龙．农村的劳动力流动及其社会影响：来自皖东 T 村的经验．中国人民大学学报，2015（1）．

陆益龙．农民中国：后乡土社会与新农村建设研究．北京：中国人民大学出版社，2010．

陆益龙．制度、市场与中国农村发展．北京：中国人民大学出版社，2013．

罗必良．相对贫困治理：性质、策略与长效机制．求索，2020（6）．

库恩，汪三贵，等．脱贫之道：中国共产党的治理密码．重庆：重庆出版社，2020．

吕方，梅琳．"复杂政策"与国家治理：基于国家连片开发扶贫项目的讨论．社会学研究，2017（3）．

缪尔达尔．世界贫困的挑战：世界反贫困大纲．顾朝阳，译．北京：北京经济学院出版社，1991．

纳拉扬，钱伯斯，沙阿，等．呼唤变革．姚莉，董筱丹，崔惠玲，等译．北京：中国人民大学出版社，2003．

讷克斯．不发达国家的资本形成问题．谨斋，译．北京：商务印书馆，1966．

诺思．经济史中的结构与变迁．陈郁，罗华平，等译．上海：上海三联书店，上海人民出版社，1994．

曲玮，李树基．新时期农村扶贫开发方式与方法：甘肃省"整村推进"研究．兰州：兰州大学出版社，2007．

屈锡华，左齐．贫困与反贫困：定义、度量与目标．社会学研究．1997（3）．

全国扶贫宣传教育中心组．中国脱贫攻坚：甘肃省六村案例．北京：中国文联出版社，2021．

任福耀，王洪瑞．中国反贫困理论与实践．北京：人民出版社，2003．

任慧子．乡村贫困的地方性特征及土地利用对乡村发展的影响．西安：陕西师范大学出版总社，2016．

森．贫困与饥荒．王宇，王文玉，译．北京：商务印书馆，2001．

沈茂英．西南生态脆弱民族地区农牧民增收问题与对策研究．成都：巴蜀书社，2017．

帅传敏，李周，何晓军，等．中国农村扶贫项目管理效率的定量分析．中国农村经济，2008（3）．

覃志敏．脱贫攻坚与乡村振兴衔接：基层案例评析．北京：人民出版社，2020．

谭诗斌，陈平路，洪绍华．精准扶贫实践创新研究．武汉：华中科技大学出版社，2021．

万江红，孙枭雄．权威缺失：精准扶贫实践困境的一个社会学解释：基于我国中部地区花村的调查．华中农业大学学报（社会科学版），2017（2）．

汪三贵，等．中国式农村现代化之路：从脱贫攻坚到乡村振兴．北京：中国言实出版社，2023．

汪三贵，郭子豪．论中国的精准扶贫．贵州社会科学，2015（5）．

汪三贵，Park A，Chaudhuri S，等．中国新时期农村扶贫与村级贫困瞄准．管理世界，2007（1）．

王春光．反贫困与社会治理专题研究．中共福建省委党校学报，2015（3）．

王春光．乡村振兴中的农民主体性问题．中国乡村发现，2018（4）．

王晓毅．反思的发展与少数民族地区反贫困：基于滇西北和贵州的案例研究．中国农业大学学报（社会科学版），2015（4）．

王雨磊．数字下乡：农村精准扶贫中的技术治理．社会学研究，

2016（6）.

王志章，韩佳丽. 贫困地区多元化精准扶贫政策能够有效减贫吗?. 中国软科学，2017（12）.

文丰安. 新时代社会力量参与深度扶贫的价值及创新. 农业经济问题，2018（8）.

吴蓉，施国庆. 后扶贫时代社会组织参与扶贫的信任培育机理及启示：以Ｓ社会组织扶贫实践为例. 中南民族大学学报（人文社会科学版），2023（8）.

邢成举. 精英俘获：扶贫资源分配的乡村叙事. 北京：社会科学文献出版社，2017.

许源源，涂文. 使命、责任及其限度：社会组织参与农村扶贫的反思. 行政论坛，2019（2）.

晏阳初. 晏阳初全集：第2卷. 长沙：湖南教育出版社，1992.

杨立雄，胡姝. 中国农村贫困线研究. 北京：中国经济出版社，2013.

殷浩栋，汪三贵，郭子豪，等. 精准扶贫与基层治理理性：对于Ａ省Ｄ县扶贫项目库建设的解构. 社会学研究，2017（6）.

岳要鹏，覃志敏，袁校卫，等. 石阡：武陵山集中连片特困地区脱贫攻坚样本. 北京：中国农业出版社，2022.

张全红，周强. 中国农村多维贫困的测度与反贫困政策研究. 武汉：华中科技大学出版社，2018.

张永丽，耿小娟. 西北地区反贫困战略与政策研究. 北京：人民出版社，2018.

张永丽，王虎中. 新农村建设：机制、内容与政策：甘肃省麻安村"参与式整村推进"扶贫模式及其启示. 中国软科学，2007（4）.

郑宝华，陈晓未，崔江红，等. 中国农村扶贫开发的实践与理论思考：基于云南农村扶贫开发的长期研究. 北京：中国书籍出版社，2013.

郑杭生. 中国特色社会学理论的探索：社会运行论 社会转型论 学

科本土论 社会互构论. 北京：中国人民大学出版社，2005.

中共中央党史和文献研究院. 习近平扶贫论述摘编. 北京：中央文献出版社，2018.

中国扶贫发展中心，全国扶贫宣传教育中心. 中国脱贫攻坚报告：2013—2020. 北京：中国文联出版社，2021.

中国国际扶贫中心. 从国际经验看乡村振兴与脱贫攻坚的融合. 北京：中国农业出版社，2021.

朱明熙，郭佩霞. 西南民族地区农村脆弱性贫困与反贫困研究：基于云贵川民族地区农村的田野调查. 北京：中国财政经济出版社，2018.

Cloke P, Goodwin P, Milbourne P, et al. Deprivation, Poverty and Marginalization in Rural Lifestyles in England and Wales. Journal of Rural Studies，1995，11（4）.

Morduch J. Poverty and Vulnerability. American Economic Review，1994，84（2）.

Ravallion M. Expected Poverty under Risk-Induced Welfare Variability. Economic Journal，1988，98（393）.

Sen A K. Commodities and Capabilities. New York：Oxford University Press，1985.

Spicker P. Definitions of Poverty：Twelve Clusters of Meaning//Poverty：An International Glossary. London：Zed Books，2007.

Townsend P. The Concept of Poverty. London：Heinemann，1970.

World Bank. World Development Report. Washington D. C.：World Bank，1981.

World Bank. World Development Report：Poverty. New York：Oxford University Press，1990.

后　记

到2020年底，中国脱贫攻坚取得了全面胜利，9 899万农村贫困人口全部脱贫，832个贫困县全部摘帽，12.8万个贫困村全部出列，区域性整体贫困得到解决，全面消除了乡村绝对贫困，创造了一个彪炳史册的人间奇迹。在此重大历史背景下，总结提炼乡村反贫困的中国经验，无疑有着非常重要的意义。

本书的研究正是要回顾和总结中国乡村脱贫攻坚的历史和扶贫脱贫经验，探讨乡村扶贫脱贫的内在规律和机制，在讲好乡村扶贫脱贫中国故事的基础上进一步丰富乡村反贫困理论。当然，终结贫困既是一个过程，又有具体时间节点。本书部分内容撰写于我国脱贫攻坚战取得全面胜利之前，与之后的实际情况会有一定差别，对于这一差别，我们可能需要从脱贫的过程性角度去理解。

在脱贫攻坚取得历史性胜利、成功实现全面建成小康社会的发展目标之后，乡村社会的绝对贫困问题、区域性整体贫困问题得到有效应对与解决。全面脱贫之后的乡村，贫困问题已不再连片地存在，也不再是普遍问题和主要矛盾，研究乡村扶贫脱贫的意义在于回看历史，展望未来。

迈入后脱贫时代，我们再现乡村扶贫脱贫的实践过程，回眸扶贫脱贫实践中的一个个具体事迹、案例和故事，概括乡村扶贫脱贫的一般规律，探索巩固脱贫成效的路径，展望与乡村振兴有机衔接的机制，目的是为人们更好了解中国乡村巨变提供一个特别的窗口。

对于精准扶贫和脱贫攻坚等国家重大战略的关注和研究，可以说是全方位、多学科的参与，本人则试图提供一个关于乡村扶贫脱贫中国故事的社会学版本。在本书中就观察乡村贫困问题、分析乡村贫困发生机理、探讨乡村扶贫脱贫机制、总结乡村贫困治理经验、概括乡村扶贫脱贫模式、提出后脱贫时代乡村发展主张等，本人力图发挥社会学的想象力，从社会学的视角去看问题、理解问题。或许，这是本书的一个特点。

贫困问题与反贫困研究，是本人在农村社会学研究中与之结缘的。中国的贫困问题，集中在乡村社会。关注和研究乡村社会，必须正视贫困与反贫困问题。2018年和2020年的暑假期间，本人有幸参加中国人民大学组织的教授考察团，到对口帮扶的云南省兰坪县和怒江傈僳族自治州进行了短期考察。考察的时间虽短，但给本人带来的直接冲击非常大，也留下了深刻印象，对本人理解和认识贫困的特殊性、复杂性和多样性提供了直接的经验素材。

本书的研究和写作得到中国人民大学科学研究基金项目的资助，在此表示感谢！本书入选"十四五"时期国家重点出版物出版专项规划项目，谨此致谢！非常感谢中国人民大学出版社人文分社，尤其是编辑盛杰，他们为本书出版做了大量工作！

感谢妻子俞敏和儿子陆亮，是他们一贯默默大力支持和陪伴，使本人在学术道路上不断前行，在名利场中多了分淡泊和从容。

作者谨识于
世纪城时雨园
2024年7月28日

图书在版编目（CIP）数据

终结贫困：乡村脱贫的中国经验 / 陆益龙著.
北京：中国人民大学出版社，2024.9. --（农村社会与乡村振兴研究丛书）. --ISBN 978-7-300-33205-5
Ⅰ.F323.8
中国国家版本馆CIP数据核字第2024T933S3号

"十四五"时期国家重点出版物出版专项规划项目
农村社会与乡村振兴研究丛书
终结贫困
乡村脱贫的中国经验
陆益龙/著
Zhongjie Pinkun

出版发行	中国人民大学出版社		
社　　址	北京中关村大街31号	邮政编码	100080
电　　话	010-62511242（总编室）	010-62511770（质管部）	
	010-82501766（邮购部）	010-62514148（门市部）	
	010-62515195（发行公司）	010-62515275（盗版举报）	
网　　址	http://www.crup.com.cn		
经　　销	新华书店		
印　　刷	唐山玺诚印务有限公司		
开　　本	720 mm×1000 mm　1/16	版　次	2024年9月第1版
印　　张	16.25 插页2	印　次	2024年9月第1次印刷
字　　数	221 000	定　价	89.00元

版权所有　侵权必究　印装差错　负责调换